INSURRECTION

DE

STRASBOURG.

PARIS. — IMPRIMERIE DE DEZAUCHE,
RUE DU FAUB.-MONTMARTRE, N. 11.

INSURRECTION
DE
STRASBOURG,

LE 30 OCTOBRE 1836,

ET

PROCÈS DES PRÉVENUS DE COMPLICITÉ

AVEC LE PRINCE NAPOLÉON-LOUIS,

DEVANT LA COUR D'ASSISES DU BAS-RHIN.

PARIS.
AU BUREAU DE L'OBSERVATEUR DES TRIBUNAUX,
RUE DU FAUBOURG-MONTMARTRE, N° 13,
ET CHEZ LES PRINCIPAUX LIBRAIRES DES DÉPARTEMENTS.

1837.

INSURRECTION
DE
STRASBOURG.

I. PROCÈS DES TROIS DYNASTIES.

Sans sortir de la sphère judiciaire où nous avons circonscrit notre observatoire, sphère bien assez vaste d'ailleurs, nous pouvons signaler, à quelques semaines d'intervalle, le concours d'événements qui offrent, par les rapprochements, des documents historiques fort curieux et justifient le titre de ce paragraphe : *Procès des trois dynasties.*

Nous avons en vue :

L'insurrection napoléonienne, à Strasbourg, le 30 octobre ;

La mort de Charles X, à Goritz en Styrie, le 6 novembre;

L'attentat de Meunier contre la personne du roi, à Paris, le 27 décembre.

Ces trois événements, par leurs conséquences directes ou accessoires, ont amené des poursuites qui semblent de nature à constater, à une époque précise, non-seulement la situation légale, mais la position morale, en France, des trois dynasties. Tout homme d'un âge moyen les a vues toutes trois debout :

L'une fondant son règne sur quatre millions de votes et sur les constitutions de l'empire ;

La seconde, sur la grâce de Dieu et sur huit siècles de filiation ;

La dernière, sur les acclamations et le vœu général de la nation. Celle-ci reconnaissant en tout état de cause le baptême des deux précédentes, à titre, pour ainsi dire, de dynasties honoraires.

L'histoire aura donc à considérer dans la tentative faite à Strasbourg les impressions produites sur la nation, sur le pouvoir régnant, sur la famille naguère impériale, et de plus, le poids de cet événement dans la balance judiciaire.

La reconnaissance d'un successeur de Charles X, et les procès contre la presse légitimiste auxquels a donné lieu la proclamation de cette transmission d'une couronne sans sceptre et si loin du trône, présenteront à la même époque des considérations tout-à-fait analogues.

Enfin, l'effet produit par la tentative d'assassinat sur la personne du roi ayant poussé les esprits exaspérés, parmi les partisans déclarés de la royauté du 7 août, à l'accusation directe du système de gouvernement qui appelait l'intervention fréquente d'un nom irresponsable dans une gestion toute de responsabilité, les débats judiciaires suscités par les poursuites du ministère public peuvent servir à apprécier quels pas la dynastie régnante a faits, selon les conditions de son origine et les principes qui ont été le gage de son élévation au trône.

Nous résumons ainsi ces aperçus. La coïncidence de trois événements intéressant les trois dynasties fournit l'occasion singulière d'apprécier dans le même moment :

Où en est, par rapport à la France, vingt ans après la chute du trône impérial, après la mort de son fondateur et de l'héritier direct de sa puissance, la dynastie des Napoléons;

Où en est, six ans après l'embarquement de Cherbourg, et après la mort du chef qui l'a conduite en exil, la dynastie des Bourbons;

Enfin, où en est, après six ans de règne, après avoir comprimé les partis anti-dynastiques, et par rapport à son point de départ, dans son allure comme dans son essence, la dynastie d'Orléans.

Nous consignerons avec brièveté les points principaux des débats relatifs aux deux dernières solutions, parce que des luttes judiciaires presque incessantes offrent chaque jour à cet égard de nombreux documents; mais nous reproduirons avec tous ses développements l'affaire de Strasbourg, tentative unique d'insurrection faite avec le concours d'un prince issu du sang impérial, depuis le jour où l'Europe en arme s'était placée entre la France et Napoléon.

II. RÉFLEXIONS PRÉLIMINAIRES. — 1815 ET 1837.

L'insurrection napoléonienne, celle qui data un jour du golfe Juan, en 1815, est l'épisode le plus merveilleux que les siècles aient fourni à l'histoire. Il était audacieux de lui chercher un pendant vingt ans plus tard, car ce nom tout seul, NAPOLÉON, n'a point de proportions connues.

Cependant, à part l'intervalle, qu'il n'entre pas dans l'esprit de mesurer, à part aussi le crime contre nos lois et notre constitution nouvelle, il était audacieux, mais non sans grandeur peut-être, de se présenter seul devant le peuple et l'armée, à qui pouvait dire :

Fier de l'origine populaire du chef de ma famille, fort des quatre millions de votes qui me destinaient au trône, je m'avance devant vous avec le testament de l'empereur Napoléon d'une main, et son épée d'Austerlitz de l'autre.... Du rocher de Sainte-Hélène un rayon du soleil mourant a passé dans mon âme.

Dans ces mots il y avait de cette magie de paroles, la plus grande puissance de Napoléon, et capable de ressusciter toute la magie des souvenirs, si les discussions positives dont le peuple se nourrit depuis vingt années n'avaient mis désormais un frein à son vieil entraînement.

Ce qui frappe d'abord dans le spectacle d'une telle tentative, c'est l'idée que cette dynastie de Napoléon a été si exclusivement l'œuvre du peuple français, qu'elle est sortie si entière des entrailles de la nation, que rien ne se peut imaginer pour elle que par la France; qu'une seule baïonnette étrangère ne voudrait pas se croiser à son service, et ne le pourrait sans la dénaturer soudainement; car si la dynastie des Bourbons est tombée devant l'insurrection populaire, comme représentant les légitimités aristocratiques, la dynastie de Napoléon est tombée devant la coalition européenne, comme représentant les conquêtes démocratiques.

Venir seuls est donc une condition de l'origine des Napoléon, c'est la loi de leur nature : ils ne peuvent que des échauffourées. C'en fut une magnifique et d'un succès sublime que le pas de géant de l'île d'Elbe aux Tuileries. Mais Strasbourg et Grenoble ne devaient pas occuper des places analogues dans les destinées de l'ex-famille impériale.

On dit au théâtre que *les suites* réussissent peu ; bien des observations prouveraient que sur la grande scène du monde elles ont rarement plus de succès. Il semble que le capricieux destin brise le prisme de ses favoris, la première fois qu'il les abandonne, et qu'il en soit de la fortune comme d'une passion vive, où la première rupture devient décisive, car les rapprochements ne sont plus qu'illusions, et les raccommodements ne tiennent pas. C'est ainsi que les Bourbons, malgré une période qui ne fut ni sans éclat, ni sans prospérité, n'ont pu ajouter un quart de siècle à la plus longue possession héréditaire d'un trône; et que Napoléon, redevenu tout-à-coup, plus qu'il ne l'avait jamais été, l'homme du prodige, ne put accroître d'une année son passé impérial, ni à la suite de ses mille victoires, en inscrire une de plus! Et ce qui ferait croire de telles chutes prédestinées, c'est que les prévisions du génie n'y peuvent rien, et qu'il semble inutile de compter les chances. A Waterloo, Napoléon en calculait pour lui quatre-vingt-dix sur cent, mais avec les dix était la fatalité.

Que l'espérance de voir des bords du Rhin, comme on l'avait vu des bords de l'Isère, l'aigle voler une seconde fois de clocher en clocher jusqu'aux tours Notre-Dame, fût insensée, on pouvait cependant s'en expliquer l'illusion; mais ce qui accuserait surtout une impardonnable démence, c'eût été d'aborder une ville avec le drapeau de l'insurrection, sans s'être assuré pour ce premier mouvement la presque certitude du succès. Si l'on en croit des détails qui passeront sous les yeux du lecteur, cette presque certitude était acquise aux insurgés de Strasbourg : une erreur de route suffit pour l'anéantir.

« Nous avions, dit l'un des acteurs de cette scène, et qui s'en est fait l'historien, un corps d'artillerie de trois régiments bien déterminés, et nous avons échoué devant un seul écueil. Pour se rendre bien compte de cet ascendant qu'exerce la défaite sur le moral des hommes de notre époque, il faut se rappeler 1815, où tout un grand empire, reformé magiquement par la présence d'un seul homme, se désorganisa et s'anéantit sous l'influence d'une seule bataille perdue. »

Quoi qu'il en soit, le destin du jeune Napoléon-Louis semble commencer comme celui de son oncle a fini. Sans prétendre chercher des similitudes imaginaires, ce n'est pas néanmoins un rapprochement sans quelque intérêt de se souvenir, en regardant *l'Andromède* partir d'un port de France, du *Northumberland*, lorsqu'il s'éloigna d'une rade d'Angleterre : le vaisseau traversant la mer Pacifique, la frégate l'Océan Atlantique, pour aller, par des routes opposées, déposer deux hommes du nom de Napoléon aux deux extrémités de la terre ; et de remarquer comme un de ces jeux du hasard qu'on pourrait, à la rigueur, prendre pour des enseignements, que le neveu de l'empereur avait choisi pour franchir la frontière de France, le même mois qui avait vu son oncle poser le pied sur la terre de Sainte-Hélène (1).

Aujourd'hui que l'auteur de l'insurrection de Strasbourg est rendu au lieu de son exil dans un autre hémisphère, et que les associés de son entreprise sont quittes envers la justice, il s'agit de retracer les faits historiques et les débats judiciaires.

L'Observateur des tribunaux, en ne reproduisant les causes qu'à une époque postérieure aux débats, quoique suffisamment rapprochée, a seul l'avantage d'offrir un ensemble impossible à tout autre mode de publication, de pouvoir négliger les détails qui n'ont servi qu'à des recherches sans intérêt hors du cercle de l'instruction, de masser et de recueillir au contraire les documents accessoires propres à déterminer l'appréciation la mieux fondée d'une affaire, sans mêler à ces éléments l'exposé d'aucun système qui lui appartienne ; car un recueil de ce genre ne doit s'attacher à mériter l'estime que par l'impartialité dans le choix des matériaux.

Eugène Roch.

III. DIVISION DES MATIÈRES.

Trois parties distinctes divisent l'affaire de Strasbourg :

1° Le récit de l'événement, ses suites, les documents produits sur le prince, sa soustraction à la justice de la Cour d'assises et son embarquement ;

2° L'attitude des accusés, les témoignages qui concernent l'attentat insurrectionnel, les défenses complètes et le verdict

---

(1) Le 17 octobre 1815.

du jury qui a paru mettre les conséquences d'un principe avant les conséquences d'un fait;

3° Un appendice au récit historique de l'événement principal.

IV. PREMIERS RÉCITS DE L'INSURRECTION.

Le 1er novembre, un supplément du *Moniteur*, publié au milieu de la journée, fit connaître au public les nouvelles suivantes :

« Paris, 1er novembre, onze heures du matin.

« Le gouvernement a reçu hier soir la dépêche télégraphique suivante, interrompue par le brouillard :

« Strasbourg, 3o octobre 1836, huit heures et demie du matin.

Le général commandant la 5ᵉ division militaire à M. le ministre de la guerre.

« Ce matin, vers six heures, Louis-Napoléon, fils de la du-
« chesse de Saint-Leu, *qui avait dans sa confidence* le colonel
« d'artillerie Vaudrey, a parcouru les rues de Strasbourg avec
« une partie de.....

« Pour copie :

« *L'administrateur des lignes télégraphiques*,

« Alphonse Foy. »

« *N. B.* Les mots soulignés laissent des doutes. La brume
« survenue sur la ligne ne permet ni de recevoir la fin de la
« dépêche, ni d'éclaircir le point douteux.   Foy. »

« Le conseil des ministres s'est réuni chez le roi. Aujourd'hui, à dix heures du matin, la malle de Strasbourg est arrivée. M. de Franqueville, aide-de-camp du général Voirol, commandant la 5ᵉ division militaire, a apporté le rapport ci-joint du général, qui annonce la fin immédiate de cette tentative criminelle.

« Monsieur le ministre ,

« Ma dépêche télégraphique de ce matin vous a fait connaître la tentative coupable du jeune Louis-Napoléon Bonaparte pour ébranler la fidélité des troupes de la garnison de Strasbourg, et comment cette échauffourée a échoué devant la noble et courageuse conduite de nos soldats.

« Ce jeune homme, accompagné de quelques aventuriers, parmi lesquels se trouvait M. le commandant Parquin, en uniforme d'officier-général, et conduit par M. Vaudrey, colonel du 4e d'artillerie, qui, par des manœuvres coupables, s'était fait suivre par une partie des sous-officiers et soldats de son régiment, s'est présenté chez les autorités pour chercher à les entraîner, et, après avoir arrêté le préfet, a fait cerner mon hôtel par des canonniers.

« Un piquet commandé par M. Parquin s'est établi dans mon salon; mais des canonniers fidèles et braves, écoutant ma voix et guidés par les sentiments du devoir et de l'honneur, m'ont entouré, et bientôt, à cheval au milieu d'eux, sabre en main, je me suis rendu à la citadelle, où j'ai fait lever le pont-levis, et où j'étais certain de trouver un régiment fidèle, le 16e de ligne, qui a fait partie du camp de Compiègne, et dont les braves, en se rappelant nos jeunes princes, m'ont accueilli aux cris de *vive le roi* ! et ont montré un enthousiasme qu'on ne rencontre que sur les champs de bataille, en présence de l'ennemi. Cet enthousiasme s'est communiqué comme un feu électrique parmi toute la garnison : les canonniers du 4e, qui avaient un instant obéi aux ordres coupables de leur colonel, l'ont également partagé.

« J'ai fait mon entrée en ville à la tête du 16e de ligne, et me suis porté à la préfecture; mais déjà le préfet avait été délivré par des officiers d'artillerie que j'avais envoyés chez lui.

« Pendant ce temps, Louis-Napoléon, avec le colonel Vaudrey et une faible partie de ses soldats encore égarés, s'est rendu au quartier Finckmat, occupé par le brave 46e ; là, il a cherché à les faire manquer à leur serment, mais vainement. Le lieutenant-colonel Taillandier, prévenu par mon aide-de-camp, M. le chef d'escadron Franqueville, avait pu se rendre précipitamment à Finckmatt, où il ne lui a pas été difficile de faire comprendre à son régiment (qu'on cherchait à ébranler) qu'on le trompait ; le brave colonel Paillot et tous ses officiers arrivèrent aussitôt à Finckmatt. Dans une minute, Louis-Napoléon Bonaparte et les misérables qui avaient pris parti pour lui ont été arrêtés, et les décorations dont ils étaient revêtus ont été arrachées par les soldats du 46e.

« Après les avoir fait conduire à la prison de la ville, escortés par le 46e, et avoir assuré la sûreté de cet établissement, je me suis rendu à la place d'armes ; j'ai passé les troupes en revue, qui ont, en défilant aux cris mille fois répétés de *vive le roi*! montré aux ennemis de nos institutions combien le roi et la patrie pourraient compter sur leur fidélité et leur dévoûment.

« D'après le dire du colonel Vaudrey, personne que lui et le jeune Louis Bonaparte ne connaissait leurs projets. La justice informe ; toutes les mesures militaires sont prises, et je puis répondre au gouvernement que nos soldats ne se laisseront jamais ébranler dans leur fidélité, et qu'ils seront toujours dignes de la France et du roi Louis-Philippe.

« Je suis tellement ému, monsieur le ministre, de ce qui vient de se passer, que je remets à un autre moment à vous faire un rapport plus étendu sur cette échauffourée, dont M. de Franqueville, mon aide-de-camp, pourra vous parler plus en détail : c'est lui qui vous remettra cette dépêche écrite précipitamment ; il se rend en poste à Paris.

« Mon aide-de-camp s'est conduit, dans cette circonstance, d'une manière admirable. S'il n'avait déjà d'anciens titres aux bontés du roi, je ferais valoir ceux qu'il a acquis dans cette déplorable circonstance.

« Dans l'élan général dont la garnison de Strasbourg tout entière a fait preuve en ce jour, beaucoup d'officiers, sous-officiers et soldats se sont conduits avec un véritable courage ; leur fidélité autant que leur énergie m'a aidé à triompher de l'insurrection qui s'est manifestée dans le 4ᵉ d'artillerie. J'aurai l'honneur de vous faire connaître leurs noms, et de solliciter pour eux les récompenses dont ils se sont rendus dignes.

« Je suis avec respect,

« Monsieur le ministre,

« Votre très-humble et très-obéissant serviteur,

« *Le lieutenant-général commandant la 5ᵉ division*,

« Voirol. »

« Le rapport de M. Choppin d'Arnouville, préfet du Bas-Rhin, confirme tous ces faits, et ajoute que la population de Strasbourg a témoigné une indignation profonde. Les auteurs de la sédition essayaient en vain de la provoquer; pas un habitant ne s'est associé à eux et ne se trouve compromis à leur suite. Les meneurs arrêtés sont au nombre de huit, savoir :

« Le prince Napoléon-Louis Bonaparte, âgé de vingt-huit ans, né à Paris ;

« Parquin (Denis-Charles), âgé de quarante-neuf ans, officier de la Légion-d'Honneur, domicilié à Paris ;

« Le comte de Gricourt (Raphael), âgé de vingt-trois ans, officier d'ordonnance de Louis-Napoléon, né à Paris, logeant à Strasbourg, hôtel de la Fleur ;

« De Querelles (Henri-Richard-Sigefroid), âgé de vingt-cinq ans, officier d'ordonnance du même prince Louis, né à Neuwiller (Bas-Rhin), demeurant à Strasbourg, rue de la Fontaine, 24 ;

« Vaudrey (Claude-Nicolas), né à Dijon, âgé de cinquante-un ans, colonel du 4ᵉ régiment d'artillerie, en garnison à Strasbourg, et y demeurant place Saint-Étienne ;

« Laity (François-Armand-Rupert), né à Lorient, âgé de

vingt-quatre ans, lieutenant au bataillon de pontonniers, domicilié à Strasbourg, rue du Parchemin, 26;

« Boisson (Antoine-Marie-Augustin), né à Pontarlier (Doubs), maréchal-des-logis à la huitième batterie du 4ᵉ régiment d'artillerie ;

« Bro (Éléonore), âgée de vingt-huit ans, attachée à la maison de la reine Hortense.

« La justice est saisie, et informe activement.

« La conduite du général Voirol, du préfet, des autorités, des chefs de corps et des troupes est au-dessus de tout éloge.

« Nous donnerons, avec les nouveaux détails qui ne manqueront pas d'arriver, les noms des militaires qui ont mérité les récompenses du roi. »

On lisait dans le *Courrier du Haut-Rhin*, arrivé le même jour :

« *Dix heures du matin.* — Ce matin, vers sept ou huit heures, toute la population de notre ville a été mise en émoi par une espèce d'insurrection militaire qui avait éclaté, et qui est comprimée au moment où nous écrivons.

« Voici, d'après les bruits qui ont couru, et d'après les renseignements que nous avons pu recueillir, ce qui est arrivé :

« A cinq heures du matin le réveil a sonné à la caserne du 4ᵉ régiment d'artillerie, au quartier d'Austerlitz. Le colonel Vaudrey s'est présenté à son régiment, accompagné du prince Louis-Napoléon, fils de la reine Hortense; après avoir harangué son régiment; le colonel l'a appelé aux armes au nom du prince Louis; et, aux cris de *vive Napoléon ! vive l'empereur !* une partie du régiment, les uns à cheval, les autres à pied, se sont dirigés vers la caserne du 3ᵉ régiment d'artillerie, mais ceux-ci ne se sont point ralliés au mouvement.

« De là, ces troupes, le prince Louis Bonaparte en tête, ont marché sur la préfecture et le quartier-général de la division militaire; le préfet a été arrêté, et conduit par les artilleurs, assure-t-on, au quartier d'Austerlitz. Le général Voirol, que l'on avait mis en état d'arrestation dans son hôtel, est parvenu à en sortir, et il s'est réfugié à l'hôtel-de-ville.

« Un détachement à cheval du 3ᵉ régiment d'artillerie y est arrivé peu de temps après, et le général est monté à cheval pour se mettre à sa tête.

« Pendant ce temps, le prince Louis, avec l'artillerie qui le suivait, a marché sur le quartier de la Finckmatt, où est caserné le 46ᵉ régiment de ligne.

« Entré dans la cour de la caserne; il a voulu haranguer le régiment; mais les soldats de la ligne ont répondu aux cris de *vive Napoléon!* par les cris de *vive le roi!* Ils ont croisé la baïonnette, et après une lutte de peu de durée, pendant laquelle, dit-on, on a tiré des coups de fusil, le prince Louis, le colonel Vaudrey et le commandant Parquin, qui était en uniforme de général, ont été arrêtés.

« Les artilleurs, refoulés au dehors, ont été ramenés à leurs quartiers; le préfet a été bientôt relâché, et, en moins d'une heure, l'insurrection, ou plutôt l'échauffourée, s'est trouvée comprimée.

« La garnison tout entière a pris les armes, sur les ordres du général Voirol, et vers neuf heures tous les régiments de la garnison, excepté une partie du 46ᵉ qui surveillait dans sa caserne les prisonniers, étaient rendus sur la place d'Armes, où le général les a passés en revue et les a harangués.

« Un détachement d'artilleurs du 4ᵉ est venu occuper vers sept heures du matin l'imprimerie de M. G. Silbermann, et il fut sommé de mettre les presses à leur disposition. Cependant, quelque temps après, ces militaires se sont retirés, et cet incident n'a pas eu d'autre suite.

« Au milieu de ces marches et contre-marches de troupes, la population de notre ville se demandait avec inquiétude ce que signifiaient ces cris et ces mouvements. Elle assistait, impassible, à ces évolutions militaires; et tout était terminé déjà, quand la vérité a commencé à être connue.

« Les prisonniers faits au quartier de la Finckmatt ont été

transférés à la Prison-Neuve, et déjà, à ce que l'on dit, M. le procureur du roi et M. le juge d'instruction ont commencé les informations judiciaires.

« Tel est le récit de ce qui s'est passé ce matin ; tels sont, au milieu de la confusion et des bruits contradictoires qui circulent dans un pareil moment, les détails les plus positifs que nous ayons pu recueillir. »

On lisait dans le *Journal du Haut et Bas-Rhin :*

« Strasbourg, 29 octobre 1836.

« Notre ville a été réveillée ce matin aux cris de : *vive Napoléon II !*

« C'était une ridicule et folle tentative d'insurrection militaire qui ne pouvait pas réussir, car en France la population ne veut plus de l'empire ni de ses souvenirs.

« La tentative d'insurrection a été aussitôt étouffée que tentée. Toute la garnison s'est montrée fidèle à son serment, et quelques soldats du 4e d'artillerie, un moment égarés, sont bien vite rentrés dans le devoir.

« Voici les faits :

« Ce matin, sur les deux heures, le colonel Vaudrey, du 4e d'artillerie, se rendit au quartier d'Austerlitz, fit assembler le régiment, et leur dit qu'il fallait proclamer Napoléon II. Les soldats, séduits au premier moment, répondirent à cet appel, et traversèrent, vers les six heures du matin, les rues de la ville, le colonel Vaudrey à la tête, ayant à sa droite un jeune homme qui se disait fils de Lucien Bonaparte.

« Il faut avouer qu'on avait bien choisi le personnage ; on sait, en effet, que ce fils de Lucien s'est sauvé de Rome pour échapper à une instruction judiciaire instruite contre lui, comme prévenu d'assassinat. C'était là un beau drapeau pour la France, qui ne veut pas de violence, qui veut l'ordre et la paix.

2

« La colonne traversa les rues aux cris de *vive Napoléon II*, sans exciter le moindre assentiment de la part de notre population, qui répondait par l'indifférence la plus complète à cette folle tentative.

« Arrivé au quartier du 46ᵉ, à la Finckmatt, le colonel Vaudrey chercha à embaucher le régiment au nom de Napoléon II. Le 46ᵉ lui répondit, comme il le devait, en arrêtant le colonel Vaudrey et le personnage qui jouait le rôle du fils de Lucien.

« Le 3ᵉ régiment d'artillerie ne tarda pas à venir aux cris de *vive le Roi!* Tout le reste de la garnison en fit autant, et une heure après tout était rentré dans l'ordre.

« Ce matin, à six heures, une vingtaine d'artilleurs, commandés par un homme d'outre-Rhin, habillé en lieutenant-général, se présentèrent chez M. le préfet pour l'arrêter au nom de Napoléon II. M. le préfet répondit à cette insolence comme il le devait, et il ne céda qu'à la force armée, qui le transporta au quartier d'Austerlitz. Au bout d'un quart d'heure, le préfet fut remis en liberté par les soldats eux-mêmes, auxquels M. le préfet fit comprendre la folie de leur tentative.

« Aucun officier du 4ᵉ, excepté le colonel Vaudrey, n'a pris part à cette ridicule insurrection.

« La garnison a fait son devoir, et cette tentative a seulement fait éclater la fidélité et le dévoûment de l'armée française et l'indignation de la population contre de semblables folies.

« A huit heures tout était rentré dans l'ordre.

« M. le général Voirol, qui avait été arrêté, a été mis bien vite en liberté, ainsi que M. le préfet.

« La garnison se réunit en ce moment sur la place d'Armes. Le général Voirol va passer la revue.

« *P. S*. Ce n'est pas un fils de *Lucien* qui a été arrêté, c'est le fils de l'ancien roi de Hollande, le fils d'Hortense.

« On vient de transférer à la prison civile le prince Louis Bonaparte, le colonel Vaudrey et les personnes arrêtées avec eux au quartier de la Finckmatt. »

La Charte de 1830 reproduisit le soir, dans un bulletin extraordinaire, l'article du *Moniteur* et celui du journal du *Haut et Bas-Rhin*, et elle rétablit ainsi qu'il suit les dépêches télégraphiques dont le *Moniteur* n'avait donné que le commencement :

Le général commandant la 5ᵉ division militaire à M. le ministre de la guerre.

« Ce matin, à six heures, Louis-Napoléon, fils de la duchesse de Saint-Leu, qui avait à sa confidence le colonel d'artillerie Vaudrey, a parcouru les rues de Strasbourg avec une partie de son régiment aux cris de *vive Napoléon !* Ils se sont présentés à la caserne occupée par le 46ᵉ de ligne pour le soulever. Moi-même j'étais bloqué chez moi par un piquet d'artillerie ; mais, grâce à la fidélité et au dévoûment sincère de nos troupes, ce jeune imprudent a été arrêté ainsi que son complice. Le 3ᵉ d'artillerie mérite des éloges, ainsi que tous les régiments d'infanterie et plusieurs officiers du 4ᵉ d'artillerie. »

« Strasbourg, 30 octobre, à onze heures.

« *Le préfet du Bas-Rhin à M. le ministre de l'intérieur.*

« Les personnes arrêtées à la suite de l'événement de ce matin, sont : le prince Napoléon-Louis Bonaparte, Denis-Charles Parquin, le comte Raphael de Gricourt, Henri-Richard-Sigefroid de Querelles, Claude-Nicolas Vaudrey, colonel, François-Armand Rupert, Laity, lieutenant, Antoine-Marie-Augustin Boisson, maréchal-des-logis.

« Tout est fort tranquille. L'indignation est générale. »

« Strasbourg, 1ᵉʳ novembre, à dix heures.

« Strasbourg continue à jouir de la plus grande tranquillité. »

L'effet que produisirent la nouvelle de l'événement de Strasbourg, et les premiers détails qu'on vient de lire, fut un étonnement singulier, mais sans émotion; les esprits étaient si loin d'être préparés à un mouvement quelconque de l'opinion napoléonienne; on savait si peu à quel prince de la famille impériale il appartiendrait, le cas échéant, de se porter héritier présomptif, et si un seul d'entre eux pensait au rôle de prétendant, que chacun sembla se demander ce que cela voulait dire. On ne comprenait rien surtout à une échauffourée, dont le récit, dénué des explications les plus nécessaires de la part des auteurs de l'insurrection, semblait moins qu'une démonstration d'écolier, et dont l'issue paraissait offrir le dénoûment naturel de quelque équipée de carnaval. Les hommes dont le prince Napoléon-Louis était connu ou personnellement ou par ses ouvrages ne s'expliquaient pas comment un homme dont le caractère se montrait empreint de réflexion et de gravité eût pu se précipiter follement dans une aventure si étrange.

Les progrès de l'instruction, les circonstances peu à peu recueillies, et les pièces produites long-temps après par la presse; enfin, les données fournies par l'officier qui avait rempli, dans la journée du 30 octobre, les fonctions d'aide-de-camp du prince, révélèrent les combinaisons de l'entreprise, ce qu'elle avait pu avoir de sérieux à son début, et la portée que ses auteurs assignaient dans leurs espérances au succès d'une première journée.

Toutefois, dès que la curiosité publique dut s'alimenter des suites de cette affaire, il fut naturel d'explorer la vie du prince et ses actes. Les journaux organes du pouvoir lui demandèrent, en supposant même une hérédité impériale, quels seraient ses droits; les feuilles interprètes des tendances démocratiques lui demandèrent de leur côté s'il avait songé à faire une révolution par l'armée et sans le peuple; enfin, l'autorité se demanda quelle juridiction elle saisirait de ce procès, et *quant au jeune insensé qui avait si follement compro-*

mis un nom autrefois souverain dans notre pays ; ce que la sagesse royale déciderait de son sort. (Journal des débats.) Ces différents points vont recevoir leurs développements.

V. BIOGRAPHIE DU PRINCE NAPOLÉON-LOUIS.

On remarqua dès les premiers jours, et une feuille quotidienne mit en relief cette coïncidence signalée plus tard par l'acte d'accusation, qu'une biographie détaillée du prince avait paru récemment dans la *Biographie des hommes du jour*; nous empruntons à cette publication toute la partie des faits :

« Le prince Napoléon-Louis Bonaparte (1) est né le 20 avril 1808. Sa naissance fut des plus éclatantes. Des salves d'artillerie l'annoncèrent dans la vaste étendue de l'empire, depuis Hambourg jusqu'à Rome, des Pyrénées au Danube. La France était alors à l'apogée de ses grandeurs et de ses prospérités. Le génie de Napoléon réorganisait l'Europe.

« Le prince Napoléon-Louis était pour lui le second héritier de l'empire ; aussi sa naissance fut-elle accueillie avec les plus vives démonstrations de joie par l'empereur et par le peuple français. Les plus brillants honneurs et la solennité des réjouissances publiques entourèrent son berceau.

« Un registre de famille, destiné aux enfants de la dynastie impériale, fut déposé au sénat comme le grand-livre des droits de successibilité. Le nouveau prince Louis y fut inscrit le premier avec toute la pompe d'une consécration. Le roi de Rome y prit seul place après lui.

« Le prince Napoléon-Louis fut baptisé en 1811, au palais

« (1) Depuis la mort de son frère, le prince Charles-Louis Napoléon Bonaparte signe son nom ainsi : « Napoléon-Louis Bonaparte. » En effet, l'empereur avait décidé que l'aîné de la famille s'appellerait toujours Napoléon ; et le prince étant, d'après les lois du sénatus-consulte de 1804, l'aîné des fils de la famille impériale, il a, d'après le désir de son père et de sa grand'mère, changé sa signature. »

de Fontainebleau, par le cardinal Fesch, et tenu sur les fonts de baptême par l'empereur et l'impératrice Marie-Louise.

« La reine Hortense donna à l'éducation de son fils une direction grave et sévère.... Il était l'idole de prédilection de l'impératrice Joséphine, qui ne put cependant obtenir aucune modification aux principes d'éducation virile et forte que la reine Hortense avait heureusement adoptés.

. . . .

« Le prince Napoléon-Louis avait sept ans lorsqu'il quitta la France, dont il emportait l'image dans sa jeune mémoire. Comme le roi de Rome, il ne voulait point de l'exil, il voulait à toute force rester en France. La reine Hortense eut toute peine à le consoler. Quand l'empereur vint l'embrasser à la Malmaison, pour lui faire ses adieux qui devaient être les derniers, il fallut l'arracher de ses bras; il refusait de se séparer de lui, et il criait en pleurant qu'il voulait aller tirer le canon....

« Toujours élevé par sa mère, sa nouvelle vie dans l'exil acheva de développer les dispositions précoces de son esprit et l'énergie naissante de son caractère. Il fut confirmé dans la cathédrale d'Augsbourg, première résidence de son exil, par l'évêque de cette ville, sous le patronage de son oncle le prince Eugène, avec lequel on lui remarquait une ressemblance frappante de traits et de cœur.

. . . .

« Plus tard, le jeune prince fut admis au camp de Thoun, canton de Berne, que la Suisse dresse chaque année pour l'instruction des officiers de génie et d'artillerie, sous la direction du brave colonel Dufour, ancien colonel du génie dans la grande armée de Napoléon. Manœuvres, instructions et courses dans les glaciers, le prince prit part à tout, le sac sur le dos, mangeant son pain de soldat, la brouette ou le compas à la main. L'art de l'artillerie s'emparant exclusivement de ses instincts et de ses goût, comme dans la jeunesse de l'empereur, il appliqua toutes ses études à cette science, la première dans les sciences de la guerre moderne.

« Ce fut au camp de Thoun, auprès des canons de l'école, qu'il apprit la révolution de juillet, avec tout l'enthousiasme d'un patriote. Ses camarades s'empressèrent de célébrer avec lui la résurrection du principe révolutionnaire et la réhabilitation du peuple français dans l'esprit de l'Europe. On célébra également son prochain retour en France sous les couleurs du drapeau si grandement illustré par Napoléon. . . . .

« Le prince Napoléon passait l'hiver de 1830 à Rome avec sa mère. L'ardente sympathie que les patriotes italiens éprouvaient pour le sang de Napoléon excitait en même temps les craintes du gouvernement papal. Le prince, menacé dans sa liberté, fut obligé d'échapper précipitamment aux poursuites de la police romaine. Il rejoignit à Florence son frère, qui depuis long-temps se livrait à des travaux philosophiques.

« Bientôt l'insurrection de la Romagne éclata pour secouer le joug de l'influence autrichienne en Italie. L'unité nationale était le but des insurgés. Les deux neveux de Napoléon répondirent sans hésitation à l'appel des indépendants. L'impéritie et les temporisations trop diplomatiques des chefs du gouvernement insurrectionnel paralysaient déjà l'action révolutionnaire : il faut des caractères audacieux et entreprenants aux mouvements populaires; la prudence, en temps de crise, est dans la promptitude des mesures. Le prince Napoléon, n'écoutant que ses instincts guerriers, arme à la hâte quelques braves déterminés, et, suivi d'un seul canon qu'il a mis en état de service, il court s'emparer hardiment de Civita-Castellane. Tant d'intrépidité effraya le ministre de la guerre qu'on venait d'improviser, et l'ordre fut donné au prince Napoléon-Louis de suspendre ses attaques. Affligé de ce malheureux contre-temps, sentant tout ce qu'on perdait par ce manque de volonté et d'audace, il se hâte de revenir à Bologne pour presser de ses paroles et de son activité les préparatifs de défense, puisqu'on commettait la faute capitale de ne pas aller en avant. Il y eut une affaire assez brillante où les deux princes payèrent bravement de leur personne, et chargèrent avec vigueur à la tête de quelques cavaliers. Mais les forces de l'Autriche avançaient : les indépendants se replièrent sur Forli en faisant bonne contenance, aux cris de *vive la liberté! vivent les Bonaparte!* C'est à Forli que l'aîné des princes fut attaqué subitement d'une maladie mortelle; il expira dans quelques heures entre les bras de son frère atterré sous cette perte si rapide. Malgré son inconsolable douleur, le prince Napoléon-Louis, en qui revivaient les vertus et la haute capacité de son généreux frère, avec un sentiment plus prononcé du génie militaire, ne céda le terrain qu'avec beaucoup d'efforts et sur les ordres répétés des chefs du gouvernement insurrectionnel. La retraite s'opéra sur Ancône. Abandonnés de la politique française, les indépendants se virent contraints de cesser une lutte inégale et désormais inutile. Il ne fut plus question pour les insurgés les plus compromis que de se soustraire aux vengeances combinées de Rome et de Vienne. On fréta des navires étrangers pour se réfugier en Grèce. Plusieurs chefs furent pris et traités impitoyablement. Le prince Napoléon-Louis, que, sur le bruit des dangers qui menaçaient sa tête, sa courageuse mère était venue rejoindre à Ancône, venait d'y tomber malade de fatigue, d'accablement et de la double désolation de l'esprit et du cœur, comme patriote et comme frère. Sur ces entrefaites, l'armée autrichienne s'empara d'Ancône. Il fallut toute la présence d'esprit et toute la force d'âme de la reine Hortense pour sauver le seul fils qui lui restait : elle fit courir le bruit que le prince s'était réfugié en Grèce; et, quoique logée tout auprès du commandant des troupes autrichiennes, elle parvint, au milieu des plus cuisantes inquiétudes qu'elle comprimait, à dérober son malade à tous les yeux. A la faveur d'un déguisement et d'un passeport anglais, elle lui fit traverser, non sans courir de grands risques, une bonne partie de l'Italie; et, pour le ramener plus facilement dans son asile en Suisse, elle osa braver la loi de proscription qui lui interdisait la France; elle arriva d'une traite à Paris, plus malheureuse encore d'être méconnue du drapeau tricolore. Ce fut la reine elle-même qui annonça par une lettre à Louis-Philippe son arrivée à Paris avec le prince son fils, dans le moment où M. Sébastiani disait au conseil qu'elle venait de débarquer à Malte. On était au 20 mars.... Les deux nobles proscrits prirent la route de Londres. Avant de s'éloigner, le prince Napoléon avait adressé à Louis-Philippe une lettre remarquable de dignité et d'éloquence, où il réclamait noblement son titre de citoyen français, dont la restauration l'avait dépouillé par la loi réactionnaire du 12 janvier 1816, et que le gouvernement du drapeau tricolore ne pouvait lui enlever sans violation de son principe et sans abus de force.

« Dans sa lettre, le prince reconnaissait le roi comme *représentant de la grande nation*; il sollicitait l'honneur de servir dans les rangs de l'armée française; il se faisait gloire d'avoir embrassé en Italie la sainte cause de l'indépendance des peuples; il demandait à mourir un jour en combattant pour la patrie.

« Son voyage en Angleterre fut utile à son instruction : il visita avec la plus scrupuleuse attention tous les établissements industriels et scientifiques. La haute aristocratie anglaise s'empressa de lui témoigner beaucoup de considération et de sympathie. Le jeune prince se refusa à tous les honneurs d'hospitalité qu'on voulait lui prodiguer; il n'accepta aucune invitation, par respect pour la mémoire de l'empereur, qu'il honore d'un culte constant d'exaltation religieuse.

« De retour en Suisse, en août 1831, il y reçut bientôt une députation secrète de Polonais, qui lui était envoyée de Varsovie pour lui proposer de se mettre à la tête de la nation en armes.

« La lettre des chef polonais au prince renfermait ce passage :

« A qui la direction de notre entreprise pourrait-elle mieux
« être confiée qu'au neveu du plus grand capitaine de tous les
« siècles ? Un jeune Bonaparte apparaissant sur nos plages,
« le drapeau tricolore à la main, produirait un effet moral
« dont les suites seraient incalculables. Allez donc, jeune
« héros, espoir de notre patrie ; confiez à des flots qui con-
« naîtront votre nom la fortune de César, et, ce qui vaut
« mieux, les destinées de la liberté. Vous aurez la recon-
« naissance de vos frères d'armes et l'admiration de l'univers.

« 28 août 1831.

« Le général KINAZEWIEZ,

« Le comte PLATER, etc. »

« Malgré les motifs de haute raison politique qui avaient comprimé l'élan du jeune prince, il ne put résister aux regrets amers qu'il avait de ne pas verser son sang pour la malheureuse Pologne ; il s'était soustrait aux regards vigilants de sa mère, il l'avait quittée subitement sans lui faire ses adieux, lorsque la nouvelle de la chute de Varsovie vint remettre le désespoir au fond de son cœur, et le rendit aux vœux agités de la reine Hortense, à qui le ciel n'épargnait aucune cruelle épreuve.

. . . .

« Sa bourse était toujours ouverte à toutes les infortunes patriotiques ; tous les débris errants de la Pologne qui passaient par Constance étaient hébergés à ses frais et repartaient chargés de ses dons : toutes ses ressources y passaient. Un jour, il envoya un nécessaire en vermeil au comité polonais de Berne ; ce nécessaire était d'une valeur inestimable : il avait appartenu à l'empereur Napoléon. Il s'en fit une loterie qui produisit 20,000 fr.

. . . .

« Les études philosophiques et les travaux d'économie politique du prince Napoléon-Louis, poursuivis avec un zèle infatigable, portèrent bientôt leur fruit. Le prince publia une brochure fort remarquable, intitulée *Considérations politiques et militaires sur la Suisse*. Cette brochure annonça un beau talent de penseur et d'écrivain ; elle fit une grande sensation dans le monde diplomatique et dans l'esprit des gens de guerre.

« Le gouvernement helvétique, pour donner plus de prix et plus d'éclat à cette hospitalité que le prince payait si bien en talent et en œuvres d'utilité publique, lui décerna par acclamation et à l'unanimité le titre *honorifique* de citoyen de la république suisse. *Cette qualité n'entraîne pas la naturalisation.* Cette marque d'honneur avait été déjà déférée à deux grands personnages politiques : une fois au maréchal Ney, lors de l'acte de médiation ; une autre fois au prince de Metternich, sous l'influence des événements de 1815, par l'aristocratie de Berne.

« Devenant plus populaire et plus aimé de jour en jour, le prince Napoléon-Louis ne tarda pas à recevoir du gouvernement de la Suisse un témoignage plus distingué de son estime et de sa confiance ; dans le mois de juin 1834, il fut nommé capitaine de l'artillerie au régiment de Berne... Il entrait dans la carrière militaire comme l'empereur, son oncle ; il commençait comme lui dans l'arme de l'artillerie, avec le titre de capitaine, et dans une république.

« Lorsque le triomphe de la cause constitutionnelle en Portugal eut remis sur son trône la jeune reine dona Maria ; et qu'il fut question de lui donner un époux digne de diriger les destinées d'une nation devenue libre, des Portugais de haute distinction jetèrent les yeux sur le prince Napoléon-Louis, dont le caractère loyal et l'énergie leur présentaient les garanties les plus sûres pour l'indépendance et la liberté de leur patrie. Mais le neveu de Napoléon, loin de céder aux séductions d'une position aussi brillante, mit fin aux négociations entamées à ce sujet, et il basa le désintéressement d'un tel refus de couronne sur deux raisons pleines de noblesse d'âme et de dignité patriotique : l'une c'est qu'il ne voulait accepte aucune élévation qui séparait son sort et ses intérêts des intérêts et du sort de la France ; l'autre c'est qu'il était décid à éviter toute concurrence avec son cousin, le prince de Leuch temberg, fils du prince Eugène. Après la mort du jeune duc enseveli si vite dans sa royauté, mêmes propositions et même instances de la part du Portugal; même refus de la part du prince Napoléon-Louis.

« Vers la fin de cette même année de 1835, après trois an de laborieuses recherches, de graves méditations sur l'art d l'artillerie, et des études approfondies, après un long travai d'expériences pratiques, le prince Napoléon-Louis s'est plac au premier rang des écrivains et des tacticiens militaires pa la publication d'un ouvrage des plus substantiels, sous le titre modeste de *Manuel d'artillerie pour la Suisse*. »

Nous ajouterons à ce qui précède quelques documents nouveaux. Les réflexions qui accompagnaient les faits que nou venons d'exposer s'élevaient surtout contre la loi qui place encore parmi les proscrits tous les noms de la famille Napoléon. Nous croyons qu'on lira avec un vif intérêt la lettre suivante de la reine Hortense (Mme la duchesse de Saint-Leu) écrite à l'époque où fut rendue cette loi :

« Arenenberg, 2 septembre 1830.

« Vous désirez de mes nouvelles. Je me réjouis comme
« vous du bonheur de la France. Vous avez dû voir que l'en-
« thousiasme de mes enfants n'a pu être contenu, malgré mon
« désir qu'ils ne paraissent en rien. Mais ils sont élevés à ap-
« précier ce qui est noble et grand. Ils sont fiers de leur patrie,
« qu'ils auraient été heureux de servir, et ils ont de vingt à
« vingt-cinq ans!!!...
« Vous savez aussi combien de fois ils ont entendu répéter
« que les places les plus élevées ne faisaient pas le bonheur,

« mais que l'air de la patrie, des amis, et une distinction toute
« personnelle, devaient être le but de leur ambition. Je pense
« donc, comme vous, qu'ils pouvaient la servir, cette France
« devenue libre, sans offenser aucun de leurs souvenirs. Ce
« n'était pas à nous à ne pas reconnaître les droits d'un peuple
« à se choisir un souverain. Mais je viens de lire une loi qui
« m'étonne autant qu'elle m'afflige. Comment! dans ce mo-
« ment d'enthousiasme et de liberté, la France ne devait-elle
« pas ouvrir les bras à tous ses enfants? à ceux qui, depuis
« quinze ans, partageaient avec elle tant d'abaissement et de
« souffrances? Au lieu de cela, on renouvelle, pour une seule
« famille, un acte de proscription. Quels sont ses crimes? n'est-
« ce pas l'étranger qui l'avait chassée? n'est-ce pas la France
« qu'elle avait servie? Craindre cette famille, c'est lui faire un
« honneur qu'elle repousse.... Son chef n'existe plus! S'il a
« donné une grandeur et une gloire qu'on accepte enfin, faut-
« il repousser tout ce qui lui a appartenu, au lieu d'acquitter
« une dette sacrée, en exécutant le traité fait avec lui pour sa
« famille! Aucun des membres de cette famille ne pensait en-
« core à revenir en France. Il y a des convenances que les po-
« sitions forcent à garder, et, sans une invitation du pays, ils
« ne pouvaient s'y présenter.

« Mais les voilà encore, avec leurs malheurs, sans protec-
« tion et en butte à toutes les vexations dont les gouverne-
« ments se plaisaient à les accabler! Que puis-je dire à ces
« enfants, moi qui ne cherche qu'à modérer leur jeunesse et
« à entretenir en eux l'amour de la patrie et de la justice? Je
« ne puis plus que leur apprendre que les hommes sont ingrats
« et égoïstes, mais qu'il faut encore les aimer, et qu'il est tou-
« jours plus doux d'avoir à leur pardonner qu'à les faire
« souffrir. — Adieu. Vous avez désiré de mes nouvelles : vous
« voyez que l'impression du moment est pénible. Je ne comp-
« tais pas aller à Paris : loin de là, je m'arrangeais pour mon
« voyage d'Italie. Mais la vue de cette loi qui nous expulse à
« jamais de cette France qu'on aime tant, où l'on espérait en-

« core aller mourir, est venue renouveler toutes mes douleurs.
« Cette proscription, prononcée dans des temps malheureux,
« était triste sans doute, mais c'était par des ennemis ; renou-
« velée par ceux qu'on croyait des amis, cela frappe droit au
« cœur.

« HORTENSE.

« *P. S.* Mon fils est encore avec les élèves de Uhm, occupé
« à faire des reconnaissances dans les montagnes. Ils font dix
« à douze lieues par jour, à pied, le sac sur le dos. Ils ont cou-
« ché sous la tente, au pied d'un glacier. Je l'attends dans dix
« jours. »

La note biographique du prince Napoléon-Louis peut s'au-
toriser encore des indications fournies par *le Constitutionnel* sur
un projet resté peu connu, et conçu lorsque le duc de Reichstadt ne semblait pas devoir s'éteindre si jeune.

« D'après les bruits qui circulent, disait *le Constitutionnel* du
6 novembre, la conception de la folle tentative qu'a di
rigée le prince Louis-Napoléon daterait de 1832. Dès cette
époque, le prince Louis aurait songé à faire son entreprise
au nom du duc de Reichstadt, qui vivait encore. Il aurai
voulu enlever le fils de Napoléon et le faire transporter en
France ; ne pouvant le déterminer à prendre ce parti, i
aurait demandé ses pleins-pouvoirs pour le faire proclamer
empereur, sous le nom de Napoléon II. M. de Metternich
fut informé de ce projet et le déjoua. Le gouvernement eu
connaissance des détails par son ambassadeur. »

Le passage qui suit, de la brochure de M. de Persigny, que
nous avons déjà citée, confirme l'exactitude de l'assertion du
Constitutionnel. « Le prince se rappelait très-bien qu'en 183!
toute l'armée était prête à proclamer le duc de Reichstad
s'il se présentait à la frontière, et que, sur l'impossibilit
où se trouvait ce jeune prince d'y arriver, les chefs devaien

accueillir son cousin, Napoléon-Louis, s'il était muni d'une simple lettre de Napoléon II. La mort du duc de Reichstadt fit avorter ce grand projet. »

Enfin, pour arriver jusqu'au moment où le prince crut devoir se lancer dans la tentative de Strasbourg, nous produisons un extrait fort curieux d'une lettre adressée par lui, un an auparavant, à l'un de ses amis, et où sa position semble admirablement dessinée.

Extrait d'une lettre du prince Louis à M...., en date du 30 janvier 1835.

« Arenenberg.

. . . .
« Quant à ma position, croyez que je la comprends bien,
« quoiqu'elle soit très-compliquée. Je sais que je suis beau-
« coup par mon nom, rien encore par moi-même ; aristocrate
« par naissance, démocrate par nature et par opinion ; devant
« tout à l'hérédité, et réclamant tout de l'élection ; fêté par
« les uns pour mon nom, par les autres pour mon titre ; taxé
« d'ambition personnelle, dès que je fais un pas hors de ma
« sphère accoutumée, taxé d'apathie et d'indifférence, si je
« reste tranquille dans mon coin ; enfin, inspirant les mêmes
« craintes, à cause de l'influence de mon nom, et aux libéraux
« et aux absolutistes, je n'ai d'amis politiques que parmi ceux
« qui, habitués aux jeux de la fortune, pensent que, parmi les
« chances possibles de l'avenir, je puis être un *en-cas* utile. —
« C'est parce que je connais toutes les difficultés qui s'oppose-
« raient à mes premiers pas dans une carrière quelconque, que
« j'ai pris pour principe de ne suivre que les inspirations de
« mon cœur, de ma raison, de ma conscience ; de ne me laisser
« arrêter par aucune considération d'intérêt secondaire, quand
« je crois agir utilement dans un but d'intérêt général ; enfin,
« de marcher toujours dans une ligne droite ; quelques diffi-

« cultés que je rencontre en route, en m'efforçant ainsi d[e]
« m'élever assez haut pour qu'un des rayons mourants du so[-]
« leil de Sainte-Hélène puisse encore m'éclairer.

« NAPOLÉON-LOUIS BONAPARTE. »

C'est vers la fin de la même année que des bruits que nou[s] allons rapporter donnèrent lieu au prince de s'expliquer sur l[a] supposition d'un mariage entre lui et la reine de Portugal.

« Le programme de l'opposition, disait *une correspondan[ce] particulière*, se trouve tout entier dans le nouveau nom d'u[n] royal mari, lequel nom va étonner toute l'Europe, pour n[e] rien dire de plus. Il y a long-temps qu'en Portugal les homm[es] d'état sentaient l'utilité d'un chef qui pût, de sa propre per[-] sonne, conduire l'armée et la tenir dans sa main, de maniè[re] à répondre à toutes les éventualités carlistes qui peuvent s[e] présenter dans le reste de la Péninsule. Le chef qui a été chois[i] et peut-être imposé à de certaines combinaisons dont la Franc[e] est bien loin de se douter, ce chef n'est autre que le princ[e] Louis-Napoléon, qui vit philosophiquement aux portes de l[a] France, avec sa mère, l'ancienne reine de Hollande. Mainte[-] nant que ce secret d'état a transpiré, la cour ni la reine n'e[n] font plus mystère, et M. de Loulé, qui est le premier politiqu[e] que ces dames aient initié, répond à toutes les questions, à toute[s] les difficultés, par l'appui des cabinets de Londres et de Vienn[e.] Tout ceci donnera lieu sans doute à des conjectures bien im[-] prévues et à de bien grands étonnements ; mais vous pouve[z] compter sur ma nouvelle, et M. de Saxe-Cobourg est positi[-] vement contre-mandé. Aujourd'hui même l'on assurait que l[e] prince Louis-Napoléon était attendu au palais de l'impératrice[,] dont l'on sait la proche parenté avec la reine Hortense (1).

(1) La reine Hortense, aujourd'hui Mme la duchesse de Saint-Leu, es[t] la sœur du prince Eugène, dont l'impératrice, veuve de don Pedro, étai[t] la fille.

Le même jour où ces détails étaient reproduits dans les journaux français, le mariage de dona Maria avec le prince de Saxe-Cobourg se signait en Allemagne (7 décembre 1835). Le prince Napoléon-Louis écrivit en ces termes à divers journaux :

« Arenenberg, ce 14 décembre 1835.

« Plusieurs journaux ont accueilli la nouvelle de mon dé-
« part pour le Portugal, comme prétendant à la main de la
« reine dona Maria. Quelque flatteuse que soit pour moi la
« supposition d'une union avec une jeune reine, belle et ver-
« tueuse, veuve d'un cousin qui m'était cher, il est de mon de-
« voir de réfuter un tel bruit, puisque aucune démarche qui
« me soit connue n'a pu y donner lieu.

« Je dois même ajouter que, malgré le vif intérêt qui s'at-
« tache aux destinées d'un peuple qui vient d'acquérir ses li-
« bertés, je refuserais l'honneur de partager le trône de Por-
« tugal, si le hasard voulait que quelques personnes jetassent
« les yeux sur moi.

« La belle conduite de mon père, qui abdiqua, en 1810,
« parce qu'il ne pouvait allier les intérêts de la France avec
« ceux de la Hollande, n'est pas sortie de mon esprit. Mon
« père m'a prouvé, par son grand exemple, combien la patrie
« est préférable à un trône étranger. Je sens, en effet, qu'ha-
« bitué dès mon enfance à chérir mon pays par-dessus tout,
« je ne saurais rien préférer aux intérêts français.

« Persuadé que le grand nom que je porte ne sera pas tou-
« jours un titre d'exclusion aux yeux de mes compatriotes,
« puisqu'il leur rappelle quinze années de gloire, j'attends
« avec calme, dans un pays hospitalier et libre, que le peuple
« rappelle dans son sein ceux qu'exilèrent, en 1815, douze cent
« mille étrangers. Cet espoir de servir un jour la France,
« comme citoyen et comme soldat, fortifie mon âme et vaut, à
« mes yeux, tous les trônes du monde.

« Recevez, etc.

« Napoléon-Louis Bonaparte. »

VI. CHOIX D'UNE JURIDICTION.

A la suite des premiers récits que nous avons reproduits, il arriva chaque jour des détails et des rectifications que les débats et l'appendice feront assez connaître. Les autorités civiles et militaires qui avaient figuré dans les rapport, furent l'objet de récompenses immédiates. Une ordonnance royale éleva le lieutenant-général Voirol à la dignité de pair de France; une autre promut le préfet, M. Choppin d'Arnouville, à un rang supérieur dans l'ordre de la Légion-d'Honneur; enfin, le lieutenant-colonel Taillandier reçut le grade de colonel.

Après quelques hésitations sur la juridiction qui devait être saisie, entre la chambre des pairs, un conseil de guerre ou une Cour d'assises, le pouvoir se décida pour la justice commune, et sans parler des motifs qui empêchaient de déférer ce jugement à la chambre des pairs, lorsqu'on venait d'affermir sa constitution judiciaire et d'étendre ses attributions en matière d'attentats politiques, voici ce que le *Moniteur* publia dans son numéro du 3 novembre :

« La tentative insensée d'insurrection militaire dont la ville de Strasbourg vient d'être le théâtre a fait éclater le loyal dévoûment qui attache toute la population à la royauté constitutionnelle. L'armée et les citoyens ont fait leur devoir ; l'autorité judiciaire a commencé à remplir le sien.

« Des crimes de cette nature réclament une prompte justice, et déjà l'opinion publique s'est demandé quelle juridiction doit être appelée à la rendre.

« L'idée du renvoi devant un conseil de guerre se présente d'abord aux esprits : c'est là, dit-on, un attentat qui, cherchant ses instruments dans l'armée, et ses moyens d'action dans l'embauchage, constitue un crime essentiellement militaire...

« Le gouvernement doit se référer aux dispositions des lois

en vigueur, et à l'interprétation que ces lois ont reçue de la jurisprudence.

« Dans notre législation, les tribunaux militaires ne sont compétents qu'à l'égard des personnes qui font partie de l'armée.

« La loi du 13 brumaire an V avait fait une exception à cette règle pour le crime d'embauchage, dont elle attribuait la connaissance aux tribunaux militaires, par quelque personne qu'il fût commis.

« Cette attribution spéciale avait, sous l'empire de la Charte de 1814, été formellement maintenue par plusieurs arrêts de la Cour de cassation.

« Depuis 1830, la jurisprudence a changé. Plusieurs arrêts, entre autres ceux des 17 juin 1831 et 27 juillet 1832, ont jugé que la disposition de la loi de brumaire an V a cessé d'être en vigueur, et que le crime d'embauchage n'attribue pas compétence aux conseils de guerre lorsque des personnes non militaires y ont participé comme auteurs ou complices.

« La jurisprudence actuelle établit donc que, même en cas d'embauchage, la juridiction des conseils de guerre doit céder devant la juridiction ordinaire des Cours d'assises, lorsque des personnes non militaires se trouvent comprises dans les poursuites.

« Ce n'est pas ici le lieu de discuter au fond cette jurisprudence et ses motifs. Elle est en vigueur ; le gouvernement la respecte et y conforme sa conduite. Toutes les mesures seront prises pour qu'une justice aussi prompte que l'autorisent les lois soit rendue, et pour que, sans rien sacrifier des droits de la défense, la société reçoive la satisfaction qu'elle attend. En toute occasion, le gouvernement fera son devoir. Il a la confiance que personne ne manquera au sien. »

VII. LE PRINCE A PARIS, ET LA REINE HORTENSE A VIRY.

Dans l'article du *Moniteur* il n'était, comme on le voit, nullement question du prince. La plupart des journaux de l'opposition avaient rappelé la conduite tenue à l'égard de la duchesse de Berry deux ans auparavant (1), et demandé si ce précédent ne faisait pas loi, du moins en ce qui concernait le pouvoir, pour le prince Napoléon-Louis. Mais l'article publié par le *Journal des Débats* mérite, à cause de la position spéciale de cette feuille, d'être conservé :

« Une décision plus grave à prendre est celle qui concerne le jeune homme qui a eu la folie et qui aura l'éternel remords de n'être venu en France que pour y jouer un si pitoyable rôle et y laisser de si tristes souvenirs. Que fera-t-on de lui ? Le renverra-t-on devant la Cour d'assises avec ses complices et ses victimes ? le jugera-t-on comme un Français qui aurait trahi ses serments ou comme un étranger qui aurait manqué aux lois de l'hospitalité, lui que la loi française exclut à jamais du territoire, sans autre crime que son nom et sa naissance ? A coup sûr, l'entreprise du prince Louis-Bonaparte est encore plus folle et plus coupable que celle de la duchesse de Berry. Si elle n'a pas eu des résultats aussi funestes, ce n'est pas sa faute. Vingt ans ont passé sur la déchéance qui a frappé sa famille, et cette déchéance, la révolution de juillet l'a solennellement confirmée. Pour couvrir l'excès de son ambition, ce jeune homme n'a pas même l'ombre d'un droit. Ce n'est pas lui que la légitimité impériale appellerait sur le trône. Le nom de Napoléon II qu'il a pris ne lui appartient pas. Il est venu apporter le trouble dans un pays où l'on savait à peine qu'il existât, où son ambition n'avait pas d'autre chance que de

---

(1) *Voyez* tome Ier de *l'Observateur des tribunaux*, page 45.

faire couler un peu de sang ! A l'égard même de ceux qui gardent le plus chèrement la glorieuse mémoire de l'empereur, il a compromis ce grand nom !

« Ce sont là d'énormes fautes, des crimes même, mais des fautes et des crimes pourtant qui reçoivent de la position tout exceptionnelle du coupable un caractère particulier, et qui ne peuvent être ni jugés, ni punis par les lois et par les tribunaux ordinaires. L'état de notre législation, en ce qui concerne cette famille impériale, que son ancienne grandeur exclut du territoire et prive des droits accordés aux moindres citoyens ; la gloire, le nom, le souvenir du chef de cette famille ; l'honneur du roi et de la France, la conscience et la délicatesse publiques en un mot, qu'il faut consulter avant tout, ne permettent pas que le prince Louis Bonaparte soit renvoyé devant la Cour d'assises. Les jurés s'étonneraient, s'effraieraient d'avoir à juger le neveu de l'empereur Napoléon, quoi qu'il ait fait. Nous le disons sans hésiter, et nous félicitons notre pays de ce sentiment qui l'honore, de cette pudeur religieuse qui respecte les restes d'une grandeur déchue. Malheur aux pays, malheur aux royaumes où l'empreinte d'une couronne ne demeure pas éternellement sur la tête qui l'a portée, et où l'on trouve un brutal plaisir à humilier tout ce qui fut grand !

« Ce privilége, les familles qui l'ont le paient assez cher. C'est parce qu'une loi toute politique, une loi d'état ferme à jamais le territoire de France aux membres de la famille impériale et à ceux de la branche aînée des Bourbons, enfants, petits-enfants nés et à naître, législation monstrueuse, si elle n'était pas nécessaire ; c'est pour cela qu'il serait aussi peu juste qu'impolitique de les traiter en citoyens soumis aux lois ordinaires, justiciables des tribunaux ordinaires. La loi qui les exile les marque d'un caractère qui ne permet pas qu'on y touche ; la loi qui les proscrit, eux seuls, entre tous les enfants de la même patrie, les met, par cela même, au-dessus des autres hommes ; elle en a fait des ennemis d'état perpétuels, et, pour notre compte, quelque insensée, quelque criminelle que soit l'entreprise du prince Louis Bonaparte, nous ne pouvons voir en lui qu'un prisonnier d'état. Ce que nous pensions de la duchesse de Berry, nous le pensons du prince Louis Bonaparte. »

Le prince avait pris, dès les premiers moments de son arrestation, une attitude pleine de dignité et de réserve. Ses réponses ne compromettaient personne. « Je savais, disait-il, que ma tête servirait d'enjeu si j'échouais. J'ai été trompé. Je croyais que la France était fatiguée de son gouvernement, et qu'en me présentant au nom des souvenirs de l'empire j'allais rallier à moi l'armée et toute la population. »

Le 12 novembre on apprit tout-à-coup, et sans que rien eût transpiré auparavant des intentions du gouvernement, que le prince Napoléon-Louis avait traversé la capitale dans la nuit du vendredi au samedi (11 et 12 novembre), qu'il n'avait vu que M. le préfet de police, et qu'à Paris seulement il avait su que l'intention du gouvernement français était de le faire embarquer pour les Etats-Unis. On apprit en même temps que la reine Hortense, accourue au premier effroi, était venue en France intercéder pour son fils ; mais elle s'était arrêtée chez Mme la duchesse de Raguse, à Viry, où elle était la nuit même du passage du prince à Paris : la mère et le fils ne se trouvaient ainsi, sans le savoir, qu'à cinq lieues l'un de l'autre, au moment d'être séparés, au moins pour plusieurs années, par l'Océan.

Voici, sur le voyage de Mme la duchesse de Saint-Leu, les détails donnés par une feuille bien informée :

« Il est bien vrai que la duchesse de Saint-Leu est venue en France ; elle a quitté Arenenberg à la première nouvelle de l'arrestation de son fils. Accompagnée de Mme de Salvage, la reine a voyagé dans la voiture et sous le couvert d'un passeport dont cette dame s'était pourvue ; mais elle s'est arrêtée, comme on l'a dit, au château de Viry, chez Mme la duchesse de Raguse ; Mme de Salvage a continué sa route jusqu'à Paris, et s'est rendue aussitôt après son arrivée chez M. le président du conseil. Comme cette dame n'avait point de lettre d'audience, elle a rencontré, pour être introduite, des difficultés que le nom de la personne qui l'envoyait a bientôt levées.

« Grande a été, comme on pense bien, la surprise de M. le comte Molé en apprenant que la reine Hortense était en France; cependant il a pu bientôt charger Mme de Salvage de donner à la reine l'assurance que le prince Napoléon-Louis ne serait pas mis en jugement. Toutefois, le président du conseil n'a pas laissé ignorer à Mme de Salvage que cela ne se ferait pas sans conditions. Ainsi, le prince, aussitôt l'instruction terminée, sera conduit à un port de mer, et embarqué sur un bâtiment de guerre qui le conduira en Amérique. De plus, la reine sa mère devra s'engager à l'y rejoindre dans le plus court délai.

« Mme de Salvage a dit qu'elle ne pensait pas que la reine se refusât à suivre son fils en Amérique; cependant elle a demandé qu'il lui fût accordé un délai, jusqu'au printemps, par exemple, pour faire ce voyage. Le ministre s'est fait prier beaucoup pour accorder un mois, donnant à entendre que le sol helvétique ne serait pas même une garantie pour la reine dans le cas où elle se refuserait à l'invitation qui lui était faite de quitter le continent.

« Quant à Mme de Salvage, le ministre lui a fait connaître qu'elle devait abréger le plus possible son séjour dans la capitale. En vain a-t-elle allégué qu'elle avait à terminer, pour la reine Hortense, des affaires d'intérêt nombreuses, au moment où celle-ci se trouvait forcée de passer l'Océan peut-être pour toujours; le ministre a insisté. Puis est venue la question des passeports, car ceux de Mme de Salvage avaient été retenus, et la reine n'en avait pas; mais cette affaire a dû être réglée entre Mme de Salvage et M. Gabriel Delessert, préfet de police, qui a montré beaucoup de courtoisie dans cette occasion. Mme de Salvage aura quitté Paris dans la journée si les passeports lui ont été remis; et fort probablement, avant trois jours, la reine Hortense sera hors de France. »

Nous devons faire connaître à présent l'effet produit à Strasbourg par l'enlèvement du prince ; ce fut là le germe du salut de ses prévenus, et le principe d'un verdict d'acquittement qui devait retentir dans toute l'Europe et exciter au sein des trois pouvoirs, en France, une profonde émotion. Le *Courrier du Bas-Rhin* publia les détails de l'enlèvement en ces termes :

« Dans la soirée du mercredi 9 sont arrivées à Strasbourg plusieurs voitures de la cour, qui se sont arrêtées à l'hôtel de la préfecture.

« L'arrivée de ces voitures faisait l'objet des suppositions de tous ceux qui les avaient vues, surtout parce qu'on savait qu'une personne qui se trouvait dans l'une d'elles avait refusé d'exhiber son passeport à la porte de la ville, disant qu'elle se rendait directement à la préfecture, et qu'elle repartirait immédiatement.

« A la nuit close, entre sept et huit heures, ces voitures ont été conduites à la Prison-Neuve ; le préfet en est descendu, et, en vertu d'un ordre écrit du ministre de l'intérieur et du ministre de la guerre, il a demandé qu'on lui délivrât le prince Louis.

« Le nouveau directeur de la prison, M. Lebel (1), arrivé de Paris, à ce qu'il paraît, non pour surveiller le prince, mais pour empêcher que les surveillants des prisons de Strasbourg, qui ne sont pas habitués à une pareille manière de procéder, missent obstacle à son enlèvement, s'est empressé de le remettre à M. le préfet, qui a émargé lui-même, sur le registre de l'écrou, la sortie du prisonnier.

« Le prince Louis est monté dans l'une de ces voitures, et celles-ci, attelées de chevaux de poste, ont immédiatement quitté la ville.

« Cet enlèvement a eu lieu le mercredi soir à huit heures, et le jeudi matin à dix heures, M. le procureur-général de la

---

(1) Le même qui était le concierge de la prison de Luxembourg lors du jugement de Fieschi et de ses complices.

Cour royale de Colmar et M. le conseiller Wolbert, chargés de l'instruction du procès, ignoraient encore le départ du prisonnier.

« On assure que M. le procureur-général Rossée, quand il apprit le lendemain, *par hasard*, et non d'une manière officielle, le départ du prince Louis, procéda sur-le-champ à une enquête ; on assure qu'il a commencé une information judiciaire, qu'il a fait comparaître comme témoins tous ceux qui pouvaient lui fournir des renseignements sur l'enlèvement du prince ; et il paraît, d'après ces démarches de M. Rossée, qu'il est décidé à évoquer cette affaire devant la Cour royale de Colmar. »

Bien que les pièces officielles de cet enlèvement aient été connues seulement pendant les débats, il convient mieux de les placer ici.

VIII. PIÈCES OFFICIELLES DE L'ENLÈVEMENT DU PRINCE.

« Nous, procureur-général du roi près la Cour royale de Colmar, présentement à Strasbourg, ayant appris du sieur Lebel, directeur provisoire de la maison d'arrêt, que, en vertu d'une décision de M. le ministre de l'intérieur, le prince Napoléon-Louis Bonaparte avait été enlevé de la dite maison d'arrêt, avant-hier soir, 9 du courant, à sept heures du soir ;

« Pensant que, dans l'intérêt de notre responsabilité et de la mission qui nous est confiée, il importait de vérifier le fait :

« Requérons M. le conseiller instructeur de constater juridiquement, et par procès-verbal, le fait de l'enlèvement de la personne de Napoléon-Louis Bonaparte, de recevoir, en conséquence, les déclarations qui pourraient être nécessaires ou utiles, à telles fins que de droit.

« Fait au parquet, à Strasbourg, le 11 novembre 1836.

« *Signé*, Rossée. »

« Vu le réquisitoire ci-dessus, nous, conseiller instructeur, ordonnons qu'il sera fait par nous ainsi qu'il est requis.

« *Signé*, Wolbert. »

« Le directeur des prisons civiles est invité, et au besoin requis, de faire immédiatement conduire devant nous le prince Napoléon-Louis Bonaparte, à l'interrogatoire duquel il doit être procédé.

« *Signé*, Wolbert. »

« Cejourd'hui, 11 novembre 1836, le dit sieur Lebel s'est présenté devant nous, et nous a fait la déclaration suivante :

« Le 9 de ce mois, à sept heures du soir, M. le lieutenant-général Voirol, commandant la 5e division militaire, et M. Choppin d'Arnouville, préfet du Bas-Rhin, se sont présentés à la prison, m'ont exhibé un ordre ministériel, et ont enlevé le prince, qu'ils ont fait monter dans une voiture se trouvant placée devant la porte principale de la prison. C'est moi-même qui ai fait ouvrir tant la porte de la chambre qu'occupait le prince, que la porte extérieure de la maison d'arrêt ; M. le préfet et M. le lieutenant-général étaient seuls ; personne ne les accompagnait à la prison, et j'ignore si d'autres personnes se trouvaient dans la voiture avec laquelle ils sont partis. Les effets du prince sont restés dans la prison ; ils y sont encore, ainsi que son valet de chambre. Je n'avais reçu aucun avis annonçant l'enlèvement du prince ; je n'en ai eu connaissance qu'au moment où il s'est effectué. Dans une conversation que j'ai eue dans la même journée avec M. le préfet pour des affaires de mon service, j'ai compris que plus tard il pourrait être question du transfèrement du prince. »

« Après cette déclaration, le dit sieur Lebel nous a présenté son registre d'écrou, coté et paraphé à Strasbourg, le 1er octobre 1835. Au recto du folio 188 de ce registre, et à la case portant le numéro 564, nous lisons dans la première colonne :

« Bonaparte Louis-Napoléon, fils de Louis et de Hortense-Eugénie Beauharnais, né à Paris, demeurant à Turgovie, profession de capitaine d'artillerie, entré le 30 octobre du courant, âgé de vingt-huit ans, taille d'un mètre soixante-six centimètres, nez grand, bouche moyenne, cheveux châtains, menton pointu, sourcils châtains, visage ovale, front haut, teint ordinaire, yeux gris, barbe brune, marque particulière..... Dans la seconde : Un habit, une chemise, un col, un pantalon, une paire de bottes.

« Dans la troisième colonne nous lisons :

« Cejourd'hui 31 octobre 1836, s'est présenté au greffe de la maison d'arrêt le sieur Nicolas, huissier en la dite ville, porteur d'un ordre en date du 30 octobre courant, en vertu duquel il m'a été fait la remise de la personne du nommé Bonaparte (Louis-Napoléon).

« Ledit prévenu ayant été laissé à ma garde, j'ai dressé le présent acte d'écrou, que le sieur Nicolas a signé avec moi après avoir reçu décharge.

« *Signé*, Nicolas et Weidbraun. »

« Dans la quatrième, nous lisons :

« Nous, Charles-Théodore Kern, juge d'instruction près la Cour de Strasbourg, ordonnons à tous huissiers, etc., de conduire à la maison d'arrêt de Strasbourg, en se conformant à la loi, le prince Napoléon-Louis Bonaparte, capitaine d'artillerie au service du canton de Berne, prévenu d'attentat contre la sûreté de l'état ; mandons et enjoignons au gardien de la dite maison d'arrêt de le recevoir et maintenir en dépôt ; requérons tous dépositaires de la force publique de prêter main-forte, en cas de nécessité, pour l'exécution du présent mandat, à l'effet de quoi nous l'avons signé et scellé de notre sceau.

« *Signé*, Th. Kern.

« Pour copie conforme :

« *Le concierge*, signé, Weidbraun. »

« Dans la dernière colonne, intitulée *mouvement, changement de position, sortie,* nous lisons :

« Par ordre de M. le ministre de l'intérieur et de M. le ministre de la guerre, le lieutenant-général baron Voirol et M. Choppin d'Arnouville, conseiller-d'état, préfet du Bas-Rhin, donnent levée de l'écrou, et, sous leur responsabilité, décharge entière de la personne de Louis-Napoléon Bonaparte.

« Ce 9 novembre 1836.

« *Signé,* Voirol et Choppin d'Arnouville. »

« Et avant de clore le présent procès-verbal, nous, conseiller instructeur, avons adressé au sieur Lebel les interpellations suivantes :

« D. N'avez-vous pas refusé de laisser enlever la personne du prince Louis Bonaparte aux personnes qui la réclamaient ? — R. Non ; j'ai pensé que c'était une affaire concertée avec l'autorité judiciaire.

« D. Dès l'instant où le prince était placé sous mandat de dépôt, son écrou ne pouvait être levé que par l'autorité qui avait décerné le mandat, ou en vertu d'une décision judiciaire, ce que vous ne devez pas ignorer, puisque vous exercez depuis quelque temps les fonctions de directeur des prisons? — R. J'ai pensé et je pense encore que le prince n'a été extrait de la prison que pour y être réintégré. J'ai vu plusieurs fois à Paris des extractions semblables, faites par ordre de M. le préfet de police, bien que les prévenus le fussent en vertu de mandats de justice ; il est vrai qu'alors les prisonniers ont toujours été réintégrés.

« D. Le prince a-t-il suivi M. le préfet et M. le lieutenant-général sans difficulté et sans demander où on le conduisait ? — R. Il les a suivis volontairement, sans faire aucune observation, sans demander où on le conduisait, du moins je ne l'ai pas entendu. Je n'ai pas entendu non plus qu'on lui ait fait connaître le lieu où on allait le transporter ; M. le lieutenant-général et M. le préfet étaient revêtus de leur uniforme.

« D. Quelqu'un était-il venu voir le prince, dans la journée du 9 novembre courant ? — R. Non ; vous devez savoir que vous n'avez pas délivré de permis à cet effet. Depuis que la garde du prince m'était confiée, il n'a été visité qu'une seule fois par le général Voirol, qui était porteur d'une permission émanée de vous.

« De tout quoi nous avons dressé procès-verbal, etc.

« *Signé*, Lebel, Wolbert et Lempfred.

« Et à l'instant, nous avons fait comparaître devant nous le sieur Thelin, valet de chambre du prince Louis-Napoléon Bonaparte ; et, après avoir reçu de lui le serment de dire la vérité, toute la vérité, nous avons reçu sa déclaration ainsi qu'il suit :

« Le 9 novembre courant, vers sept heures du soir, le sieur Lebel, directeur des prisons, est venu avertir le prince Louis-Napoléon Bonaparte qu'il eût à se tenir prêt pour son transfèrement ; je m'occupai de suite de réunir et d'empaqueter quelques effets dont le prince devait avoir besoin. Un moment après, le directeur courut de nouveau chez le prince ; il lui annonça l'arrivée d'une voiture ; je voulus y placer la malle de mon maître ; le général Voirol, que je connais, me dit que le prince n'avait besoin de rien ; je vis aussi une personne revêtue d'un uniforme brodé en argent, et on m'a dit que c'était M. le préfet. Cette personne et le général Voirol sont sortis de la prison avec le prince, et un instant après j'ai entendu rouler la voiture. Il n'a été question dans cette circonstance, de la part de qui que ce soit, du lieu où le prince devait être transféré : personne ne le lui a dit en ma présence, et j'ignore s'il l'a demandé. Je ne saurais rien dire de plus sur cet événement, et, sur votre interpellation, j'ajoute que le prince n'avait reçu aucune visite dans la journée du 9 novembre. Le prince paraissait satisfait de son enlèvement, qui a eu lieu sans appareil militaire. Je n'ai pas même vu de gendarmes dans cette circonstance. »

IX. DÉPART DE PARIS ET EMBARQUEMENT.

De Paris, le prince avait écrit à sa mère, sous les yeux du préfet de police, M. Gabriel Delessert, et de l'hôtel de la préfecture où il était alors détenu, une lettre qui ne parvint que le 18 à Mme la duchesse de Saint-Leu :

« Ma chère mère,

« Je reconnais à votre démarche toute votre tendresse pour
« moi ; vous avez pensé au danger que je courais, mais vous
« n'avez pas pensé à mon honneur, qui m'obligeait à partager
« le sort de mes compagnons d'infortune. Cela a été pour moi
« une douleur bien vive que d'abandonner des hommes que
« j'avais entraînés à leur perte, lorsque ma présence et mes
« dépositions auraient pu influencer le jury en leur faveur.

« J'écris au roi pour le prier de jeter un regard de bonté sur
« eux ; c'est la seule grâce qui peut me toucher.

« Je pars pour l'Amérique ; mais, ma chère mère, si vous
« ne voulez pas augmenter ma douleur, je vous en conjure, ne
« me suivez pas. L'idée de faire partager à ma mère mon exil
« de l'Europe serait, aux yeux du monde, une tache indélébile
« pour moi, et pour mon cœur cela serait un chagrin cuisant.
« Je vais en Amérique faire comme Achille Murat, me créer
« moi-même une existence ; il me faut un intérêt nouveau
« pour pouvoir m'y plaire.

« Je vous prie, chère maman, de veiller à ce qu'il ne man-
« que rien aux prisonniers de Strasbourg ; prenez soin des
« deux fils du colonel Vaudrey, qui sont à Paris avec leur
« mère. Je prendrais facilement mon parti, si je savais que
« mes autres compagnons d'infortune auront la vie sauve ;
« mais avoir sur la conscience la mort de braves soldats, c'est
« une douleur amère qui ne peut jamais s'effacer.

« Adieu, ma chère maman ; recevez mes remercîments pour
« toutes les marques de tendresse que vous me donnez ; re-

« tournez à Arenenberg, mais ne venez pas me rejoindre en
« Amérique ; j'en serais trop malheureux. Adieu, recevez mes
« tendres embrassements ; je vous aimerai toujours de tout
« mon cœur.

« Votre tendre et respectueux fils,

« Napoléon-Louis B........ »

Le prince Napoléon-Louis arriva dans la nuit du 14 au 15 à Lorient, à deux heures du matin. Il fut conduit dans la citadelle dont on a fait sur-le-champ lever les ponts-levis. Toute communication avec le dehors avait été interdite. De sa captivité, le prince Louis écrivit à son oncle Joseph Bonaparte la lettre suivante, qui fut transmise au comte de Survilliers par le ministre de l'intérieur :

« Lorient, 15 novembre 1836.

« Mon cher oncle,

« Vous avez appris avec surprise l'événement de Strasbourg.
« Lorsqu'on ne réussit pas, on dénature vos intentions, on
« vous calomnie ; on est sûr d'être blâmé, même par les siens.
« Aussi, n'essaierai-je pas aujourd'hui de me disculper à vos
« yeux.

« Je pars demain pour l'Amérique. Vous me feriez plaisir
« de m'envoyer quelques lettres de recommandation pour
« Philadelphie et New-York. Ayez la bonté de présenter mes
« respects à mes oncles, et de recevoir l'expression de mon
« sincère attachement.

« En quittant l'Europe, peut-être pour toujours, j'éprouve
« le plus grand chagrin, celui de penser que, même dans ma
« famille, je ne trouverai personne qui plaigne mon sort.

« Adieu, mon cher oncle ; ne doutez jamais de mes senti-
« ments à votre égard.

« Votre tendre neveu,

« Napoléon-Louis-Bonaparte. »

« P. S. Ayez la bonté de faire savoir à votre chargé d'affai-
« res en Amérique quelles seraient les terres que vous consen-
« tiriez à me vendre. »

Le 19 novembre, le prince fut conduit à la citadelle de Port-Louis, d'où il adressa, toujours sous le cachet du gouvernement, une seconde lettre datée du 17 novembre, à la reine Hortense, sa mère. Dans cette lettre il lui annonce qu'il va être conduit à New-York ; que de là il partira pour visiter pendant un an les différents états de l'Union ; que, d'après la connaissance qu'il aura acquise du pays, il choisira la localité où il pourra fixer son habitation ; que son intention étant de se faire cultivateur, il invitera son oncle Joseph à lui vendre quelques arpents de terre ; qu'alors, s'il entrevoit que sa mère puisse, sans danger pour sa santé, partager sa solitude, il sera le premier à la solliciter d'entreprendre le voyage. Il la prie de lui envoyer ses armes de chasse et ses livres ; et il ajoute qu'on l'a prévenu que le peu d'argent qu'il avait avec lui à Strasbourg (environ 6,000 fr.) lui serait remis ainsi que ses effets. — La correspondance qui rapportait le contenu de cette lettre, ajoutait que les habitants du canton de Turgovie étaient au désespoir de la pensée que la reine Hortense songeait à les quitter : jugeant de sa résolution par l'annonce qu'elle avait fait faire de la vente de ses chevaux et de ceux de son fils. Ils s'étaient accoutumés depuis vingt ans à la considérer comme leur concitoyenne, et tous avaient appris par sa bienfaisance à l'honorer et à l'aimer.

Les lettres précédentes étaient parvenues à leur adresse par l'intermédiaire du gouvernement. En voici une, la dernière peut-être écrite par le prince sur le continent, et qui semble n'avoir pas été soumise à l'examen officiel :

« Citadelle de Port-Louis, 19 novembre 1836.

« Mon cher M***,

« Je ne veux pas quitter l'Europe sans venir vous remercier
« des généreuses offres de service que vous m'avez faites dans
« une circonstance bien malheureuse pour moi. J'ai reçu votre
« lettre à la prison de Strasbourg, je n'ai pu vous répondre
« avant aujourd'hui. Je pars, le cœur déchiré de ne pas avoir

« pu partager le sort de mes compagnons d'infortune. J'aurais
« voulu être traité comme eux. Mon entreprise ayant échoué,
« mes intentions ayant été ignorées, mon sort ayant été malgré
« moi différent de celui des hommes dont j'avais compromis
« l'existence, je passerai aux yeux de tout le monde pour un
« fou, un ambitieux, un lâche. Avant de mettre le pied en
« France, je m'attendais bien, en cas de non-réussite, aux deux
« premières qualifications. Quant à la troisième, elle est par
« trop cruelle!...

« J'attends les vents pour partir sur la frégate *l'Andromède*,
« pour New-York : vous pouvez m'y écrire, *poste restante*. Je
« saurai supporter ce nouvel exil avec résignation ; mais ce
« qui me désespère, c'est de laisser dans les fers des hommes
« auxquels le dévoûment à la cause napoléonienne a été si fa-
« tal. J'aurais voulu être la seule victime.

« Adieu, mon cher monsieur *** ; bien des choses de ma
« part à Mme ***. Je n'oublierai jamais les marques si tou-
« chantes que vous m'avez données de votre amitié pour moi.

« Je vous embrasse de cœur,

« Napoléon-Louis Bonaparte.

« Il est faux que j'aie eu la moindre relation intime avec
« Mme G*** ; il est faux que j'aie cherché à emprunter de l'ar-
« gent ; il est faux qu'on m'ait demandé le moindre serment
« de ne plus revenir en Europe, etc., etc. »

Le 21, on écrivait de Port-Louis : « Aujourd'hui, à une heure
de l'après-midi, le bateau à vapeur *le Tartare*, capitaine Lé-
vêque, a remorqué la frégate *l'Andromède*, et l'a mise en rade
de l'Armor. Le bateau de M. le préfet a pris le prince Napoléon-Louis pour le conduire à la frégate : il est sorti par la
porte de secours. »

La frégate *l'Andromède*, capitaine Villeneuve, était destinée
pour les mers du Sud, mais elle devait relâcher aux États-

4

Unis. Ainsi, le prince Napoléon-Louis faisait voile pour cette terre qui, vingt ans auparavant, avait dû être aussi le lieu de refuge de son oncle, et dont les Anglais lui avaient barré le passage, car ils l'attendaient *à l'hospitalité* du BELLÉROPHON.

Depuis que les lignes qui précèdent ont été écrites, on a appris que le prince était débarqué à Rio-Janeiro, en bonne santé. *L'Andromède* était arrivée à New-York ; mais le capitaine y ayant trouvé de nouvelles instructions, avait conduit le prince au Brésil. Dans une lettre datée de la rade de Rio-Janeiro, le 12 janvier, et que la *Nouvelle Minerve* disait avoir sous les yeux, le prince annonçait qu'au lieu de le déposer à Wasinghton, lieu d'exil qui lui avait été formellement assigné par le gouvernement, on l'avait conduit dans les eaux du Brésil, où il ne lui était pas même permis de prendre terre. Il ignorait sa destination et le terme ultérieur du voyage forcé qu'on lui faisait faire. Il savait seulement que la frégate à bord de laquelle on le tenait prisonnier était destinée à doubler le cap Horn et à entrer dans la mer du Sud. — D'autres nouvelles ont annoncé que le prince venait d'être reconduit à New-York.

X. ARRÊT DE RENVOI.

Le prince Napoléon-Louis avait quitté le territoire français et voguait vers l'Amérique depuis quinze jours, lorsque la Cour de Colmar, les chambres de mise en accusation et de police correctionnelle réunies, rendit un arrêt par lequel elle renvoyait de toutes poursuites Thélin, Couard, Poggi, la femme de Bruc, Cavel, Lafond et de Geslin, et mettait en accusation, pour être jugés par la Cour d'assises du Bas-Rhin, séant à Strasbourg :

1º Claude-Nicolas Vaudrey ; 2º François-Armand Ruppert Laity ; 3º Denis-Charles Parquin ; 4º Henri-Richard Sigefroi de Querelles ; 5º Charles-Emmanuel-Raphaël de Gricourt ; 6º Éléonore Brault, veuve Gordon ; 7º Frédéric, comte de Bruc : tous les sept détenus en la maison d'arrêt de Strasbourg.

8° Louis Dupenhouat ; 9° Charles-Philippe-François Pétry ; 10° Michel-Jean-François-Régis Gros ; 11° André-Nicolas de Schaller ; 12° de Persigny ; 13° et Jules-Barthélemy Lombard : les six derniers fugitifs.

Près de deux cents témoins avaient été entendus par M. le conseiller délégué. Des faits graves avaient été révélés. Il paraissait résulter de cette information qu'un grand nombre de personnes, que le défaut de charges suffisantes empêchaient de mettre en accusation, avaient néanmoins trempé dans le complot, ou du moins en avaient eu connaissance, de manière à pouvoir être inculpées *moralement*. Aussi des mutations, et même des mises à la retraite, avaient-elles déjà eu lieu à l'égard de plusieurs officiers, dont quelques-uns occupaient des grades supérieurs.

Dans son arrêt, la Cour s'exprimait ainsi à l'égard de l'enlèvement du prince :

« Vu l'arrêt d'évocation de la Cour, qui comprend parmi les inculpés Napoléon-Louis Bonaparte ;

« Attendu que la procédure dirigée contre ce dernier n'a pas été continuée, qu'il n'a pas même subi d'interrogatoire devant M. le commissaire délégué par la Cour, qu'ainsi en fait il ne peut être statué à son égard sur la mise en prévention ;

« Attendu, *en droit, que les magistrats ne peuvent s'écarter du principe fondamental de l'égalité devant la loi, ni s'abstenir d'y rendre hommage*, mais que l'extraction de Napoléon-Louis Bonaparte de la maison d'arrêt de Strasbourg est un acte exceptionnel de haute politique gouvernementale, sur lequel la Cour ne saurait être appelée à se prononcer en présence des pouvoirs politiques de l'état, etc. » (*Arrêt du* 5 *décembre* 1836.)

L'enlèvement du prince avait, en effet, produit une grande sensation ; sa soustraction à la Cour d'assises, indiquée, sinon réclamée d'abord par la presse comme la conséquence du précédent relatif à Mme la duchesse de Berry, devint dès ce moment, pour toutes les feuilles de Paris, l'occasion d'imprimer une nouvelle énergie, une vitalité nouvelle au principe de l'égalité devant la loi, et de la réveiller vivement dans les esprits en faisant sortir de l'art. 1er de la Charte l'acquittement des accusés. Cette considération n'a plus cessé de dominer le procès.

XI. ACTE D'ACCUSATION.

M. le procureur-général Rossée, d'après l'arrêt de renvoi, dressa l'acte d'accusation; nous ne rapporterons que le début, qui concerne le prince et a trait au fait principal, ce qui est relatif à chaque accusé devant se reproduire aux débats.

« Déclare, le procureur-général, qu'en exécution du susdit arrêt, ayant fait un nouvel examen de la procédure, il en résulte ce qui suit :

« Des divers membres de la famille Bonaparte, bannis à la suite des événements de 1814 et 1815, les deux fils de l'ancien roi de Hollande semblent avoir été ceux qui ont nourri avec le plus de force l'espoir chimérique de reprendre en France la place de l'homme qui a jeté tant de gloire sur leur nom.

« Fixés à peu de distance de nos frontières, à proximité de l'Italie, ils semblaient avoir choisi pour demeure le point qui les mettait le plus à portée de suivre et d'apprécier les événements qui pourraient leur offrir quelques chances de réaliser leur désir.

« Ces espérances, dont le calme dans lequel s'écoulèrent les dernières années de la restauration avait attiédi la chaleur, se réveillèrent avec une intensité nouvelle au moment de la révolution de juillet et aux bruits des commotions qui semblaient devoir ébranler le sol de la vieille Europe.

« Les mouvements qui éclatèrent à cette époque en Italie paraissent avoir appelé surtout leur attention. Ce pays avait fait partie de l'ancien empire français ; c'était le théâtre sur lequel leur oncle s'était annoncé pour la première fois au monde ; leur origine, leur nom étaient italiens ; puis, l'Italie, c'était pour eux le chemin de la France ; c'était aussi celui du pouvoir. Aussi les vit-on, dès les premiers symptômes des troubles qui se manifestèrent dans cette contrée, s'y jeter tous les deux avec la ferme volonté de leur donner de la consistance. Ce premier essai fut malheureux : l'un mourut à la peine; l'autre, accablé par la maladie, épuisé par la souffrance, dut, pour la seconde fois, la vie à sa mère.

« L'expérience et le souvenir du malheur ne lui furent point toutefois d'assez grands maîtres. La générosité dont, dès lors et dans des circonstances difficiles, le gouvernement français fit preuve à son égard, n'eut point davantage de fruits : une seconde fois, il devait être l'objet d'un acte de clémence appelé à prendre place dans les plus belles pages de l'histoire contemporaine.

« Dès le mois de mai 1832, il cherche de nouveau à s'emparer de la scène; le jeune soldat dont l'épée venait d'être brisée en Italie, se saisit de la plume : aux tentatives du guerrier succèdent celles du législateur. Louis Bonaparte publie ses *Rêveries politiques*; il les fait suivre d'un projet de constitution.

« Les *Rêveries* contiennent la pensée que la France ne saurait être régénérée que par des hommes du sang de Napoléon, et qu'à eux seuls il pouvait appartenir de concilier les exigences des idées républicaines avec celles de l'esprit guerrier. La constitution répond aux promesses du préambule; elle est démocratique; plusieurs de ses dispositions semblent écrites sous des inspirations saint-simoniennes : en même temps elle porte dans son art. 1er que la république aura un empereur ; et, dans son dernier, comme pour empêcher que l'on ne prît de nouveau le change sur l'acception du mot, que la garde impériale sera rétablie.

« Des lames de sabre saisies à Strasbourg avant l'événement du 30 octobre, et sur lesquelles se trouvent l'aigle et les mots : *garde impériale*, prouvent que Louis Bonaparte n'a point cessé de songer sérieusement à l'accomplissement de la disposition finale du pacte qu'il voulait octroyer.

« Il est à remarquer qu'à l'époque de cette publication, le jeune duc de Reichstadt vivait encore ; mais on ne saurait oublier en même temps qu'il était atteint d'une maladie mortelle, et qui laissait sans doute à ses héritiers moins qu'à tous autres l'espoir d'une guérison : tout donne lieu de croire que, sous le voile de l'esprit de famille, Louis Bonaparte cherchait à faire valoir un intérêt plus intime encore et qui lui était entièment personnel.

« Les faits qui ont suivi viennent entièrement à l'appui de ces assertions. Depuis 1832, tous les efforts de Louis Bonaparte tendent à appeler sur lui l'attention. Il publie de nouvelles brochures ; l'une contient des considérations sur l'état politique et militaire de la Suisse ; l'autre s'adresse à l'artillerie(1), à l'arme dans laquelle Napoléon a servi ; de nombreux envois en sont faits en France ; plus tard, une main amie trace son histoire dans la *Biographie des hommes du jour* : on en tire de nombreux exemplaires. D'un autre côté il cherche à nouer des liaisons avec les mécontents, toujours si nombreux dans un pays profondément sillonné par de grandes révolutions et à la suite du déclassement opéré par elles. Il recrute des adhérents dans toutes les classes de la société.

« Les militaires surtout sont l'objet de ses prévenances : en tous lieux il les cherche, il court au devant d'eux ; il les réunit dans des banquets ; il parle avec enthousiasme des temps de l'empire ; il utilise en un mot, autant qu'il est en son pouvoir, le prestige qui s'attache toujours, quel que soit d'ailleurs le caractère de la personne, à un nom illustre ou à une grandeur déchue.

« Du reste, pendant long-temps ses projets n'ont rien de

---

(1) *L'autre,* c'est-à-dire l'autre *brochure ;* cette erreur de mot pourrait faire croire que le *Manuel d'artillerie* est une simple brochure ; c'est au contraire un très-fort volume in-8º de plus de 600 pages, bien compacte, et qui ne renferme rien en dehors de la science.

(*Note du rédacteur.*)

fixe et de déterminé. Il saisit avec avidité tous les bruits de troubles prochains, il pense qu'au milieu du désordre il pourra se créer la place qu'il ambitionne.

« Un horrible crime doit se commettre, de sourdes rumeurs que l'on entend toujours à l'approche des grandes catastrophes l'annoncent long-temps d'avance. Il attend le moment: près de lui se trouvent les accusés Persigny et Gricourt, que l'on verra plus tard prendre une part si active à l'attentat du 30 octobre.

« Plus tard aussi viennent à se troubler les relations de paix qui existent depuis si long-temps entre la France et un pays voisin ; exploité par toutes les passions haineuses, le conflit semble acquérir un caractère sérieux. Louis Bonaparte veut profiter de la circonstance ; c'est la Suisse qui doit être le point de départ du mouvement qu'il cherche à organiser.

« Mais la Providence veille sur les jours du roi, et la raison reprend sa place dans les conseils d'une nation si souvent renommée par sa sagesse.

« Il faut tourner d'un autre côté ses espérances, et c'est ce que fait Louis Bonaparte; c'est vers l'armée que se portent ses regards, c'est à une révolution militaire qu'il songe. Il se rappelle les gardes prétoriennes ; les souvenirs du 18 brumaire et du 20 mars appartiennent à sa famille ; une révolution militaire vient d'éclater en Espagne, un autre en Portugal. Il espère que celle qu'il veut diriger sera aussi heureuse ; il se nourrit d'ailleurs de l'espoir commun aux conspirateurs de toutes les époques, il aime à penser que ce que ce petit nombre aurait osé tenter serait approuvé par beaucoup et souffert par tous.

« Toutefois un point d'appui lui manque encore. Il lui faut le concours d'un chef de corps ; l'homme nécessaire lui apparaît dans la personne d'un colonel d'artillerie en garnison à Strasbourg, et connu par l'influence qu'il exerce sur son régiment. Tous les moyens de séduction qui sont en son pouvoir, Louis Bonaparte les met en usage; il triomphe bientôt de la molle résistance qui lui est opposée ; il en acquiert la certitude le 26 octobre au matin, dans une auberge du Val-d'Enfer.

« Dans la soirée du 28, il arrive à Strasbourg ; les divers conjurés qui n'habitaient pas la ville y étaient accourus de toutes parts. C'est le 30 octobre qu'éclatent les attentats sur lesquels il appartient à la justice de prononcer.

« Dans la matinée de ce jour, avant six heures, Louis Bonaparte, revêtu d'un costume qui rappelle celui du grand homme, la tête couverte du chapeau historique(1), quitte son logement, et se rend, suivi de la plupart des conjurés, à la caserne occupée par le régiment d'artillerie commandé par le colonel Vaudrey. Celui-ci l'attendait à la tête de sa troupe en armes ; dès qu'il l'aperçoit, il se porte au devant de lui, et abordant le front de son régiment, il le présente au corps auquel il s'adresse en ces termes :

« Soldats du 4e d'artillerie ! une révolution vient d'éclater
« en France. Louis-Philippe n'est plus sur le trône ; Napo-
« léon II, empereur des Français, vient prendre les rênes du
« gouvernement. Criez *vive l'empereur !* »

« Et il pousse ce cri qui est répété par les soldats.

« Louis Bonaparte harangue ensuite la troupe ; il l'appelle à le seconder : son allocution est suivie des cris répétés de *vive l'empereur !*

« Les moments étaient précieux. Plus était grande l'audace du projet, plus il importait d'en hâter l'exécution. Louis Bonaparte se met immédiatement à la tête du régiment. Cependant il demande quatre détachements au colonel Vaudrey, qui les lui fournit et prescrit aux soldats l'obéissance envers les chefs improvisés qui vont les diriger.

« L'accusé Persigny, à la tête du premier détachement, se rend à la préfecture, s'en fait ouvrir les portes, et parvient à se saisir de la personne du premier magistrat du département.

« L'accusé de Schaller, lieutenant au 3me régiment d'artillerie, prend le commandement du second détachement. Il se poste devant la maison habitée par son colonel, et donne la consigne de ne laisser entrer ni sortir personne.

(1) Ceci est une erreur qui fut démentie aux débats. (*N. du R.*)

« L'accusé Lombard gagne, à la tête du troisième détachement, les ateliers du sieur Silbermann, et se hâte de faire imprimer les proclamations par lesquelles Louis Bonaparte voulait annoncer à tous son avénement.

« Un quatrième détachement, sous la conduite d'un chef dont le nom est resté inconnu, avait pour mission de s'emparer des avenues de la maison du général Lalande, commandant le département du Bas-Rhin.

« Pendant que s'effectuent ces mouvements partiels, le gros de la troupe se dirige vers le quartier-général ; arrivée au but, elle fait une halte ; Louis-Bonaparte s'en détache, suivi des principaux conjurés. Il pénètre jusqu'à l'appartement occupé par le général Voirol ; il s'avance vers lui, en lui disant : « Brave général, venez que je vous embrasse ; reconnaissez en « moi Napoléon II. » Mais la réception qu'on lui fait ne répond pas à ses avances ; vivement apostrophé par le chef fidèle, il comprend bientôt que toute espérance doit être bannie de ce côté. Aussi se hâte-t-il de quitter l'hôtel, en y laissant toutefois le général sous la garde de l'accusé Parquin et de douze artilleurs que Vaudrey détache de sa troupe.

« De là il se rend à la caserne de la Finckmatt, occupée par le 46ᵉ régiment de ligne. La résistance qu'il avait trouvée dans l'hôtel du général Voirol, il la rencontre dans les derniers rangs de l'armée : soldats et sous-officiers repoussent avec énergie les promesses qui leur sont faites. Les allocutions de Louis Bonaparte, les exhortations du colonel Vaudrey, les paroles de Querelles et de Laity ne parviennent à émouvoir personne. Bientôt les conjurés sont tous arrêtés par les soldats encouragés par l'arrivée successive des chefs. Louis Bonaparte, après avoir essuyé quelques violences, l'uniforme déchiré, les insignes arrachés, est renfermé dans une chambre de la caserne, et le lieu où il croyait rencontrer un triomphe assuré voit l'anéantissement de son audacieuse et coupable entreprise ; cinq des autres conjurés subissent le même sort. »

XII. PROJET DE DÉFENSE DU PRINCE NAPOLÉON.

Si le prince avait eu à comparaître devant le jury à côté de ses co-accusés, les défenseurs célèbres ne lui auraient pas manqué. Trois membres de la chambre des députés, parmi lesquels deux avocats à la Cour royale de Paris, MM. Odilon Barrot, Mauguin et Larabit, s'étaient offerts pour cette défense. Pendant les quelques heures que le prince passa à Paris, il écrivit à M. Odilon Barrot une longue lettre dont on verra le début dans la réplique de Me Parquin, et dont une autre partie exprimait les mêmes pensées qui vont se retrouver dans la pièce suivante. C'est un projet de défense pour lui-même, dicté par le prince dans la prison de Strasbourg. On verra qu'il avait pressenti le reproche du souvenir des prétoriens.

MESSIEURS,

« Ce n'est pas ma vie que je viens défendre devant vous, j'y
« ai renoncé en mettant le pied sur le territoire français, mais
« c'est mon honneur et mon droit.

« Oui, messieurs, mon droit ! Après 1830, j'ai demandé à
« rentrer en France comme citoyen, on m'a repoussé ; j'ai
« demandé à servir comme simple soldat, on ne m'a pas ré-
« pondu. On m'a traité en prétendant ; eh bien ! je me suis
« conduit en prétendant. — Ne croyez pas cependant que je
« ne prétendisse qu'au désir de m'asseoir sur une chaise recou-
« verte de velours ; mes idées étaient plus élevées ; je voulais
« remettre le peuple dans ses droits, je voulais convoquer
« un congrès national, qui, consultant les antécédents et les
« besoins de chacun, eût fait des lois françaises sans emprun-
« ter à l'Angleterre ou à l'Amérique des constitutions qui ne
« peuvent nous convenir.....

« L'empereur a accompli sa mission civilisatrice, il a pré-
« paré les peuples à la liberté, en introduisant dans les mœurs
« le principe d'égalité, et en faisant du mérite la seule raison

« pour parvenir..... Tous les gouvernements qui se sont suc-
« cédé ont été exclusifs ; les uns s'appuyant sur la noblesse
« et le clergé, les autres sur une aristocratie bourgeoise,
« d'autres enfin uniquement sur les prolétaires. Le gouver-
« nement de l'empereur au contraire s'appuyait sur le peuple,
« comme un général sur son armée......

« Le gouvernement de Napoléon reçut quatre fois la sanc-
« tion populaire. En 1804, le peuple français reconnut par
« quatre millions de votes l'hérédité dans la famille impé-
« riale. Depuis, il n'a plus été consulté........ Comme
« aîné des neveux de l'empereur, je pouvais donc me con-
« sidérer non comme le représentant de l'empire, car de-
« puis vingt ans les idées ont dû changer, mais comme le
« représentant de la souveraineté nationale : j'ai toujours
« considéré l'aigle comme l'emblême des droits du peuple et
« non comme l'emblême des droits d'une famille..... Fort de
« ces idées et de la sainteté de ma cause; je me suis écrié : les
« princes qui se disent de droit divin trouvent des hommes
« qui consentent à mourir pour eux pour rétablir les abus
« et les priviléges, et moi, dont le nom rappelle la gloire et
« la liberté, mourrai-je donc seul dans l'exil? Non, m'ont
« répondu mes braves compagnons d'infortune, nous mour-
« rons avec vous, ou nous vaincrons ensemble pour la cause
« du peuple français........

« Ne croyez pas que j'aie voulu singer les derniers empereurs
« romains que la soldatesque élevait un jour sur le pavois et
« renversait le lendemain. J'ai voulu faire la révolution par
« l'armée, parce qu'elle offrait plus de chances de réussite, et
« pour éviter aussi les désordres si fréquents dans les boule-
« versements sociaux........ Je me suis gravement trompé dans
« l'exécution de mon projet, mais cela fait encore moins d'hon-
« neur à de vieux militaires qui revoyant l'aigle, ce symbole
« de leur gloire, n'ont pas senti leur cœur battre dans leur
« poitrine ; l'aigle qu'ils ont plantée depuis le Tage jusqu'à la
« Moscowa, l'aigle qu'ils ont arrosée de leur sang, ils l'ont

« revue et ils l'ont foulée aux pieds !!! Ils m'ont parlé de le[urs]
« nouveaux serments, oubliant que c'est la présence [de]
« douze cent mille étrangers qui les a déliés de celui qu[i leur]
« lui avaient prêté. Or, un principe détruit par la force p[eut]
« être rétabli par la force...... J'ai cru avoir une missio[n à]
« remplir, je saurai garder mon rôle jusqu'à la fin. »

L'acte d'accusation articulait une imputation très-gr[ave]
contre le prince Napoléon-Louis, qui aurait joint au rôle d'[in]-
surgé le rôle flétrissant d'imposteur par supposition de p[er]-
sonne, celui qui, dans l'histoire, a toujours amassé sur [son]
auteur le plus de mépris. En l'absence de celui qu'on accu[se,]
nous croyons devoir accueillir la réclamation suivante sur [ce]
fait :

A M. le rédacteur de l'Observateur des tribunaux.

« Wolfberg, le 1ᵉʳ février 1837.

« Monsieur le rédacteur,

« Sachant que vous vous occupez de publier en entie[r le]
« procès de Strasbourg, dans l'intérêt de la vérité, je crois [de-]
« voir rectifier une erreur qui n'a pas été relevée aux déb[ats.]
« L'acte d'accusation fait dire au prince, lors de son entrée c[hez]
« M. le général Voirol : « Reconnaissez en moi Napoléon I[I. »]
« Ce fait est faux. Le prince a dit au général : « Reconnais[sez]
« en moi Napoléon, neveu de l'empereur. » Il est égalem[ent]
« faux qu'aucun de ses officiers ait donné des ordres au nom [de]
« Napoléon II ; si les ordres ont été donnés au nom du pri[nce]
« Napoléon, si les soldats et les officiers qui entouraient [le]
« prince ont crié partout : *Vive l'empereur !* c'est qu'à ce [cri]
« seulement le peuple et l'armée se réunissaient à nous.

« Veuillez agréer, etc.

« *Le commandant,* Ch. Parquin. »

XIII. BIOGRAPHIE DES ACCUSÉS.

Le colonel Vaudrey. — Entré en 1802 à l'école Polytechnique, et en 1804 à l'école d'application, le jeune Vaudrey fit à vingt ans les campagnes de Naples et de Calabre, en 1806. En 1809, dans la campagne d'Autriche, il fut fait prisonnier, après avoir vu détruire presque tout entière la compagnie qu'il commandait. En 1810, au retour de sa captivité, on le nomma capitaine; en 1813, il fut décoré de la croix d'honneur. Cette même année, devant Gronen-Haissen, à la tête de quelques artilleurs et de quelques dragons que son courage avait arrêtés dans leur fuite, il s'élança vers l'ennemi et reprit deux pièces de canon qui venaient d'être enlevées à sa batterie ; blessé dans cette action d'une balle à l'épaule et de trois coups de lance dans le côté, il gagna le grade de chef d'escadron.

En 1814 le commandant Vaudrey n'était pas encore guéri de ses blessures, qu'il s'élança pour défendre l'Alsace contre l'ennemi qui envahissait notre territoire ; il assista à toutes les batailles, à tous les prodiges de cette inconcevable campagne de France ; à la bataille de Waterloo, il commandait vingt-quatre bouches à feu. Il avait alors vingt-huit ans.

Sous la restauration, il resta en demi-solde jusqu'en 1817, alors que ses services et son ancienneté lui valurent le grade de lieutenant-colonel. A la révolution de juillet, il signa une proclamation qui appelait à l'insurrection les garnisons des villes voisines.

En 1833 il lutta contre M. Vatout pour représenter les habitants de Semur, et son concurrent ne l'emporta que de huit voix. Il passa ensuite trois ans dans la direction de l'artillerie de Bastia, qu'il regardait comme un exil dû à son origine révolutionnaire de juillet, et ce ne fut qu'en 1834 qu'il se vit appelé au commandement du 4ᵉ régiment d'artillerie.

Voici en quels termes M. Persigny, cet aide-de-camp du

prince dont nous avons déjà cité la brochure, s'exprime sur le colonel Vaudrey :

« Le colonel Vaudrey est un des officiers les plus distingués de l'armée. Il a éminemment le feu sacré. Homme de cœur et de tête, plein d'honneur et de patriotisme, il joint aux connaissances les plus étendues l'esprit le plus brillant et le plus aimable : grand, bien fait, d'une figure mâle, il est doué de tous les avantages extérieurs ; mais ce qui frappe surtout en lui, c'est la réunion des qualités en apparence les plus opposées, un caractère trempé à l'antique et une douceur de femme dans la vie intime, la franchise d'un soldat et les manières distinguées de l'homme du monde le mieux élevé. Animé du patriotisme le plus pur et le plus désintéressé, le colonel Vaudrey a toujours confondu son amour pour la liberté et son amour pour l'empereur. »

Le but de l'accusation et des débats relatifs au colonel Vaudrey est surtout de constater à quelle époque il a pris part au complot, pour montrer qu'il n'a point agi sous l'influence d'un entraînement instantané.

Éléonore Brault. — « Éléonore Brault naquit à Paris, le 6 septembre 1808 ; ses parents la mirent de bonne heure au couvent de la Congrégation, rue de Sèvres ; elle y passa sa première jeunesse, et n'en sortit que pour faire le voyage de Barcelone avec son père.

« Celui-ci était un vieux capitaine de la garde impériale ; il avait quitté son épée en 1814 pour la reprendre en 1815, et la briser quelques mois après ; il avait conservé pendant toute sa vie un culte religieux pour l'homme extraordinaire qu'il avait suivi sur vingt champs de bataille.

« Arrivés à Barcelone, Éléonore Brault et son père y passèrent plusieurs mois, et cette époque d'une vie qui devait être si agitée s'écoula paisiblement ; un seul fait vint en troubler l'uniformité, et révéler pour la première fois ce caractère ardent et impétueux qui ne s'est plus démenti depuis.

« Éléonore avait alors dix-huit ans. Un jour une de ses amies de couvent réclamait les secours de son amitié ; lancée trop jeune dans le monde, cette amie avait succombé à une première passion, et elle n'avait en perspective que le déshonneur ; car sa faiblesse avait eu des suites, et son séducteur refusait de l'épouser. Éléonore Brault n'écoute que son cœur ; sans même prévenir son père, la jeune fille de dix-huit ans réunit à la hâte le peu d'argent qu'elle possède, prend la poste, voyage nuit et jour, parvient à consoler son amie, va trouver son séducteur, le supplie, le menace, et obtient enfin ce que n'avaient pu faire les larmes d'une amante, les prières d'une famille et les lois de l'honneur. Le mariage est conclu, et trois jours après Éléonore se remet en route, ne perd pas un instant, et revient demander pardon à son père inquiet, en lui annonçant qu'elle a fait deux heureux.

« Peu de mois s'écoulèrent encore en Espagne ; le capitaine Brault et sa fille furent bientôt de retour à Paris.

« C'est alors que, sa passion pour les arts s'étant développée avec l'âge, elle voulut entrer au Conservatoire pour y étudier la musique vocale. Vainement son père chercha à s'y opposer : que pouvait-il contre ce caractère indomptable ?

« Ce fut là, au Conservatoire de musique, qu'elle donna les premiers signes d'un talent qui devait avoir un jour du retentissement à Londres, à Naples, à Milan.

« Ses premiers maîtres furent Ponchard et Banderali.

« La jeune élève du Conservatoire continua ses travaux avec une rare assiduité et des succès qui étonnèrent ses maîtres eux-mêmes ; tous lui conseillèrent de travailler avec Rossini, qui consentit à lui des leçons toutes gratuites.

« Alors elle fut engagée au théâtre de l'Odéon, mais le directeur fit faillite ; à cette nouvelle, Éléonore vend tout ce qu'elle possède, et, le jour même, elle part pour Milan.

« Elle resta au Conservatoire de cette ville pendant vingt mois, et il ne fut bruit durant tout cet espace de temps que de la jeune cantatrice française. Eliodore Bianqui, le premier maître de l'Italie, voulut qu'elle fût son élève; en même temps cette femme extraordinaire faisait des armes avec les plus habiles maîtres, et les étonnait par sa souplesse, sa vigueur e la sûreté de son coup d'œil. On prétendit alors que cet exercice avait dû contribuer puissamment au développement de sa voix de *contralto*.

« Après un engagement de peu de durée avec le théâtre de Venise, elle revint à Paris pour débuter aux Italiens; c'était en 1831. Entravée par les intrigues, Éléonore perdit patience et prit la résolution de passer en Angleterre. Là, dans les premières maisons de Londres, elle obtint le plus brillant succès (1). C'est alors qu'elle rencontra M. Gordon Archer, qu ne tarda pas à devenir son époux. Leur union fut cimentée sous de fâcheux auspices, car au mois de décembre 1831 ell reçut un coup de poignard dans la figure, étant à se promener au parc Saint-James, et faillit périr sous les coups d'un furieux qu'elle ne connaissait pas.

« Au mois d'avril 1834, elle quitta Paris, où elle venait de donner de brillants concerts, pour retourner en Italie.

« A Naples, l'enthousiasme qu'elle excita ne saurait se décrire. Point de fête en haut lieu qu'elle n'y fût invitée.

« Plusieurs fois elle se trouva en compagnie du roi de Naples. Un jour entre autres que, dans un bal masqué, sa majesté, revêtue d'un galant costume, courtisait Mme Gordor dont il ne pensait pas être reconnu, un dialogue piquant s'engagea entre le roi des Deux-Siciles et la cantatrice, sur la visit très-prochaine de la liberté à Naples. *Le beau masque* n'eut pa le dernier mot et se perdit dans la foule.

« Elle alla ensuite à Rome et à Florence, où elle fit un séjou de huit mois. C'est là qu'elle se sépara pour la dernière fois d son mari. M. Gordon fut désigné par le gouvernement anglai pour aller occuper dans la légion Evans le grade de commis

(1) « La famille Bonaparte surtout l'y accueillit avec un intérêt réel e un bienveillant empressement. »

saire des guerres. Il trouva la mort sous les murs de Vittoria, et fut victime du typhus. Le jour même (7 mars) où les honneurs funèbres lui étaient rendus, une dépêche arrivée à Vittoria lui annonçait sa promotion à un grade supérieur : il n'avait que vingt-sept ans.

« Au mois d'août 1836, Mme Gordon arriva à Strasbourg : le général Voirol la combla d'égards et de politesse, et ce fut dans les salons de ce dernier qu'elle fit connaissance du colonel Vaudrey, et à Baden-Baden qu'elle connut le prince Louis-Napoléon Bonaparte, à des concerts où il assista.

« Dans la matinée du 30 octobre, après l'issue des événements, Mme Gordon se rendit chez Persigny, qu'elle trouva livré à un violent désespoir et versant des larmes abondantes. Malgré sa propre affliction, elle cherche à ranimer son courage, puis elle entasse pêle-mêle des papiers divers dans un poêle et les livre aux flammes. Quatre gendarmes arrivèrent bientôt pour les arrêter l'un et l'autre. Peu soucieuse d'elle-même, elle avait lancé un regard de désespoir et de regret sur son compagnon d'infortune ; il n'avait pas vu ce regard. Une idée d'espérance lui sourit tout-à-coup, et l'exécution en est aussi rapide que la pensée. — « Persigny ! s'écrie-t-elle, mon « flacon ; je n'en puis plus, j'étouffe... » Et il semblait qu'elle allait mourir ! ! ! Le jeune homme lui tend un flacon de sels, et au moment où il lève les yeux sur elle, elle lui indique d'un coup d'œil une porte entr'ouverte ; derrière cette porte se trouvait une fenêtre donnant sur un rez-de-chaussée ; il la comprend, mais il sent son impuissance, car deux bras vigoureux l'étreignent puissamment. Alors cette femme, qui tout à l'heure encore s'évanouissait, revient à elle ; elle se relève ; ses yeux se raniment, et s'élançant sur un des gendarmes, qui tenait Persigny d'une main, et de l'autre un sac qu'on venait de lui enlever : « Rendez-moi mon sac, s'écrie-t-elle ; je veux « mes papiers, mon argent », et elle l'arrache violemment. Les gendarmes, surpris, presque effrayés de cette brusque attaque, ne peuvent la retenir. Le jeune homme est un instant libre, il en profite ; en une seconde il a franchi la porte et la fenêtre.

« Le général Voirol resta pendant sa détention l'intermédiaire de sa correspondance avec un de ses amis de Paris, dont nous croyons devoir taire le nom ; seul, le général put pénétrer jusqu'à elle, et il leur arriva d'échanger les paroles suivantes : « Général, vous passâtes près de moi, sur la place Saint-« Étienne, le 30 octobre au matin ; je vous croyais du mouve-« ment, et c'est à cette pensée que vous dûtes la vie. — Com-« ment cela ? — Je tenais deux pistolets, et, je vous le jure, si « j'avais su la vérité, vous seriez mort de ma main..... »

« Pendant toute l'instruction, le caractère de Mme Gordon ne se démentit pas un seul instant. M. Wolbert, conseiller à la Cour de Colmar, qui lui avait fait subir tous ses interrogatoires, disait à qui voulait l'entendre : « Vingt femmes comme « celle-là par an, et j'en perdrais la tête. »

C'est de la *Biographie des hommes du jour* que nous avons extrait ce qui précède, sans épuiser tous les détails romanesques de cette vie aventureuse.

Selon l'acte d'accusation, les conspirateurs se seraient servis de Mme Gordon pour entraîner le colonel Vaudrey. « Elle ne reste pas, y est-il dit, au-dessous de la tâche qui lui est donnée. Une lettre qui lui a été écrite par Vaudrey, et dont on n'a jamais parlé, prouve qu'elle a essayé sur cet homme tous les moyens qui étaient de nature à agir sur sa volonté ; qu'à l'homme essentiellement vain, elle a prodigué la flatterie ; qu'au vieux soldat et à l'homme qui l'aimait, elle a fait entendre, tantôt que reculer après une promesse donnée serait lâcheté, tantôt qu'elle ne pouvait appartenir qu'à l'homme qui se dévouerait entièrement au succès de l'entreprise. »

ARMAND LAITY. — Armand Laity est fils d'un brave marin de Lorient, qui était arrivé par son courage au grade de capitaine de frégate, et qui mourut dans ses foyers, pauvre et honorable. Il employa ses jeunes années aux études nécessaires pour être admis à l'école Polytechnique ; en sortant de cette école, il passa deux ans à Metz, et fut lieutenant dans les pontonniers. Il n'a point cherché à se disculper des faits que l'instruction a mis à sa charge.

Le commandant Parquin. — Denis-Charles Parquin, au sortir du collége, embrassa le métier des armes ; il pouvait débuter dans une école militaire, il voulut commencer par être simple soldat. Chacun de ses grades fut le prix d'une action d'éclat, et tous furent conquis sur le champ de bataille : à Ciudad-Rodrigo, à Salamanque, à la bataille de Hanau et dans la campagne de France, Parquin se distingua par des traits d'une audace et d'une intrépidité peu communes. Devant Leipsick, il avait sauvé la vie au maréchal duc de Raguse, et à vingt-sept ans, il pouvait compter onze ans de service, onze campagnes et onze blessures, dont cinq coups de feu.

Rentré dans la vie privée sous la restauration, M. Parquin fit connaissance de Mlle Cochelet, qui avait été l'amie de pension de la reine Hortense et en était devenue inséparable au temps de l'infortune, comme aux jours de la prospérité ; il épousa cette demoiselle au château d'Arenenberg, et la perdit quelques années après. Depuis la révolution de juillet, il commanda la gendarmerie du Doubs, et devint, seulement vers la fin de 1835, chef d'escadron à la garde municipale de Paris. Toute cette vie, dont les détails sont pleins d'intérêt, est heureusement développée dans la plaidoirie de son frère.

L'accusation s'est attachée à établir à son égard le même genre de complicité que pour le colonel Vaudrey.

De Querelles. — M. de Querelles avait été lieutenant au 61e de ligne. L'accusation dit qu'il semble avoir eu pour mission spéciale d'exciter l'enthousiasme ; sans doute parce qu'il en a montré beaucoup.

De Gricourt. — Raphaël de Gricourt appartient à une famille riche. Par son origine, par son éducation, il appartenait au parti légitimiste. Très-jeune encore, il fut arrêté, à l'âge de dix-huit ans, sur le soupçon d'avoir excité des soulèvements dans l'Ouest pour la duchesse de Berry ou d'y avoir pris part. D'un autre côté, allié à la famille Beauharnais, des relations fort intimes existèrent entre lui et Louis Bonaparte ; il devint souvent commensal du château d'Arenenberg, vendu par sa mère à la reine Hortense. De Gricourt a vingt-trois ans ; il n'a point cherché, dit l'acte d'accusation, à démentir ni même à atténuer les faits qui lui sont imputés. Ils sont de même nature que ceux reprochés à M. de Querelles.

LE COMMANDANT DE BRUC. — Le comte de Bruc, chef d'escadron en non-activité, est né à Nantes, en Brétagne, d'une des plus anciennes familles de France, dont les ancêtres régnèrent en Écosse sous le nom de *Bruce*. Fils et petit-fils d'officiers-généraux, son père le destina de bonne heure au parti des armes. Le comte de Bruc entra à l'école militaire, et en sortit officier au 10e régiment de hussards, où il fit les campagnes de 1813, 1814, 1815, et ensuite de 1823. Le commandant de Bruc fut blessé plusieurs fois, entre autres à Breslau en Prusse de deux coups de lance, et à Hanau d'une balle au cou. A la bataille de Rheims il tua, de sa main, un colonel russe, s'empara de son cheval et de ses armes, et fut décoré pour ce fait. Il servit, sous la restauration, dans le 14e régiment de chasseurs à cheval, dans le 13e comme capitaine, et passa chef d'escadron au 2e, en 1823. En 1830, il refusa le serment à Louis-Philippe et le grade de lieutenant-colonel, et fut mis en demi-solde pour ce motif. Le comte de Bruc était colonel commandant la cavalerie du troisième corps des armées royales en 1815, en Vendée, à l'âge de dix-sept ans, et gentilhomme de la chambre du roi sous la restauration. Cet officier supérieur compte quatorze ans de grade de chef d'escadron, et est attaché à l'opinion légitimiste par sa famille, et à l'empire par son caractère et ses idées militaires.

M. de Bruc résume le but de ses actions en les fondant sur un grand dévoûment à la patrie, et en répondant qu'il voulait la régénération générale des hommes et des choses et l'agrandissement de la France.

En 1814, le commandant de Bruc, alors lieutenant de hussards, fut condamné à être fusillé pour insubordination envers un maréchal de France. Il fut trouver l'empereur à Troyes en Champagne, lui avoua sa faute en demandant sa grâce, qui lui fut accordée par Napoléon. « Allez, monsieur, lui dit l'empereur ; je vous pardonne, mais n'y revenez pas. »

M. de Bruc a, dans le procès, une physionomie à part ; seul il se retranche dans une négative absolue. L'accusation semble mal à l'aise avec lui, parce qu'elle paraît soupçonner beaucoup et pouvoir prouver peu. « De Bruc, dit-elle, sans avoir pris part à l'attentat du 30 octobre, était initié au complot ; il était l'un des agents sur lesquels les conjurés avaient fait reposer le plus d'espérances..... Il était d'ailleurs d'une prudence qui se montre rarement avec les habitudes de la vie militaire, et il voulait atteindre son but en évitant, autant qu'il était en son pouvoir, les chances que pouvait avoir à courir sa personne. » De ces qualités spéciales et de toutes les démarches dans lesquelles le suit l'accusation, il résulterait que, des accusés présents, M. de Bruc serait le vrai conspirateur, le dépositaire principal des moyens du complot ; et, sous ces divers points de vue, sa contenance aux débats et la réserve continuelle de ses réponses méritent d'attirer l'attention.

DEBATS DEVANT LA COUR D'ASSISES

DE STRASBOURG.

(Présidence de M. Gloxin. — Audience du 6 janvier 1837.)

I. PRÉLIMINAIRES D'AUDIENCE.

Dès huit heures du matin, la population de Strasbourg circule dans la rue de la Nuée-Bleue, où est situé le Palais-de-Justice. Un piquet de gendarmerie et un autre d'infanterie en occupent la cour extérieure. Les avocats du barreau de Strasbourg attendent avec impatience l'heure de l'ouverture de la salle où va se juger ce grand procès.

A neuf heures, on fait sortir les accusés, au nombre de sept, de la prison qui est attenante aux bâtiments du tribunal. Ils traversent la cour intérieure, escortés de huit gendarmes, et sont conduits dans une salle d'attente. Au même instant, on ouvre au public réservé la salle d'audience. Cette salle, tapissée d'un papier gris marbré, n'a de remarquable que son exiguité ; elle n'a guère plus d'étendue que la sixième chambre de police correctionnelle de Paris.

A la gauche du public se trouvent trois lignes de bancs : la première, contre le mur, destinée aux gendarmes ; la seconde, un peu plus bas, aux accusés ; la troisième, aux défenseurs. Une cloison à hauteur d'appui est destinée à séparer ceux-ci des accusés.

A la droite du public sont placés MM. les jurés, sur de simples bancs à dossier et sans tables.

Au-dessus du banc des accusés sont pratiquées deux ouvertures cintrées qui permettent à quelques dames de regarder dans la salle.

Le greffier en chef et les huissiers sont placés à une longue table placée au-dessous de celle de la Cour.

Au milieu de la salle, une petite table a été disposée pour les sténographes, auxquels M. le président n'a donné que *quatre* cartes d'entrée. Derrière eux sont assises les personnes qui ont obtenu le difficile privilége d'assister aux débats. Vingt cartes seulement ont été ainsi distribuées.

Vient enfin l'emplacement destiné au public, et qui n'occupe pas même la largeur de la salle. Il est coupé, vers le milieu, par une barrière; le vide ainsi laissé par cette disposition doit être rempli par les témoins entendus. Des fenêtres de la salle on peut voir tout le bâtiment de la prison.

A neuf heures un quart, un huissier annonce la Cour.

M. le président Gloxin entre en séance. Il est suivi de MM. de Kentzinger, président du tribunal civil de première instance, à Strasbourg; Moutier, juge; et de MM. Rossée, procureur-général près la Cour royale de Colmar; Devaux, avocat-général; Gérard, procureur du roi; et Karl, substitut, qui se placent tous quatre à la gauche de M. le président, à la même table et dans l'ordre que nous venons d'indiquer.

M. le président : Ouvrez les portes de l'audience au public. Faites entrer les accusés.

Tous les regards se portent avidement sur ceux-ci, qui entrent escortés de six gendarmes, d'un lieutenant et d'un commandant de gendarmerie. Les accusés, dont la tenue est fort calme, se placent dans l'ordre suivant, le premier du côté de la Cour : Vaudrey, Laity, Parquin, de Querelles, de Gricourt, Mme Eléonore Brault et le comte de Bruc.

Vis-à-vis des accusés s'asseyent, chacun au-dessous de son client, MM. Ferdinand Barrot, Thieriet, professeur de droit à la faculté de Strasbourg, Parquin, Chauvin-Beillard (1),

(1) MM. Ferdinand Barrot, frère de M. Odilon Barrot; Parquin, frère du commandant Parquin; et Chauvin-Beillard, sont trois membres du barreau de Paris.

Martin et Liechtenberger, défenseur de Mme Brault et de M. de Bruc.

M. le colonel Vaudrey, en grand uniforme, décoré de la croix d'officier de la Légion-d'Honneur, est d'une assez haute taille; ses cheveux, noirs et courts, laissent à découvert un front élevé, mais renversé; sa moustache, qui retombe, couvre la lèvre supérieure; une royale assez longue descend en pointe sous la lèvre inférieure. Il est dans toute la vigueur de l'âge; sa figure est mâle et sévère.

M. Laity a l'uniforme de lieutenant d'artillerie. Il est petit, blond, et porte moustaches; ses traits sont graves et réguliers; l'ensemble de sa figure respire tout à la fois un profond caractère de douceur et de dérision.

M. le commandant Parquin est vêtu d'une redingote bleue, et porte à sa boutonnière le ruban d'officier de la Légion-d'Honneur; il est d'une très-haute taille; sa poitrine est large et offre un certain embonpoint; il ressemble beaucoup à son frère qui est chargé de le défendre.

M. de Querelles, vêtu de l'uniforme de lieutenant d'infanterie légère, est grand, blond, et porte moustaches; son nez est aquilin; ses traits sont assez prononcés.

M. de Gricourt, petit et assez frêle, est mis avec recherche; il porte un habit bleu à boutons dorés et ciselés, un gilet noir à grandes fleurs bleues, et un jabot artistement plissé. Malgré de longues moustaches blondes retroussées à la Henri IV, sa figure garde une physionomie enfantine, un air de franchise et de jeunesse.

Mme Eléonore Brault porte un chapeau de satin blanc, une robe de soie noire et un collet à grandes broderies; deux tresses de cheveux noirs descendent sur ses joues; son œil est noir et vif, son teint clair et rosé; son visage est ovale, son front élevé, une fossette orne son menton; bien que son regard soit un peu dur, l'ensemble de sa physionomie est agréable.

M. de Bruc, revêtu d'un habit bleu boutonné jusqu'au

cou et orné d'un ruban rouge, porte moustaches comme les cinq autres accusés ; ses cheveux sont châtains, lisses, et une raie les sépare sur le côté de la tête ; ses traits sont réguliers, graves, et l'on y reconnaît aisément l'empreinte de la souffrance.

Entre le banc des accusés et la Cour, deux tables sont occupées par les pièces de conviction; ce sont deux uniformes de lieutenant-général, plusieurs paires d'épaulettes, dont deux paires à graines d'épinard ; cinq chapeaux à trois cornes, entre autres un petit chapeau semblable à celui que portait l'empereur, et orné de riches galons d'or, une épée à poignée d'or, plusieurs sabres de cavalerie, une aigle impériale dorée, des ceinturons, des hausse-cols, etc. La plaque de la Légion-d'Honneur qui y figure attire surtout plus vivement l'attention ; c'est la plaque du prince Eugène. L'épée, c'est celle que l'empereur portait à la bataille d'Austerlitz ; la grand'croix de l'ordre qui l'accompagne est celle dont il se décorait lui-même dans les cérémonies d'apparat. L'épée brisée du colonel Taillandier ; l'aigle du 7e de ligne, dont Labédoyère était colonel, sont tour à tour l'objet d'un curieux et différent examen.

M. le président : En vertu de notre pouvoir discrétionnaire, et en raison de la longueur présumée des débats, nous ordonnons l'adjonction de deux jurés supplémentaires.

On fait entrer les témoins, au nombre de quatre-vingt-deux.

On fait prêter serment aux jurés ; le second du premier banc le prête en allemand.

M. le président : Vous ne parlez donc pas français ?

Le juré fait signe que non. (Mouvement général.)

Un interprète s'approche de lui, lit la formule du serment en allemand, et le juré le prête dans la même langue.

M. le président : Accusé Vaudrey, quels sont vos noms ? — R. Claude-Nicolas Vaudrey. — D. Votre âge ? — R. Cinquante-un ans. — D. Le lieu de votre naissance ? — R. Semur

(Côte-d'Or). — D. Votre profession? — R. Colonel d'artillerie, officier de la Légion-d'Honneur.

M. le président : Accusé Parquin, quels sont vos noms? — R. Denis-Charles Parquin. — D. Votre âge et le lieu de votre naissance? — R. Quarante-neuf ans; né à Paris. — D. Votre profession? — R. Chef d'escadron en disponibilité, officier de la Légion-d'Honneur.

M. le président : Accusé de Gricourt, quels sont vos noms? — R. Raphaël, comte de Gricourt. — D. Votre âge et le lieu de votre naissance? — R. Vingt-trois ans; né à Paris. — D. Votre profession? — R. Officier d'ordonnance du prince Louis Bonaparte.

M. le président : Accusé de Querelles, quels sont vos noms? — R. Henri - Richard - Sigefroid de Querelles. — D. Votre âge et le lieu de votre naissance? — R. Vingt-cinq ans; né à Neuwiller. — D. Quelle est votre profession? — R. Officier d'ordonnance du prince Louis Napoléon.

M. le président : Accusé Laity, quels sont vos noms? — R. François-Armand Laity. — D. Votre âge et le lieu de votre naissance? — R. Vingt-quatre ans; né à Lorient. — D. Votre profession? — R. Lieutenant de pontonniers.

M. le président : Accusée Brault, quels sont vos noms? — R. Eléonore Brault, veuve de sir Thomas Gordon, commissaire des guerres. — D. Votre âge et le lieu de votre naissance? — R. Vingt-huit ans; née à Paris. — D. Votre profession. — R. Artiste.

M. le président : Accusé de Bruc, quels sont vos noms? — R. Frédéric, comte de Bruc. — D. Votre âge et le lieu de votre naissance? —Quarante-trois ans; né à Paris. — Votre profession? — Chef d'escadron, officier de la Légion-d'Honneur.

II. LECTURE DE L'ACTE D'ACCUSATION.

Le greffier en chef donne lecture de l'arrêt de renvoi de la Cour royale de Colmar pardevant la Cour d'assises de Strasbourg. Il commence ensuite la lecture de l'acte d'accusation, dont nous rappellerons les faits relatifs à chaque accusé, à mesure qu'on procèdera à son interrogatoire.

Au moment où il lit la relation des faits que l'accusation reproche à Mme Brault, cette dame paraît légèrement émue; elle respire des sels. Elle reste insensible en apparence aux qualifications peu flatteuses que lui prodigue la pièce officielle.

Quand la lecture de l'acte d'accusation est terminée, l'interprète allemand, sur l'ordre de M. le président, traduit à haute voix, pour le juré qui ne sait pas le français, l'arrêt de renvoi et l'acte d'accusation tout entiers. L'auditoire, les accusés, les défenseurs et la Cour elle-même semblent fort contrariés de ce fâcheux incident qui va doubler peut-être la durée des débats.

Après cette traduction, M. le président fait lever les accusés et répète à chacun, en résumant l'acte d'accusation, la nature des charges qui pèsent sur lui.

L'interprète répète en allemand.

M. le président : M. le procureur-général a la parole.

III. EXPOSÉ PAR M. LE PROCUREUR-GÉNÉRAL.

M. le procureur-général :

« MESSIEURS LES JURÉS,

« L'acte d'accusation dont la lecture vient de vous être faite a déjà dû vous donner une idée exacte des faits qui amènent sept accusés devant vous. Cette lecture a dû vous convaincre qu'il ne s'agissait pas d'un crime vulgaire, et que l'attentat qui vous est déféré avait une plus haute portée.

« La révolte organisée, l'anarchie bouleversant le royaun
l'appel, au trône, d'un étranger qui n'est même pas França
malgré le nom qu'il porte, voilà quels étaient les projets
accusés !

« C'est une révolte militaire, c'est l'anarchie substitué
l'ordre, c'est la cité en proie à mille dangers, dont nous venc
demander compte à ces insensés. Les attentats auxquels le p
est en proie depuis quelque temps vous signalent la nécess
d'une répression sévère. Il ne faut pas que l'ordre et la prosp
rité de la France soient sacrifiés aux intérêts d'un vil et l
égoïsme. A vous, messieurs, il appartient d'opposer une dig
à ce torrent dévastateur.

« On essaiera, sans doute, de vous présenter les accu
comme des insensés, comme des hommes qui ont cédé à
inspirations folles et qui ne pouvaient réussir. Nous le
sons hautement, messieurs, nous savons qu'il n'est pas
cile de renverser un trône dont la stabilité est garantie p
cinq ans de luttes au nom de la liberté ; mais aussi reco
naissons qu'il faut réprimer avec soin ces tentatives crim
nelles. Il suffit de faire un pas hors de la voie de l'honn
pour faire ensuite un chemin rapide dans la voie du crim
les difficultés sont aplanies par le génie du mal. Il est peu
crimes qui ne soient le résultat d'une première aberratio
mais c'est quand l'homme tend à s'égarer qu'il faut lui mc
trer la voie véritable.

« Vous apprendrez, d'ailleurs, que les accusés agissaie
avec l'assurance du succès ; qu'ils avaient long-temps combin
préparé l'exécution de leurs projets ; qu'ils n'ont reculé d
vant aucun obstacle, qu'ils n'ont mis bas les armes que lo
qu'ils y ont été forcés. La culpabilité est ici évidente, et, no
le disons avec regret, beaucoup trop évidente.

« Je dois vous soumettre quelques observations sommair

« Depuis deux mois, un vocabulaire nouveau s'est introdu
parmi nous. Les mots de complot, d'attentat, ont retenti da

cette cité ordinairement si paisible. Dans les crimes ordinaires, un intervalle immense sépare la réalisation de la conception. Il suffit qu'une rétractation soit possible pour que la justice l'attende, pour qu'elle la provoque. Ce n'est que lorsque l'exécution commence, qu'elle sévit. En matière de complot, c'est tout différent : la répression ne doit pas même attendre la tentative, car une tentative heureuse aurait pour résultat d'éviter au coupable la rigueur de nos lois. Le *complot* est donc un crime, l'*attentat* en est un autre. On appelle attentat une entreprise contre l'état, qui reçoit une exécution quelconque. Le complot n'a pas besoin de réalisation pour être frappé.

« Avant la loi de 1832, le complot et l'attentat étaient sur la même ligne : il y avait dans cette assimilation quelque chose d'immoral et d'impolitique ; d'immoral, car on plaçait sur la même ligne deux crimes dont l'un était plus grave que l'autre ; d'impolitique, car il était dangereux de fermer toute voie au repentir. La loi nouvelle ne frappe plus indistinctement. Elle gradue et diversifie les peines ; elle établit trois degrés de culpabilité : le premier, c'est la proposition non agréée ; elle entraîne une peine peu sévère. — Le second degré, c'est lorsque la proposition est agréée ; il y a association, il y a complot ; la criminalité augmente. — Le troisième degré, c'est l'exécution du complot, ou la tentative d'exécution.

« Vous tiendrez facilement le fil de ce système d'accusation, et vous serez en état de faire bonne justice, car la loi n'a point perdu de vue ces différents degrés : elle ne veut que ce qui est nécessaire ; elle punit et ne se venge pas. Vous puiserez votre conviction dans vos consciences éclairées. Vous serez inflexibles pour le crime, indulgents pour la faiblesse, et vous sortirez d'ici avec votre propre estime et le sentiment d'une conscience pure. »

IV. AUDITION DES TÉMOINS NE CONCERNANT QUE LE PRINCE.

On procède à l'audition des témoins.

M. Raindre, capitaine au 16ᵉ d'infanterie légère, dépose Mes relations avec le prince Louis datent du mois de juille J'appris par M. de Franqueville, mon commandant, que l prince devait aller à Offembourg, chez M. Masuyer, où j'é tais bien reçu. Je demandai et j'obtins d'aller à cette réunior On parla beaucoup de Napoléon, on l'admira comme tout l monde l'admire en France. Les autres sujets de conversatio furent insignifiants, le prince s'occupant beaucoup de phy sique.

Trois jours après, un jeune homme m'apporte une lettr du prince qui me priait de me rendre à Kehl, *Au pied de che vreuil;* son domestique vint me prendre, et je me rendis dar cette ville à trois heures. Vers cinq heures, je vis arriver un mauvaise carriole de louage, dans laquelle était un jeur Suisse que j'avais vu avec le prince à Offembourg. Il me con duisit à une chambre, et revint bientôt avec le prince, qu paraissait souffrant et dont le visage était en partie couver d'un mouchoir. Il s'enferma avec moi, et me dit : « Capi taine, vous avez courage et loyauté, et je crois pouvoir m confier à vous. Vous aimez trop l'empereur pour ne pas aime sa famille. Un mouvement est près d'éclater, j'ai compté su vous, et je me mettrai moi-même à la tête. » Je fus étonn plus qu'épouvanté. Je me dressai sur mes jambes : il s'aperçu de ce geste et parut piqué.

« Je conviens, dit-il, que c'est nouveau ; mais nous avor des moyens sûrs d'exécution. »

Je lui déclarai ma façon de penser, il comprit ma franchise et sembla m'en savoir gré.

Une conversation s'engagea entre nous ; je tâchai de le dé

tourner de ses idées. Il croyait l'armée mécontente depuis la révolution de juillet, et il pensait que les vieux compagnons d'armes de son oncle l'auraient soutenu. Je lui dis qu'il était inconnu de la France; que la famille de l'empereur était plus ignorée, peut-être, que les Bourbons quand ils rentrèrent chez nous. Je lui parlai de l'esprit des troupes de Strasbourg, et je vis qu'il comptait surtout sur cette garnison. Je lui parlai des conflits qui avaient eu lieu souvent entre le militaire et le civil, des affaires de Lyon, de Grenoble, de Paris, où les troupes ne fraternisèrent jamais avec le peuple, et restèrent fidèles à leurs devoirs. Je vis bien qu'il comptait sur la garnison de Strasbourg. Je pensai qu'une imagination semblable pouvait se jeter dans les aventures, pour peu qu'elle rencontrât d'autres personnes prêtes à la seconder.

Deux jours, je fus fort agité. Je pris le parti d'aller trouver le commandant Franqueville, qui avait des intérêts à ménager du côté du prince, et qui, d'ailleurs, était dévoué à la chose publique. J'étais donc certain de sa prudence et de ses ménagements à l'égard de ce jeune homme.

Je fus envoyé à Neufbrisach pour le service, et, quand je revins, M. de Franqueville me déclara que le prince était trop décidé, qu'il avait dû en parler au général. Depuis, je n'ai pu rien savoir de plus dans cette malheureuse affaire.

M. de Gricourt : Le prince m'honorait de sa confiance et de son amitié, et je crois devoir répondre en son nom à la déposition du capitaine Raindre; il me dit : « Il m'a témoigné un grand enthousiasme pour l'empire. »

M. le président : Ne vous occupez pas du prince; nous ne savons pas ce qu'il vous a dit, et nous n'avons pas à nous en occuper. La déposition est étrangère à M. de Gricourt; il n'a donc rien à dire dans ce cas-ci.

M. Raindre : Si le prince était ici, il n'aurait pas un mot à rectifier dans mon récit.

Mᵉ Parquin : C'est là le malheur de l'affaire que le prince ne soit pas ici.

Me *Chauvin :* Il est malheureux que le prince soit absent; mais, puisqu'on a entendu avec bienveillance la déposition du témoin, je demande qu'on entende M. de Gricourt avec une bienveillance égale.

Me *F. Barrot :* Je demanderai au témoin si, lorsqu'il a quitté le prince, il n'a pas eu la pensée que ses projets n'étaient que le résultat d'une imagination impressionnable.

Le témoin : Je suis convaincu que le prince n'avait aucun rapport avec l'armée en général... L'opposition qui s'est renforcée..

Me *F. Barrot :* Je ne demande pas à M. le capitaine des théories, je lui demande s'il a cru que le prince conspirait sérieusement.

Le témoin : Je n'ai attribué aucune importance sérieuse à ses projets, autrement je l'aurais averti, en le quittant, que j'allais les révéler. J'ai été dans une position cruelle pendant deux jours; je suis allé enfin trouver mon commandant; je me suis jeté dans ses bras et lui ai exposé ma situation.

Me *Martin :* Il peut arriver souvent que les dépositions ne regardent que le prince; mais nous demandons qu'on les débatte, car, dans le sens de la défense, il est ici le principal accusé, bien qu'il soit absent. J'espère que nous n'aurons pas besoin de renouveler cette demande, et, dans tous les cas, je prie la Cour de ne rien décider sur ce point.

M. le président : Passons là-dessus; car, en vérité, les débats se prolongeront bien assez; à cause de la nécessité d'une traduction, sans que nous perdions notre temps à ces discussions.

M. le commandant Franqueville, promu au grade de lieutenant-colonel, âgé de quarante-huit ans.

Le 14 août dernier, dit ce témoin, je rentrais de la promenade vers neuf heures du soir, lorsque M. le général Voirol me fit appeler. Il me montra une lettre qu'il venait de recevoir du prince Napoléon-Louis Bonaparte. Le général me chargea de dire à l'émissaire qui avait apporté cette lettre et devait en attendre la réponse, qu'il honorait la mémoire de l'empereur, qu'il déplorait les malheurs de sa famille, mais qu'il respectait avant tout les lois de son pays, et qu'une d'elles interdisant à la famille Bonaparte son retour en France, il ne pouvait se rendre aux vœux du prince Louis. Je descendis pour remplir les instructions du général, mais je ne trouvai plus l'émissaire ; bientôt il revint dans la cour de l'hôtel où je me promenais : je lui fis connaître la réponse verbale du général qui m'avait aussi chargé de dire à cet envoyé que, dans le cas où ce serait le prince lui-même qui aurait été porteur de sa dépêche, le général lui donnait une demi-heure pour regagner le pont du Rhin.

M. le président : Connaissiez-vous cet émissaire ? avez-vous appris que ce pût être M. Persigny ?

M. de Franqueville : Non, monsieur ; celui qui m'a remis la lettre était, autant que j'en ai pu juger à la faible lueur du réverbère, un jeune homme de vingt à vingt-cinq ans, blond, et portant moustache.

Je rendis compte au général, continue le témoin, de l'exécution de ses ordres, et aussitôt il se dirigea vers l'hôtel de M. le préfet, pour lui faire part de la nécessité de redoubler la surveillance de la police relativement aux voyageurs, et notamment à ceux venant de Bade.

Mᵉ Barrot : De la déposition du témoin il résulte que M. le préfet était averti dès le 14 août. Je demanderai à M. de Franqueville si c'est lui-même qui lui a donné cet utile avis ?

M. de Franqueville : C'est le général, et non pas moi.

Mᵉ Barrot : Et M. le préfet suivit-il exactement cette recommandation ?

M. le président : Ah! c'est ce qui viendra plus tard. Le témoin sait-il quel était l'émissaire ?

Le témoin : Non, monsieur.

M. le président : Comme nous devons passer à une autre série de témoins, je renvoie l'audience à demain.

Il est trois heures et demie.

6

(*Audience du 7 janvier.*)

A neuf heures, l'audience est ouverte. Une foule immense se précipite dans la salle avec impétuosité. Dans les couloirs, les curieux qui n'ont pu entrer font entendre des plaintes assez bruyantes.

La Cour est assemblée. M. le président ordonne de faire entrer les accusés. Cet ordre est à l'instant exécuté.

Les accusés ont la même attitude qu'hier, et le même costume, excepté M. de Gricourt, qui porte aujourd'hui un habit marron, un gilet blanc et une cravate bleu-clair.

M. de Querelles est en petite tenue.

M. le président : Faites appeler le témoin Geslin.

L'huissier : Il est absent.

M. le procureur-général : Nous requérons que le témoin comte de Geslin de Saint-Brieux, domicilié à Paris, soit condamné à l'amende, et que lecture soit faite de sa déposition.

La Cour condamne le comte de Geslin à l'amende de 100 fr., et ordonne que sa déposition sera lue.

Il résulte de la déclaration écrite du témoin que le sieur de Bruc lui a écrit de Bade à Paris pour faire retenir deux appartements, l'un rue de Vaugirard, n° 17, l'autre rue de la Ville-l'Évêque, n° 28; le premier pour lui, l'autre pour sa femme. Gricourt, qu'il a vu à Paris, lui a proposé de faire partie de la conspiration de Strasbourg en lui promettant le grade de général. Suivant le témoin, cette conspiration avait déjà manqué deux fois, il y a seize ou dix-sept mois. Elle avait dû également éclater d'abord à Strasbourg, puis en Suisse.

L'interprète traduit cette déposition au juré allemand, comme il a fait jusqu'à présent pour les moindres particularités des débats (1).

(1) Cette manière de plaider est sujette à de graves inconvénients sans

M⁰ Chauvin : Je déclare, dès à présent, que, si je ne fais pas d'observation sur cette déposition, c'est parce que j'espère encore que le témoin viendra lui-même, et que je prierai M. le procureur-général de prendre des renseignements sur la moralité de cet individu et sur l'espèce de considération dont il jouit à Paris.

M. le procureur-général : Nous n'avons pas à nous enquérir de la moralité du témoin, et nous n'avons de leçon à recevoir de qui que ce soit.

M⁰ Chauvin : Ce n'est pas une leçon, monsieur l'avocat-général; mais il est juste que la balance soit égale entre l'accusation et la défense. Vous faites donner lecture de la déposition d'un témoin absent; il est bien juste que nous connaissions la valeur de cette déposition. Je répète que j'espère voir ici M. Geslin et pouvoir lui dire ce que je pense de sa personne.

M. le président : Gricourt, vous avez entendu la déposition de M. Geslin. D'après cette déposition, il paraît que vous étiez l'agent, l'émissaire du prince, et que vous étiez chargé de recruter des partisans à sa cause ?

M. de Gricourt : Monsieur le président, j'ai connu M. de Geslin comme un homme sans valeur aucune. Je le connaissais comme un de ces individus qui procurent de l'argent aux jeunes gens, et j'avais alors besoin d'une somme de 20,000 fr. M. de Geslin est connu à Paris pour ce qu'il est. Il a dit qu'un autre complot de même nature avait dû éclater à Strasbourg. M. de Geslin en a menti, car le prince ne savait pas où il se ferait proclamer, s'il ne choisirait pas Lyon ou une autre

---

doute, mais elle n'est pas insolite. Il n'est pas rare de voir figurer aux Cours d'assises des Haut et Bas-Rhin des jurés qui n'entendent point la langue française. Un pareil incident se présente quelquefois aussi dans le Finistère et le Morbihan, où les habitants des campagnes ne parlent, pour la plupart, que le bas-breton. Malgré ces exemples, il est difficile d'admettre que les accusés puissent trouver dans ce mode d'instruction toutes les garanties que la loi a entendu leur donner.

ville. Je voudrais que M. de Geslin fût ici, et je lui dirais, e face, qu'il en a menti.

J'aurais été indigné de la confiance du prince, si j'avai voulu lui recruter des partisans comme M. de Geslin.

M. le président adresse une question sans importance l'accusé.

Me Chauvin : Cela est sans importance et dans un autre ordr d'idées au surplus.

M. le président : Monsieur, j'espère que vous n'avez pas l prétention de diriger les débats. L'impartialité sera ma devise mais je prétends être libre d'adresser aux accusés les question qui peuvent éclaircir les faits douteux.

MM^es Chauvin et *F. Barrot* protestent du respect que por tent les défenseurs à la Cour; mais ils pensent que le prési dent, ainsi que le ministère public, s'est trompé sur le ser des observations de la défense. Cet incident n'a pas d'autr suite.

Le plus grand silence s'établit.

V. INTERROGATOIRE DES ACCUSÉS.

(Interrogatoire du colonel Vaudrey.)

M. le président fait retirer tous les accusés, excepté le colo nel Vaudrey, et procède à l'interrogatoire de cet officier, qu se lève et répond d'une voix forte et accentuée aux question suivantes qui lui sont adressées.

D. Colonel Vaudrey, à quelle époque avez-vous connu l totalité ou une partie des accusés ? — R. Je n'ai connu qu'u de mes coaccusés avant le complot, Mme Gordon.

D. Quand avez-vous reçu des propositions ?—R. Le 29 juin à Bade, de la bouche du prince.

D. Etiez-vous seul ? — R. J'étais avec Mme Gordon, qu j'avais vue au bal, et je fus présenté au prince par un colonel je causai avec le prince, qui me donna un rendez-vous pour le lendemain.

D. Vous fit-il part de ses projets? — R. Il me parla d'abord de la grandeur de l'empire ; il me dit qu'il croyait être accueilli par une grande partie de l'armée, et qu'il avait des intelligences dans plusieurs garnisons.

D. Vous a-t-il signalé ces garnisons? — R. Les garnisons de l'Est, notamment; il m'a dit qu'il comptait sur plusieurs généraux, sans me les désigner. Il m'a fait alors des propositions directes ; je résistai et lui fis diverses objections.

D. Pourquoi n'avez-vous pas toujours résisté ? — R. Eh ! monsieur le président, il est des circonstances où il est bien difficile de se conduire. Je crois que le prince avait des sympathies acquises dans plusieurs régiments. Au temps dont je parle, le prince me fit l'envoi d'un ouvrage qu'il publia. Une lettre accompagnait cet envoi. Je lui fis mes compliments à Bade, et je lui exprimai mon admiration pour l'empire.

D. Avez-vous cette lettre? — R. Si l'on y tenait, je pourrais la faire chercher dans mes papiers.

D. A quelle époque avez-vous connu Mme Gordon ? — R. Elle est arrivée à Strasbourg le 15 juin, je crois, à l'hôtel de la Ville-de-Paris. Elle a donné un concert le 24 ou 25 juillet. Mes relations avec elle remontent à peu de jours avant mon départ pour Bade.

D. Il paraît que votre intimité avec Mme Gordon a été de jour en jour croissante, car on a saisi une lettre que vous lui écriviez, et où vous lui révélez vos pensées, vos secrets les plus intimes. Pourriez-vous nous dire ce que signifiaient dans cette lettre les inquiétudes que vous éprouviez et la défiance qu'on avait sur vous? — R. Je n'ai rien à dire sur mes relations avec Mme Gordon ; elles ne regardent personne et appartiennent à ma vie privée. Quant à cette défiance, il s'en était élevé, en effet, entre nous deux, par correspondance.

(M. le président donne lecture de quelques passages de cette lettre où Vaudrey proteste de sa fermeté dans l'action, et du peu de fondement des défiances que lui manifestait Mme Gordon, du courage qu'il montrerait quand il faudrait se produire en public.) La lettre se termine par un passage où l'on remarque les expressions suivantes : « Ma volonté se montrera supérieure à celle des autres, et je ne resterai pas en arrière quand il faudra agir. »

D. Comme citoyen français, ne deviez-vous pas à votre chef la révélation des dangers que courait la patrie? — R. Je ne crus pas que cela fût de mon devoir. L'honneur n'ordonne jamais une trahison.

D. Quelle est la signification des phrases de votre lettre à Mme Gordon? — R. Mon Dieu, il s'agissait d'affaires particulières.

D. Mme Gordon n'est-elle pas venue vous joindre à Dijon dans votre maison de campagne? — Mme Gordon m'a écrit de venir la joindre dans cette maison; je me suis mis en route immédiatement.

D. Vous avez demeuré avec Mme Gordon à Dijon jusqu'au 24 octobre? — R. Oui.

D. Est-ce elle qui vous a sollicité de revenir à Strasbourg — R. C'est l'expiration de mon congé qui m'a fait revenir.

D. En quittant Dijon, ne vous êtes-vous pas arrêté dans une autre localité avant de revenir ici? — R. Je suis descendu à Colmar; j'étais indisposé, mais pas au point de ne pouvoir voyager. Je suis resté à Colmar vingt-quatre heures, le 29 octobre.

D. De Colmar, n'avez-vous pas fait une excursion? — R. Oui, monsieur.

D. Mais vous étiez indisposé? — R. Ainsi que je l'ai dit pas assez pour ne pouvoir voyager. Je suis allé à Neufbrisach dans le grand-duché de Bade. J'avais l'intention de revenir par la rive droite du Rhin. Je suis allé à Fribourg.

D. Mme Gordon avec qui vous voyagiez, Mme Gordon, qu

est d'une complexion délicate, vous accompagnait par nécessité et non par partie de plaisir. Lorsqu'elle a fait le voyage, elle a dû recevoir deux lettres où on lui demandait rendez-vous. (Ces lettres ont été saisies à la poste). Ce rendez-vous, d'après ces lettres, devait avoir lieu à Fribourg où vous étiez ; c'est Persigny, qu'on surnommait le *Géant*, qui demandait le rendez-vous. Tout cela n'indique pas une partie de plaisir. — R. Je n'ai pas vu, comme l'accusation le prétend, le prince à Fribourg.

D. Vous avez eu un entretien, à Strasbourg, le 29 au soir, avec le prince ? — Oui, monsieur.

D. Comment a-t-il eu lieu ? — R. Le soir, je revenais de dîner de chez le colonel Costa, un individu m'aborda et me dit que le prince voulait me parler. Il me conduisit au bord du canal, où je vis le prince, qui me déclara sa résolution de ne plus différer l'exécution de son dessein, et me pria de le présenter à mon régiment.

D. Et vous acceptâtes ? — R. L'entrevue dura deux heures ; je fis beaucoup d'objections. Le prince m'assura qu'il était décidé à se présenter devant mon régiment, même sans mon assentiment ; il m'a dit qu'il avait pour lui plusieurs officiers supérieurs ; je crois même qu'il me parla du général Voirol. (Mouvements divers).

M. le président : Vos assertions sont peu vraisemblables. Un colonel aller à un rendez-vous où il est amené par un inconnu, et cela pour préméditer le bouleversement de la France ! Ce n'est pas d'ailleurs sur des allégations futiles que vous avez dû vous décider ?

Le colonel Vaudrey : Je vous ai déjà dit que le prince comptait sur le concours d'un grand nombre de régiments.

D. Vous a-t-il nommé des chefs de corps ? Vous avez nommé le général Voirol. — R. Non, mais j'ai pu penser qu'il s'était assuré de la coopération du général.

M. le président : Tout à l'heure vous l'avez nommé, ainsi

vous n'avez plus hésité à la fin ? — R. J'ai enfin pris mon parti.

M. le président : Parti bien malheureux pour vous, bien malheureux pour votre régiment, qui est marqué au front d'une tache éternelle (mouvement d'étonnement), pour votre femme, pour vos enfants !

D. Et quelle devait être la marche qu'on aurait suivie ? — R. Un appel au peuple. (Sensation.)

D. L'argent que vous avez fait distribuer (6 ou 700 fr.), était-il à vous ou au prince ? — R. A moi.

D. Et que vous avait promis le prince ? — R. Rien. Je ne suis pas de ceux qui se vendent. (Sensation profonde.)

D. Le matin, aviez-vous vu le prince ? — R. Un officier vint me prévenir qu'il était prêt.

D. N'avez-vous pas dit, lorsque le prince arriva, qu'une révolution venait d'éclater en France, que le roi n'était plus sur le trône, et n'avez-vous pas crié : *Vive l'empereur?* — R. Je n'ai pas dit qu'une révolution *venait d'éclater*, mais *allait éclater*. Je n'ai pas parlé du roi.

D. Vous avez crié : *Vive l'empereur?* — R. Oui, monsieur.

D. N'était-ce pas pour proclamer la mort ou la déchéance de Louis-Philippe ? (Pas de réponse.)

D. Que dit le prince ? — R. Il parla aux soldats de son oncle qui avait fait ses premières armes dans ce régiment, et il leur montra son aigle.

D. Quand vous êtes arrivé au logement du colonel Leboule, alors que le régiment marchait dans les rues, n'avez-vous pas donné ordre d'arrêter cet officier ? — R. Non, monsieur, on était en marche, ou ne s'est pas arrêté.

D. Et vous êtes ainsi arrivé à la préfecture ? — R. Oui, monsieur.

D. Et quand vous êtes arrivé chez le général, que vous a-t-il dit ? — R. Il a été fort étonné ; il m'a dit qu'il me rendrait responsable de tout ce qui arriverait. Cela était bien inutile :

dans ma position, j'étais naturellement responsable. Le général fut arrêté.

D. Et vous avez persisté alors dans votre projet? — R. Pouvais-je reculer, monsieur? C'aurait été une lâcheté. (Sensation.)

D. Quand vos projets ont été déjoués, qui a arrêté le prince? — R. Je me suis rendu moi-même quand j'ai vu que tout était perdu.

D. N'y a-t-il pas eu du sang versé. — R. S'il y en a eu, c'était bien peu de chose, quelques égratignures.

D. N'avez-vous pas envoyé un sous-officier à Mme Gordon quand tout fut perdu? — R. Oui, monsieur, mais elle n'a pas su par moi ce que j'avais prémédité avec le prince; elle n'était pas ma confidente quant au complot.

Cet interrogatoire, constamment soutenu par l'accusé avec un calme et une dignité parfaite, semble produire sur l'auditoire une impression qui se manifeste par une sorte de murmure approbateur.

L'interprète traduit en allemand l'interrogatoire de M. le colonel Vaudrey, et les paroles prononcées par M. le président.

Après cette traduction, l'accusé Vaudrey se lève.

Le colonel Vaudrey: Vous m'avez fait une question sur l'argent que j'avais distribué, c'est-à-dire 6 ou 700 fr.; vous paraissez croire que cet argent était destiné à corrompre les soldats, ce qui n'est pas supposable; cette somme était trop minime pour que j'eusse voulu l'entreprendre: je pensais que les soldats devant passer la journée en courses, ils n'auraient pas le temps de rentrer à la caserne pour manger la soupe.

M. l'avocat-général adresse à M. Vaudrey plusieurs questions qui n'ont aucune importance.

(*Interrogatoire du lieutenant Laity.*)

On passe à l'interrogatoire de l'accusé Laity, qui rentre à l'audience après que l'on a fait sortir le colonel Vaudrey.

D. Quels sont ceux de vos coaccusés que vous avez connus

avant le 30 octobre? — R. Le colonel Vaudrey et Gricourt.

D. Et Persigny? — R. J'avais eu quelques relations avec lui au mois de juin.

D. Quant avez-vous été initié au complot? — R. Le 25 juillet.

D. Dans l'intérêt de l'honneur, de votre patrie, pouvez-vous dire qui vous a initié au complot? — R. Dans l'intérêt de l'honneur, je refuse de le dire. Le 25 juillet, on m'apprit les intentions du prince; je demandai si ses intentions étaient démocratiques et républicaines; je suis démocrate et républicain, et sur la réponse qu'on me fit, j'acceptai.

D. Mais vous avez dû reconnaître votre erreur? — R. Je crois encore que le prince aurait convenu à la France et à l'armée, et qu'il pouvait compter sur l'une et sur l'autre; je l'ai cru et je le crois encore. Il y a eu erreur, et voilà tout.

D. Connaissez-vous les moyens dont on pouvait disposer? — R. Je savais l'esprit du régiment du colonel Vaudrey; quant au colonel, c'est le 27 octobre que je sus qu'il appuierait le mouvement. Je l'appris de la bouche d'un de mes amis, que j'ai refusé de nommer, le même qui m'avait initié au complot.

D. N'avez-vous pas eu une entrevue avec le prince? — R. Je l'ai vu au mois d'août, à Strasbourg. Je puis même fixer la date; c'est le premier ou le deuxième dimanche du mois d'août, après l'arrivée du roi de Naples.

D. Dans quelle maison avez-vous vu le prince? — R. Je refuse de le dire.

D. Que vous dit le prince? — R. Il nous lut ses proclamations; il avait des larmes dans les yeux. « Depuis vingt ans, nous dit-il, on me refuse une patrie.... » Je fis serment de le suivre, et je n'ai pu manquer à mon serment.

M. le président : Mais la fidélité au drapeau? Vous auriez dû faire comme le capitaine Raindre, que vous avez entendu hier.... Et quels étaient les autres assistants? — R. Quinze officiers.

D. Quinze? — R. Oui, quinze officiers de l'artillerie et de la ligne.

D. Et vous refusez de dire leurs noms, de donner cette satisfaction à la justice? — R. Bien entendu.

D. Persigny vous dit-il quel serait le mode de gouvernement? — R. Celui qui conviendrait au pays.

D. Et qu'aurait-on fait ici? — R. On aurait armé la garde nationale et l'on aurait marché sur Paris (1).

D. Et la ville, comment l'aurait-on gouvernée? — R. Je ne sais; je n'étais pas à la tête du complot.

M. le président. Je respecte vos scrupules, je reconnais votre franchise, et je ne vous presserai pas sur ce point.

D. Avez-vous entendu parler d'un grand-prévôt. — R. Ceci est une erreur de l'accusation. Quant un corps de troupes est en marche, il y a un grand-prévôt avec le trésorier. L'accusation avait cru voir que ce grand-prévôt était un magistrat chargé de pouvoirs extraordinaires, et qu'on voulait établir des cours prévôtales.

D. Le matin du 30, à quelle heure avez-vous été chez le prince? — R. A quatre heures du matin, avec Persigny.

D. Vous aviez cependant juré fidélité à la patrie? — R. A la patrie, oui, mais non pas au prince qui la sert mal. (Mouvement dans la salle.)

M. le président, avec bonté: Réfléchissez à ce que vous devez dire, car nous serions obligé de sévir contre vous, et il est à désirer que vous ne vous mettiez point dans ce cas; soyez calme, et pesez vos expressions. Vous avez une tête ardente, et nous avons quelque indulgence; mais parlez, je vous prie, avec des précautions.

(1) On sait que la garde nationale est dissoute depuis trois ans, par suite, dit-on, du choix de ses officiers.

D. Vous êtes allé au quartier d'artillerie ? — R. Non, monsieur, je suis allé au quartier des pontonniers.

D. Vous avez distribué de l'argent? — R. Oui, monsieur.

D. D'où le teniez-vous? — R. Une partie m'appartenait ; une autre partie m'avait été donnée par le prince, qui avait prévu le cas où nous aurions été obligés de fuir.

D. Vous avez proclamé l'empereur? — R. J'ai crié *vive l'empereur!* Les six compagnies m'ont répondu, et nous nous sommes mis en marche. La moitié de nos hommes, à ce qu'il paraît, m'a quitté à la place Saint-Étienne. La colonne était épaisse, je ne m'en suis pas aperçu.

D. Ainsi vous avouez pleinement votre participation au complot? — R. Oui, monsieur.

Pendant cet interrogatoire, Laity a constamment répondu avec fermeté et sans jactance ; sa parole est brève, assurée, et son attitude ne cesse pas un moment d'être digne et convenable.

Laity est remmené, et le commandant Parquin est introduit.

(Interrogatoire du commandant Parquin.)

D. Quand avez-vous connu le prince Louis Bonaparte? — R. En 1822 ; c'est alors que j'ai épousé Mlle Cochelet, dame d'honneur de la reine Hortense. J'ai acheté en 1824 le château de Wolberg, qui est à cinq minutes de distance du sien, et je l'ai habité jusqu'en 1830 ; c'est de cette époque que datent surtout mes relations avec le prince. En 1830, je repris du service en France, avec l'autorisation d'habiter mon château.

D. Quelle est la toute-puissance qui vous a empêché de tenir vos serments?

Le commandant Parquin, avec feu : Il y a trente-trois ans, comme citoyen et soldat, j'ai prêté serment à Napoléon et à sa dynastie. Je ne suis pas comme ce grand diplomate qui en a prêté treize. Le jour où le neveu de Napoléon vint me rappeler celui que j'avais fait à son oncle, je me crus lié, et je me dévouai à lui corps et âme.

C'est le 4 décembre 1804 que j'ai prêté serment à l'empereur et à sa dynastie, et j'ai dû le tenir. Ce serment est resté gravé dans mon cœur. Les serments que j'ai prêtés depuis, je les ai prêtés comme serments de fait; mais le jour où l'aigle impériale a reparu, je le répète, je me suis regardé comme lié par le serment de 1804.

M. le président : Il n'est pas question d'un grand diplomate. C'est un homme qui a du talent, et dont, par conséquent, la réputation est méritée. Je vous engage à vous renfermer dans les bornes d'une défense calme et raisonnée.

L'accusé explique qu'il a fait trois voyages à Strasbourg, depuis le 10 juin jusqu'en octobre. Le dernier eut lieu le 24 octobre. J'ai vu le prince qui me dit : « Parquin, j'ai rompu mon ban. J'apporte ici ma tête. Je vais marcher à la tête de la garnison : me suivrez-vous ? » Je lui répondis : « Prince, partout où vous courrez des dangers, je serai près de vous. » (Mouvement.)

M. le président : Mais vos devoirs, vos serments ? — R. Je vous ai dit que j'étais lié par mon premier serment, et je ne crois pas que quatre millions de votes nationaux aient, depuis, laissé place à un autre serment. (Mouvements divers. Agitation).

D. A-t-on soupé chez Persigny ? — R. Je l'ignore.

D. Dans quelle occupation s'est passée la nuit? Quelles étaient les personnes réunies auprès du prince ? — R. Il y avaient Gricourt, Querelles, Lombard.... Nous nous sommes occupés activement de l'affaire du lendemain. Le prince nous dicta des proclamations.... Si elles sont ici... Elles sont admirables.... et je dois déclarer que les heures nous semblaient bien lentes. Si nous avions pu acheter 1,000 fr. chacune des heures qui nous restaient, nous l'aurions fait.

D. Pouvez-vous nous rendre compte de ce qui s'est fait en outre?

M. Parquin : Je puis vous le dire; mais je vous ferai observer que je n'étais pas initié à tous les détails du complot. Mon seul rôle était de rester près du prince et de mourir à côté de lui. Persigny était l'agent principal du prince.

D. Mais le colonel Vaudrey a dit qu'il n'en était pas ainsi. Il existerait ici une contradiction ? — R. Je ne dis que ce que j'ai lu dans l'instruction. Je n'étais pas dans le complot avant la veille.

D. Vous rappelez-vous que le colonel Vaudrey ait annoncé qu'une grande révolution s'était accomplie, et qu'il ait dit que l'empereur allait marcher à leur tête ? — R. Il a dit que cette révolution *s'accomplissait*. Je ne sais s'il s'est servi du mot *empereur*; je sais seulement qu'après qu'il eut parlé, ce furent des cris, dans le régiment, de *vive l'empereur !*..... ma foi, comme je n'en ai pas entendu dans la garde impériale quand j'en faisais partie. (Vive sensation : l'accusé paraît dans un grand état d'exaltation.) Oh! c'est que ça allait bien ; ils criaient : *Vive l'empereur !* comme je n'ai jamais entendu crier dans nos beaux jours.

D. Vous avez été chez le général Voirol ? — R. Le prince, à tort ou à raison, nous avait dit que le général ne voulait pas se mettre à la tête du mouvement, mais qu'il se laisserait enlever. Nous nous dirigeâmes vers son hôtel ; le général était en train de s'habiller. Le prince lui dit : « Je suis le neveu de l'empereur, reconnaissez-moi. » — « Jamais », répondit le général. Le prince me dit alors : « Parquin, il faut vous assurer du général. » — « Suffit, prince. » — Je restai avec cinq ou six artilleurs. Le général se revêtit de son uniforme ; il parut à la porte, et dit : « On vous trompe ! » — Je criai : *Vive l'empereur !* et il fut forcé de se retirer ; peu après, cependant, il parvint à s'échapper par une porte particulière. Je me dirigeai alors vers le quartier de la Finckmatt ; le prince ne voulait pas que l'on répandît une goutte de sang : c'était par la magie de son nom, par la vue de l'aigle impériale qu'il voulait réussir ou succomber. On sait le conflit de la caserne ; mais je n'ai pas été arrêté, comme on l'a dit, en fuyant. Je n'ai pas crié, comme on me l'a fait dire ignoblement : *Ne m'arrêtez pas, laissez-moi fuir !*.... j'ai crié : *Arrêtez-moi, mais ne m'assassinez pas !* J'ai paré les coups de baïonnettes avec une main. Voilà le sang qui a coulé de ma main. (L'accusé, qui a retiré le gant qu'il portait en ce moment, étend le bras vers la Cour et montre les traces sanglantes qui le souillent encore.)

M. le président : Mais le sang de la France?

M. Parquin : Je parle de mon sang à moi.

L'interprète traduit comme précédemment.

(Cette partie de l'interrogatoire du commandant Parquin, l'énergique accent de conviction qui y domine, paraissent produire sur l'auditoire et le jury une profonde impression.)

Le commandant Parquin est emmené.

(*Interrogatoire du lieutenant de Querelles.*)

Le lieutenant de Querelles est interrogé.

M. le président : Comment avez-vous été initié au complot? — R. J'habitais Nancy; je vis M. de Gricourt qui me dit qu'il faisait partie d'un complot, et qui me demanda si je voulais en faire partie. Il se confia ainsi à moi, parce qu'il savait bien que je n'aurais pas l'infamie d'abuser de sa confiance. J'acceptai instantanément.

D. Sur quelles bases aviez-vous placé l'espoir de la réussite, vous et les autres adhérents? — R. D'abord, sur le mécontentement général qui règne évidemment dans tous les corps de l'armée, et puis sur l'effet que produirait sur l'armée la vue du prince.

D. Vous a-t-on donné des noms d'officiers supérieurs? Pouviez-vous compter sur des partisans influents? — R. Pas positivement; cependant on nous avait promis le concours d'officiers supérieurs.

D. Mais votre jeunesse vous égarait; vous auriez dû réflé-

chir que votre patrie allait être plongée dans l'anarchie. —
R. Ce que vous me dites là n'est pas encore bien prouvé.

D. Mais vous n'avez pas dû connaître l'empereur; vous êtes trop jeune pour cela. Comment donc son neveu pouvait-il vous inspirer tant d'admiration? — R. Il n'y a pas besoin d'avoir servi l'empereur pour admirer sa mémoire. La vie entière du jeune prince, pleine de belles actions, de bons sentiments, m'a inspiré une vive sympathie pour ce noble jeune homme. J'avais entendu parler de lui, je le vis moi-même, et je le reconnus pour un brave et digne jeune homme qui méritait tout l'intérêt qu'on lui portait parmi nous.

D. Vous vous êtes adressé à un sculpteur pour avoir une aigle impériale? — R. Oui; mais je parvins à me procurer celle qui avait appartenu au 7e de ligne, au régiment de Labédoyère.

D. Savez-vous pourquoi Persigny a troqué la résidence de Nancy pour celle de Strasbourg? — R. Je l'ignore.

D. Et vous, persistez-vous à dire que c'était dans l'intérêt du complot que vous êtes venu à Nancy? — R. Oui, monsieur.

D. Avait-on pris un jour pour l'exécution du complot, après avoir vu à Nancy Gricourt et Persigny? N'avait-on pas, par exemple, choisi le 15 août, jour de la fête de l'empereur? — R. Non.

D. A Strasbourg, vous avez fait en quelques jours une dépense très-forte, 29 fr. par jour, terme moyen. N'avez-vous pas cherché, par des invitations à dîner fréquentes adressées à vos camarades, à vous concilier l'esprit de ceux-ci? — R. Je n'ai pas besoin de les inviter à dîner pour en être aimé.

M. le président : Sans doute, mais ce pouvait être un moyen de vous lier davantage avec eux, et de les préparer à recevoir mieux vos confidences.

D. Persigny vous a écrit une lettre signée Desrousseaux? — R. Oui, monsieur.

D. Pour vous mander à Strasbourg? — R. Oui, monsieur.

D. Vous n'êtes venu à Strasbourg que pour vous associer au complot? — R. Pas autre chose. (Sensation.)

D. Que vous dit le prince? — R. Il me donna la main, et me fit même l'honneur de m'embrasser.

D. Le 29, a-t-on fait un souper chez le prince? — R. Nous avons dîné à la *Maison-Rouge*, Gricourt et moi; le prince a dîné fort tard, avec un peu de poulet, je crois.

D. N'aviez-vous pas détaché les poids qui servent à fermer la porte, afin que le bruit des grelots ne vous trahît pas, à cause du grand nombre d'individus qui se rendaient chez vous. — R. Je ne sais pas.

D. Quelles séductions a-t-on employées auprès de vous? — R. On ne m'avait rien promis, et, certainement, nous n'aurions pas vendu notre épée... Jamais! Il m'était permis de penser que je pourrais facilement me faire tuer à la guerre ou obtenir loyalement de l'avancement; mais on ne nous avait rien promis.

D. Vous avez dit à quelqu'un : « J'étais lieutenant ce matin, je serai chef de bataillon ce soir? » — R. J'en portais en effet les insignes, mais cette épaulette n'était pas ce qui me faisait agir. Lieutenant, capitaine ou général, j'aurais agi de même.

D. N'avez-vous pas dit aux soldats : « Voilà le champ de l'honneur, c'est là qu'est la gloire, etc.? » — R. Je ne me rappelle pas ce que j'ai dit; dans ces moments-là, voyez-vous, on ne va pas chercher ses mots, il n'y a que le fond qui reste; mais j'ai fait tout ce que j'ai pu pour entraîner le plus de monde possible. (Agitation.)

M. le président : Vous pouvez vous retirer.

M. de Querelles s'approche de son défenseur, M⁰ Martin. Les gendarmes paraissent vouloir s'y opposer.

M. le président : Laissez l'accusé communiquer avec son défenseur.

M. de Querelles s'assied derrière M⁰ Martin et cause avec lui. Il est calme et sans exaltation; il montre même de la gaîté.

M. le procureur-général : Sur un carnet de votre main on a trouvé une note où se trouve détaillé à peu près le plan qui a été suivi dans l'exécution ; il y est question d'aller sommer le colonel Vaudrey de tenir sa promesse. Cette note a été écrite en septembre, il en remblerait résulter que le colonel Vaudrey fut dès lors engagé dans ce complot. — R. On m'avait parlé de plusieurs officiers généraux ; on avait nommé le conel Vaudrey, comme beaucoup d'autres, comme le général Voirol ; mais je n'ai aucun motif de croire qu'il ait été en aucune manière instruit dès lors du complot.

L'audience est suspendue à une heure et demie.

(*Interrogatoire de M. de Gricourt.*)

A deux heures, M. le président annonce qu'elle est reprise. On lui fait observer qu'un juré, M. Dyl, de Strasbourg, est absent.

M. le président : Il faut envoyer chez lui.

Le jury rentre en séance quelques minutes après.

M. de Gricourt est introduit.

D. Quand avez-vous connu le prince? — R. L'été dernier. J'étais allé aux eaux de Bade où l'on me proposa de voir la reine Hortense ; j'en avais le plus grand désir et j'acceptai avec joie. Elle me reçut parfaitement. Du château du commandant Parquin, où j'étais descendu, nous allions très-souvent chez le prince et sa mère, que ma famille avait beaucoup connue dans sa jeunesse. Il y a même parenté par alliance entre ma famille et celle du prince. D'autres motifs existaient encore ; la terre de Saint-Leu avait été vendue à la reine Hortense par ma grand'mère.

D. Vous aimiez le prince? — R. Oui, monsieur le président; le prince n'avait pas d'ambition; l'amour de son pays était le seul sentiment qui le dominât, et quand je le chérissais, je ne faisais que lui rendre justice comme l'auraient fait tous ceux qui auraient pu le connaître.

D. Quelle est la date du complot? — R. Je ne puis répondre à cette question, parce que je craindrais de compromettre d'autres personnes.

D. Avez-vous dit à M. de Querelles quels étaient les régiments sur lesquels on comptait le plus? — R. Je lui ai parlé assez vaguement de nos projets, car je ne savais pas moi-même quels seraient positivement nos moyens d'exécution. Je me souviens que je ne lui ai pas dit le nom des officiers qui devaient nous aider. M. de Querelles était trop discret pour insister; mais j'étais sûr que, digne de porter un uniforme français, il ne trahirait pas une confidence.

D. M. de Bruc vous connaissait? — Depuis long-temps, par ma famille, qui a eu des relations avec la sienne; mais les opinions de M. de Bruc ne me permettaient pas de lui parler de complot. Je ne lui ai fait aucune confidence.

D. Avez-vous su qu'il avait des rapports avec Persigny, votre ami? — R. Oui, monsieur; j'ai su qu'au moment où M. de Bruc dut tenter une expédition sur Tripoli, Persigny se trouva avec lui en rapport. M. de Bruc avait réalisé 8 ou 900,000 fr.

D. La position en justice de M. de Bruc semble rendre un fait pareil peu vraisemblable. — R. M. de Bruc jouit d'une position brillante; sa famille est une des plus riches de la France; son frère, dont il héritera, possède une fortune considérable en fonds de terre, et l'acte d'accusation se trompe lorsqu'il suppose qu'un intérêt d'argent ait pu le faire agir.

D. Combien de temps avez-vous passé à Nancy? — R. Deux mois, je crois.

D. Vous y êtes arrivé dans votre voiture? — R. Non, en diligence; mais j'ai acheté un cheval à Nancy.

D. Vous étiez à Nancy pour créer des adhérents au prince, qui avait placé en vous toute sa confiance? — R. J'avais toute la confiance du prince, mais je n'étais pas le dépositaire de tous ses secrets.

D. Vous avez voulu vous procurer une aigle; par quels moyens avez-vous essayé d'y parvenir? à qui vous êtes-vous adressé? — R. Monsieur le président, pour ce qui m'est personnel, je répondrai; mais ici je dois me taire, de peur de compromettre d'autres personnes. Je ferai ainsi pour toutes les questions où un autre nom se trouvera mêlé. (Marques d'approbation dans l'auditoire.)

D. Avez-vous vu Mme Gordon quelquefois? — R. J'ai dîné une fois avec elle chez Diemer, à la *Ville-de-Paris* ; le soir même elle allait chanter dans un concert.

D. Vous avez demeuré chez M. Boher, restaurateur, rue Brûlée? — R. Oui, monsieur.

D. Avez-vous annoncé au prince, à Bade, que vous aviez fait un nouvel adhérent dans la personne de M. de Querelles? — R. Je ne répondrai pas à cette question, monsieur le président.

D. Savez-vous si le prince a été à Strasbourg au mois d'août? — Je n'en sais rien.

M. le président : Ceci ne regarde que le complot. Quant à l'attentat, vous convenez y avoir pris part? — R. Oui, monsieur.

D. Est-ce le prince qui vous a prévenu de son arrivée? — R. J'ai été au devant de lui, et je suis monté dans sa voiture; nous sommes entrés ensemble en ville.

D. Vous convenez d'avoir passé la nuit dans la chambre du prince, d'avoir marché avec lui au quartier d'Austerlitz? — R. Je n'ai pas quitté le prince d'un moment, et je conviens de tout. (Mouvement.)

D. Vous convenez avoir marché avec le prince? — R. Oui, monsieur, j'ai toujours marché à ses côtés.

D. Avoir tenu l'aigle impériale? — R. Oui, monsieur, certainement.

D. Avoir marché à la caserne de la Finckmatt, sabre en main, et enfin n'avoir cédé qu'à la force? — R. Cela est vrai, monsieur. Je répète que je conviens de tout.

L'interprète traduit.

Interrogatoire de Mme Gordon.

D. Où avez-vous connu Persigny ? — R. A Bade.

D. Avez-vous vu à la *Ville-de-Paris* M. de Gricourt ? — R. Oui, monsieur.

D. Avez-vous vu M. de Querelles ? — R. Non, monsieur : ces messieurs n'ont jamais dîné à table d'hôte quand j'ai demeuré à l'hôtel.

D. N'a-t-il point été question, entre vous et Persigny, des projets de complot ? — R. Jamais.

D. En quittant Bade, où êtes-vous allé ? — R. A Paris.

D. Vous avez donné votre adresse à Persigny ? — R. Non, monsieur.

D. Et en arrivant à Paris n'avez-vous pas vu M. de Gricourt ? — R. Oui, immédiatement, monsieur.

D. Si vous n'aviez pas donné votre adresse à Persigny, comment se fait-il qu'il vous ait écrit ? — R. Je n'en sais rien.

On donne lecture de cette lettre, qui paraît assez intime, et où Persigny, qui signe *Géant*, lui recommande de *s'occuper de leur fabrique*, et l'appelle *ma chère amie*.

Mme Gordon : Je n'ai jamais reçu de lettre de M. de Persigny.

D. Quand vous avez fui le domicile de M. Vaudrey, après avoir appris l'insuccès de l'attentat, on vous a trouvée occupée, avec Persigny, à brûler des papiers, probablement les preuves du complot ? — R. Je suis sortie pour avoir des nouvelles de cette affaire. Je le rencontrai, il était dans une douleur profonde : je lui donnai le bras, j'allai dans son domicile, et je l'aidai à brûler des papiers. Je lui ai peut-être rendu service; si c'était à recommencer, j'agirais encore ainsi.

D. Chez Persigny, vous avez été prendre, dans un tiroir, une ceinture et un passeport ? — R. Cela n'est pas.

D. Vous l'avez reconnu dans un interrogatoire. — R. Jamais, monsieur.

M. Rossée : Il n'y a pas eu d'aveu en effet, mais on a saisi chez l'accusée un carnet où étaient écrits ces mots : *Prendre dans la commode une ceinture et un passeport.* On a cherché dans cette commode, chez Persigny, et on n'a pas trouvé la ceinture et le passeport. On en a conclu que l'accusée les y avait pris.

M. le président : Vous avez eu des relations avec le colonel Vaudrey? — R. Je l'ai vu chez différentes personnes, chez le général Voirol, par exemple.

M. le président : Prenez garde, car le colonel Vaudrey a avoué qu'il avait eu avec vous des relations qui étaient devenues de jour en jour plus intimes.

D. A Bade, vous avez logé avec le colonel Vaudrey? — R. Je l'ai vu à Bade, mais j'avais pris un logement pour moi seulement et ma femme de chambre.

D. A Dijon vous logiez au *Chapeau-Rouge.* Vous avez reçu une lettre de lui qui vous a mise en émoi? — R. Non, monsieur.

D. En revenant à Strasbourg, vous êtes-vous arrêtée en route? — R. Oui, à Colmar. J'étais indisposée, et j'ai été obligée de m'arrêter, bien que j'aime à aller vite en voyage.

D. Vous êtes cependant allée ailleurs, selon le colonel Vaudrey? — R. Oui, monsieur, nous sommes allés à Neufbrisack ou Vieux-Brisack, je ne sais pas bien.

D. Vous êtes allés aussi à Fribourg ; or, dans une pareille saison, et indisposés tous deux, on ne comprend pas un voyage d'agrément.

L'accusée déclare que, lorsqu'elle a occupé les appartements du colonel, c'est qu'elle s'était luxé l'épaule d'une manière inquiétante, et qu'il fallait même deux chirurgiens pour la soigner. Dans ce cas, ce n'est pas d'impudeur qu'il faut l'accuser.

D. Avez-vous connu M. de Bruc? — R. Non, monsieur ; je l'ai vu hier pour la première fois.

D. Le matin de l'exécution du complot, en voyant partir

le colonel Vaudrey, ne lui avez-vous pas dit : « Dieu vous bénisse ! » — R. J'ai pu lui dire cela. Je ne connaissais pas ses projets ; mais, en le voyant sortir si tôt, et par certaines circonstances, j'avais pu certainement en deviner quelque chose. J'ai pu faire des vœux pour sa sûreté.

M. le procureur-général Rossée : Madame, n'avez-vous pas fait plusieurs voyages de Bade à Strasbourg ? — R. Non, monsieur, un seul.

D. Où êtes-vous descendue ici ? — R. Je n'ai logé nulle part, je suis reparti le même jour pour Bade.

D. Cependant, le colonel Vaudrey a dit que vous étiez descendue chez lui ? — R. Le colonel s'est trompé.

Mme Gordon, qui a répondu avec assez d'assurance, et qui s'est renfermée, comme on voit, dans un système complet de dénégations, s'assied ; elle paraît fatiguée. Un instant après, elle s'éloigne pour laisser la place au dernier accusé, M. de Bruc. Celui-ci semble toujours souffrant ; il tient sous son bras gauche une casquette de velours.

(*Interrogatoire de M. de Bruc.*)

M. de Bruc : Monsieur le président, je dois déclarer avant tout que l'acte d'accusation est faux ; je jure devant Dieu et devant les hommes que je n'ai jamais eu des relations d'intérêt avec le prince....

M. le président : Modérez vos expressions, parce que la justice n'a intérêt ni à se tromper, ni à tromper personne.

M. de Bruc : Je ne connais pas les formes de la justice ; mais ce qui me concerne est faux, je le dis, et voilà tout ; j'ai vu le prince pour la dernière fois à Aarau. Il est en route pour les États-Unis, et il ne manquera pas d'écrire la vérité. Je ne l'ai vu qu'à Aarau, une seule minute, le temps de changer de chevaux.

D. Il ne vous a point dit ses projets ? — R. Non.

D. Vous connaissez Persigny? — R. Il y a un an et demi à deux ans que je le connais.

D. N'étiez-vous pas à Strasbourg en septembre? — R. Oui, monsieur.

D. Quelles étaient vos relations d'intérêt avec Persigny? — R. Elles se rattachaient à une expédition sur Tripoli.

D. Vous avez d'abord nié connaître Persigny? — J'ai été arrêté à Genève, d'abord sur un passeport raturé; j'ai été interrogé, et comme on m'a demandé si je connaissais Persigny, j'ai deviné qu'on voulait me comprendre dans l'affaire de Strasbourg, et j'ai d'abord nié cette liaison avec Persigny, pour m'éviter des embarras.

D. Pourquoi ce passeport était-il raturé? — R. Parce qu'il était suranné, et que je voulais prolonger mon congé.

D. N'êtes-vous pas parti de Strasbourg, porteur de deux lettres, l'une pour Mme Gordon, l'autre pour le général Excelmans? — R. C'est vrai.

On donne lecture de la lettre écrite à Mme Gordon.

M. de Bruc: On a trouvé cette lettre cachetée dans mon habit, et par conséquent je ne l'ai pas lue; voilà la première fois que je l'entends lire (Cette lettre n'est que mentionnée dans l'acte d'accusation). Quant à la lettre à M. Excelmans, c'est le prince qui me l'a remise à Aarau.

D. L'avez-vous remise? — R. Oui, en mains propres, comme le prince me l'avait recommandé.

D. Le prince, en vous la remettant, ne vous a-t-il pas prié de faire cette commission avec exactitude? — R. J'ai remis tard cette lettre, parce que je n'ai pu le faire plus tôt.

D. Que vous a dit le général? — R. Il m'a dit : « Je suis engagé envers le gouvernement...... Je ne puis pas aller, je n'irai pas. » Voilà tout.

D. Vous avez écrit une lettre à Strasbourg, à Manuel; j'en vais donner connaissance.

(Dans cette lettre, M. de Bruc annonce qu'il s'est cassé le bras).

M. de Bruc : J'étais tombé sur un escalier, et j'avais les bras enflés ; je fus obligé d'ouvrir mes manches.

M. le président : Vous écrivez encore : *Les hésitations du général Ex. m'ont retardé pendant deux jours.*

M. de Bruc : J'étais allé une fois chez lui sans le trouver ; mais la seconde fois, je le déclare, le général Excelmans n'hésita point. Je n'ai pas parlé politique avec lui.

D. Vous ajoutez dans votre lettre : « Il ne faut pas se tromper une troisième fois ; il est nécessaire de trouver un plan qui nous fasse réussir. » — R. C'était toujours relatif à notre affaire d'intérêt. J'avais fait deux voyages inutiles à Bade et à Fribourg pour cela ; je voulais enfin réussir dans cette affaire toute d'intérêt.

L'audience est levée et remise à lundi, neuf heures précises. Il est trois heures et demie.

(*Audience du 9 janvier.*)

L'enceinte destinée au public est remplie presque aussitôt que les portes sont ouvertes. Un gendarme frappe à coups de crosse un curieux qui veut entrer avant son tour, et le fait envoyer au poste. Le calme succède bientôt à cet incident. On amène les accusés, dont la tenue est la même qu'aux audiences précédentes.

M. Geslin, absent à l'audience de samedi, est appelé. (Marques d'attention.)

M. le président : Vous ne vous êtes pas présenté le 7, et vous avez été condamné pour ce fait.

Le témoin : Je suis parti le 4 de Paris ; le mauvais état des chemins m'a fait rester quatre jours en route.

Sur la demande du témoin et les réquisitions du ministère public, la Cour rapporte l'arrêt qui a condamné M. de Geslin à 100 fr. d'amende.

Le témoin prête serment ; il déclare se nommer Édouard

de Geslin, propriétaire, né à Saint-Brieuc, et demeurer rue de l'Échiquier, n° 3, à Paris.

Je connais, dit-il, MM. de Gricourt et de Bruc. Lorsqu'on est venu chez moi pour prendre mes papiers, le 5 novembre, j'avais des lettres de MM. de Bruc et de Persigny, lettres fort insignifiantes. Le lendemain on vint m'arrêter moi-même ; le juge d'instruction, M. Legonidec, me questionna sur ces lettres ; je lui donnai des explications qui lui parurent satisfaisantes. M. de Gricourt ne m'a parlé de rien ; M. de Persigny, en présence de M. de Gricourt, il est vrai, m'a fait des propositions, quand je l'ai vu dans le grand-duché de Bade. Les lettres trouvées chez moi ne pouvaient en rien compromettre M. de Gricourt.

M. le président : Vous n'êtes pas aussi explicite devant nous que devant le juge d'instruction de Paris ; vous ne nous dites pas où ce complot devait éclater, quel devait en être le principal siége ?

Le témoin : A Strasbourg, je crois. M. Persigny me promit le grade de général.

D. Quel était votre grade dans l'armée ? — R. Celui de capitaine.

M. le président : C'était un avancement bien beau !

Le témoin, avec dépit : Voilà trente-neuf ans que je sers ; j'ai servi depuis l'an IX de la république, et c'eût été pure justice.

M. le président : Je ne dis pas le contraire. (On rit.)

Le témoin : Au reste, je ne sais pas pourquoi vous faites cette observation, puisque je n'ai pas accepté le grade qu'on m'offrait.

D. Ainsi, vous persistez à dire que M. de Persigny, en présence de Gricourt, vous a fait la proposition d'entrer dans un complot qui aurait pour but de placer Napoléon II sur le trône, et qu'on vous avait promis le grade de général ?

Le témoin : Oui ; mais M. de Gricourt ne m'a parlé de rien.

M. le président : Accusé Gricourt, avez-vous quelque chose à dire ?

L'accusé : Non. M. de Geslin s'était trompé dans sa première déclaration, il rend ici hommage à la vérité ; je n'ai plus rien à dire.

M. le procureur-général : Vous aviez déclaré dans l'instruction, monsieur de Geslin, que M. de Gricourt était arrivé à Paris avec des sommes dont on ignorait la destination.

Le témoin : On me l'avait dit, c'est vrai, mais je n'en savais rien par moi-même. Tout ce que je puis dire, c'est que, quand M. de Persigny me prit le bras pour s'ouvrir à moi, M. de Gricourt se retira.

M. le procureur-général : Ah ! ceci est nouveau ; car vous n'aviez pas dit cela.

M. le président : Vous aviez dit positivement : *L'un et l'autre me proposèrent d'entrer dans le complot.* Cela est dans l'instruction.

Le témoin, avec feu : Non, monsieur, cela n'est pas ; ils étaient tous deux ensemble, mais je n'ai pas dit que tous deux m'avaient fait des ouvertures. Je ne connais ni amis, ni ennemis ; je ne connais que la vérité, et je la dis.

Le colonel Eggerlé est appelé, il est absent.

VI. AUDITION DES TÉMOINS POUR LES FAITS PARTICULIERS RELATIFS AU COMPLOT.

Sur les voyages à Fribourg.

L'aubergiste de l'hôtel de Fribourg, Allemand, dépose en allemand :

Je reconnais M. et Mme de Cessay (le colonel Vaudrey et Mme Gordon.) Le 25 octobre, un monsieur et une dame se présentèrent et repartirent le lendemain. A dix heures se présenta un M. Bayard, chef de bataillon, de Paris, qui resta jusqu'au lendemain (M. de Bruc). Avant l'arrivée de M. et Mme de Cessay, vint un monsieur de vingt-cinq à vingt-huit ans qui alla se promener au *Val-d'Enfer*, s'amusant à fair[e] rouler des pierres du haut des montagnes. L'autre monsieu[r] alla au spectacle le soir.

M. le président : De Bruc, il y a eu beaucoup d'inexactitud[e] dans vos dépositions et dans vos lettres ; vous annonciez à Per[si]gny que vous aviez les bras cassés, vous dites aussi que vou[s] étiez à Fribourg avec le général Contreglise, et le général n'é[ait] pas avec vous.

M. de Bruc : C'est vrai, mais j'étais avec une autre personn[e] que je ne veux pas nommer.

Schinkler (Philippe), âgé de vingt-deux ans, sommeli[er] dans la même auberge, dépose des mêmes faits que les deu[x] précédents : un monsieur qu'il ne connaît pas arriva à Fribourg suivi d'un domestique, et se fit préparer de l'eau sucrée. commanda une voiture pour le lendemain matin et trois che[vaux de poste. Le lendemain il partit. C'était, sauf erreur d[u] témoin, dans la nuit du 28 au 29.

M. le président : D'après l'accusation, ce serait dans la nu[it] du 25. (Il s'agirait du prince Louis Bonaparte.)

M. l'avocat-général : Le témoin peut-il nous dire à quell[e] auberge est descendu ce monsieur ? — R. A l'auberge d[e] *l'Homme-Sauvage.*

Sur la présentation du colonel Vaudrey au prince.

Le colonel d'artillerie en retraite Eggerlé est présent ; il es[t] entendu : J'ai connu Vaudrey, qui est un de mes ancien[s] camarades ; je l'ai rencontré à Bade, le samedi 31 juillet, o[u] le samedi suivant, 8 août ; c'était au bal. Le prince Napoléo[n] survint, et je lui nommai le colonel Vaudrey, comme c'es[t] mon habitude quand un tiers survient.

Me *Barrot :* Ainsi cette rencontre de M. Vaudrey avec l[e] prince était tout-à-fait fortuite ?

Le témoin : Oh ! tout-à-fait.

Sur le conciliabule à Strasbourg.

M. Offacher, propriétaire à Strasbourg, rue de la Fontaine, n° 17. Dans le courant de septembre dernier, un jeune homme, qu'il a connu sous le nom de Manuel (Persigny), a logé chez lui; il était maladif. Manuel ne recevait pas de fréquentes visites, suivant lui, du moins.

D. Avait-il une correspondance suivie? — R. Les facteurs venaient dans la maison, mais pas trop souvent.

M. le président: Gricourt, avez-vous été chez Manuel, c'est-à-dire Persigny, dans son logement, chez M. Offacher? — R. Oui, monsieur.

MM. de Querelles et Parquin avouent avoir connu également ce logement, où ils allaient. C'est dans ce logement que se tint le conciliabule présidé par le prince.

Mme Gordon déclare aussi qu'elle alla dans cette maison, le 30 octobre au matin. C'est là qu'elle a été arrêtée.

M. Offacher, témoin: M. Persigny occupait une pièce donnant sur le quai, il lui était facile de se sauver.

Sur l'entrevue du prince et de M. de Bruc à Aarau.

M. le président revient sur le voyage de M. de Bruc à Aarau, et lui dit:

Accusé de Bruc: Vous avez fait un voyage avec Persigny? — R. Oui, monsieur, nous avons été du côté de Schaffouse. Persigny me quitta, en me laissant sa voiture que j'ai ramenée à Strasbourg, où je la laissai à l'hôtel du Poêle-des-Vignerons, pour me rendre à Paris en malle-poste.

D. C'est dans ce voyage que vous avez porté une lettre au général Excelmans? — R. J'avais rencontré le prince Louis à la poste d'Aarau; c'est là, pendant que je changeais de chevaux, que le prince, qui avait sans doute entendu parler de moi par Persigny, me remit cette lettre cachetée de l'aigle impériale, sans me dire ce qu'elle contenait.

Léon Schlatter, sommelier à l'hôtel de l'Ange, à Colmar:

Le colonel Vaudrey et Mme Gordon sont venus le 25 octobre, à une heure, à l'hôtel de l'Ange, où il sert; ils ont dîné et ont été le soir faire un petit voyage du côté de Neuf-Brisach. Le colonel n'a pas payé sa dépense; il a laissé une partie de ses effets à l'hôtel et est revenu le lendemain.

Gross, postillon, âgé de seize ans, a conduit le colonel Vaudrey et Mme Gordon au Rhin. En approchant de Brisach, le colonel lui demanda s'il n'y avait pas un chemin par lequel, en évitant de passer par cette place, on pouvait parvenir au Rhin par les glacis; le témoin a répondu qu'on le pouvait, mais qu'il ne connaissait pas bien cette route. C'était le soir, et la voiture traversa la ville.

Hermann Scholler, sommelier à Fribourg, dépose que, dix ou quinze jours avant le 28 octobre, le prince Louis Bonaparte a passé trois fois par Fribourg, sous le nom de comte de Dietfurt de Munich.

Sur la nuit qui a précédé l'insurrection.

Anne-Marie Bichel, rentière, connaît M. de Querelles qui a logé deux jours chez elle. C'est un monsieur qui est venu louer, le 27, la chambre, et le soir ils sont revenus tous les deux. Plusieurs messieurs ont visité M. de Querelles. Le lendemain ils sont revenus. Le 28, un monsieur est venu portant des tenailles et un marteau. (C'est dans cette chambre qu'a couché le prince Louis.)

De Querelles : Je restais peu chez moi. Il ne s'est rien passé dans ma chambre.

D. On a saisi chez vous une caisse et un chiffre pour correspondre avec Persigny ? — R. Oui.

D. C'est Persigny qui vous l'avait donné ? — R. Je ne puis pas répondre à cela. C'était pour correspondre avec lui et avec d'autres.

Agathe Frey, de Soleure, servante du précédent témoin, fait une déposition semblable. L'accusé, suivant elle, a couché dans la maison le 27 au soir.

De Querelles : C'est ce qui prouve l'adresse avec laquelle la substitution a été faite. Le prince a couché cette nuit dans ma chambre, je suis descendu rapidement le soir, et je suis revenu le lendemain matin de très-bonne heure, de sorte qu'on ne put s'apercevoir de mon absence.

D. Lors de la réunion du 29, combien étiez-vous, une douzaine? — R. Oui, plus ou moins.

D. MM. Parquin, Laity, de Grigourt, y étaient aussi? — R. Oui.

M. le président : Commandant Parquin, vous étiez présent? — R. Oui : le prince s'est reposé deux heures ou deux heures et demie dans un cabinet voisin.

D. On est venu vous prévenir que le régiment était prêt?

R. Oui, monsieur.

D. Vous n'aviez pas encore pris le costume de général? — R. Non ; j'étais comme je suis aujourd'hui (un habit bleu à boutons clairs), et j'avais de plus un manteau.

Regmann, autre commissionnaire : Le dimanche matin, 30 octobre, à six heures, le valet de chambre du prince vint me prier de me charger d'une lettre pour la reine Hortense. C'est en revenant que j'appris, sur ma route, l'issue du complot. On m'avait donné 200 francs pour cette commission, que je remplis fidèlement.

Sur la démarche faite auprès du général Excelmans.

Le général *Excelmans* est appelé. (Mouvement d'attention.)

Le général déclare s'appeler Joseph Excelmans, être général et pair de France et demeurer à Paris.

M. Excelmans, sur l'invitation de M. le président, s'assied.

Je connais, dit-il en regardant les accusés, je connais M. Parquin ; je ne connaissais pas M. de Bruc, je crois que je l'avais vu une fois cependant..... Le 20 ou 21 octobre, M. de Bruc me vint voir à Paris ; il me présenta un billet du prince Louis Bonaparte. Je lus la première partie de ce billet où le prince me priait de l'aller voir, disant qu'il avait à me consulter. Je refusai formellement, et je répondis que le prince ferait bien de ne compromettre ni lui ni sa famille. Mais, me dit M. de Bruc en insistant, je pars pour la Suisse, je vous offrirai une place. — Je vous remercie, mais je ne puis. Je dis encore que je croyais avoir manqué aux convenances à l'égard du prince, parce qu'il m'avait envoyé, il y a deux ans et demi, son *Manuel d'artillerie*, et que je ne lui avais pas écrit pour le remercier. Veuillez lui présenter mes excuses, dis-je à M. de Bruc; et remerciez-le pour moi, mais s'il nourrit des projets, dites-lui qu'il s'abuse. Il s'abuse s'il croit qu'il a un parti en France ; il y a une grande vénération pour la mémoire de l'empereur, mais voilà tout. Je saluai M. de Bruc, qui sortit.

M. le président : Monsieur de Bruc, qu'avez-vous à dire ? — Rien ; ce qu'a déclaré M. Excelmans est conforme à ce que j'ai dit.

D. Mais alors quelle était votre mission ? — R. Ma mission était de remettre une lettre, je l'ai remise et voilà tout.

D. Mais vous avez parlé des hésitations du général, qui ne paraît pas avoir hésité ? — R. Je suis retourné chez le général une seconde fois, ne l'ayant pas trouvé la première : c'est là ce que j'avais appelé des hésitations, je me suis mal expliqué (murmures et chuchottements dans l'auditoire). Je n'ai point parlé politique à M. Excelmans.

M. Excelmans : C'est vrai.

M. le président : Monsieur le pair de France, quel était, je vous prie, le contenu de ce billet ?

M. Excelmans : Je l'ai là, le voici.

On passe le billet à M. le président, qui, après l'avoir fait reconnaître à M. de Bruc, en donne lecture. En voici le texte exact :

« Arenenberg, 11 octobre.

« Général,

« Je profite d'une occasion sûre pour vous dire combien je
« serais heureux de pouvoir vous parler. Vos honorables an-
« técédents, votre réputation civile et miliaire me font espérer

« que, dans une occasion difficile, vous voudrez bien m'aider
« de vos conseils. Le neveu de l'empereur s'adresse avec con-
« fiance à un vieux militaire et à un vieil ami ; aussi espère-
« t-il que vous excuserez la démarche qui pourrait paraître
« intempestive à tout autre qu'à vous, général, qui êtes digne
« de comprendre tout noble sentiment. Le lieutenant-colonel
« de Bruc, qui mérite toute ma confiance, veut bien » (M. le
président a lu à l'audience *qui tient* toute ma confiance :
c'est une erreur involontaire que nous rectifions d'après la
pièce originale) « se charger de décider avec vous du lieu où je
« pourrai vous voir.

« En attendant, général, veuillez recevoir l'expression de
« mes sentiments et de ma considération.

« Napoléon-Louis Bonaparte. »

M. Gérard : La lettre est datée d'Arenenberg ; comment donc a-t-elle été remise à Aarau ?

M. de Bruc : Je n'en sais rien ; elle m'a été donnée à Aarau.

Mᵉ Liechtenberger : M. de Bruc a-t-il fait à M. le général Excelmans une proposition d'entrer dans un complot ?

Le général Excelmans : Non, monsieur ; mais elle eût été inutile ; je connais mon devoir et mes serments. S'il m'en eût fait, je l'aurais fait arrêter, ou je l'eusse traité comme un fou.

M. le président : Monsieur le pair, cela suffit. Nous vous avons fait préparer un fauteuil. Vous pouvez vous asseoir.

Sur l'arrivée de M. de Bruc à Brisach.

Le témoin *Dufaur*, capitaine en retraite, domicilié à Brisach, dépose : J'ai vu M. de Bruc au café ; on parla de la guerre : il dit qu'on ne faisait plus la guerre, que le grand homme n'y était plus. On l'appelait Bayard ; mais il nous dit qu'il s'appelait de Bruc, chef d'escadron en retraite ; il s'était blessé au bras qu'il portait en écharpe. Il nous dit : *Je viens* de Strasbourg, ou bien : *J'y vais.*

M. de Bruc : A Brisach, je dis à ces messieurs : C'est mon domestique qui s'appelle Bayard. On parla des campagnes de 1813 et 1814, que j'ai faites. Quant au nom de Bayard, je prends toujours ce nom en voyage, parce que je voyage avec le passeport de mon domestique J'aime mieux ça.

D. A Paris, vous n'avez pas logé chez vous? — R. Non, parce que ma femme, dont je suis séparé, m'avait demandé la permission de venir de Versailles chez moi pour voir sa mère. Je ne voulais pas, étant à Paris, me trouver avec elle. Vous voyez que je ne fais pas plus de mystère de tout cela que n'en a fait l'acte d'accusation. Quant au nom de Bayard, je le garde volontiers, à cause de mes créanciers; je les paie le 1er janvier, mais je n'aime pas qu'ils viennent m'ennuyer pendant le reste de l'année.

M. le président : N'avez-vous pas dit que nos sommités militaires étaient vieilles, et qu'il serait bon de les renouveler?

De Bruc : C'est vrai, je l'ai dit; ce n'est pas un mal, je crois.

M. Boulot (François), lieutenant au 46e de ligne, en garnison à Brisach, a vu M. de Bruc dans un café; on avait engagé l'accusé à prendre quelque chose. On causa de nos célébrités ; M. de Bruc dit que ces sommités devaient leur gloire à l'empereur. Il nous dit aussi qu'il était chef d'escadron de 1823. Je pris un annuaire et lui demandai s'il ne portait pas tel ou tel nom. A la fin, il me dit : « Vous me pressez l'épée dans les reins; eh bien! je m'appelle de Bruc; je voyage en ce moment, et je vais en Suisse. »

M. Hofmann, capitaine instructeur au 6e cuirassiers, a connu à Versailles M. de Gricourt qui travaillait à se faire recevoir à Saint-Cyr. A Brisach, M. de Bruc dit qu'il me connaissait; voici quelles avaient été mes relations avec lui. A Versailles, M. de Bruc me fit prier par M. de Gricourt de garder ses chevaux; j'en demandai la permission à mon colonel, et je l'obtins. Quelques jours après, M. de Bruc me fit une visite de remercîment, et je ne le revis plus.

M. le président : Monsieur de Bruc, avez-vous quelque chose à dire ?

M. de Bruc : Mon Dieu non ! je n'ai qu'à remercier encore une fois M. le capitaine Hofmann d'avoir pris soin de mes chevaux. (On rit.)

M. Gérard : Vous aviez dit, dans l'instruction, que la conduite de M. de Bruc à Brisach avait semblé si singulière, qu'on l'avait pris pour un espion.

M. Hofmann : En effet, on l'avait dit, parce que M. de Bruc avait paru très-préoccupé.

M. de Bruc : Mon Dieu ! je n'étais pas préoccupé, car j'ai passé la soirée à boire et à fumer, et puis j'ai été me coucher.

L'entrepreneur de la diligence de New-Brisach dépose qu'il a conduit M. de Bruc de Colmar à Brisach, le 28, et le 29 jusqu'au Rhin.

Le conducteur de la voiture dépose des mêmes faits.

François Waurmann, sommelier à *la Fleur* : M. de Bruc est arrivé à l'hôtel de *la Fleur*, le 31 octobre ; il est allé au domicile de M. Thomas, où il est resté un demi-heure.

M. de Bruc : En effet, et je suis parti de Strasbourg pour Colmar, où ma malle devait arriver.

M. le président : On vous voit toujours sur les grandes routes.

M. de Bruc : C'est vrai, je voyage beaucoup.

D. Et pourquoi aviez-vous altéré votre passeport ? — R. Je vous l'ai dit, c'était pour passer la frontière sans être inquiété, étant militaire.

D. Vous aviez des épaulettes de capitaine dans votre malle ? — R. J'avais été chargé d'acheter des épaulettes de capitaine pour Persigny.

D. Vous croyiez donc qu'il était capitaine ? — R. Je ne lui connaissais aucun grade ; je ne m'occupais pas de cela.

M. Thomas, propriétaire, dépose : Je n'ai rien su qui eût trait à l'affaire du 30 octobre. Je crois que M. de Bruc n'était pas un conspirateur ; je le vis le 31 octobre. Il venait de Kehl ; il ne me parla de rien. Pendant que M. de Bruc était chez moi, et que je lui racontais les circonstances de l'attentat, on est venu me demander si un militaire n'était pas venu se cacher chez moi. Une demi-heure après, on revint ; c'était un garçon de café, qui dit à M. de Bruc : « Je viens de la part de M. Manuel (M. Persigny). » M. de Bruc répondit qu'il ne connaissait pas de Manuel. Le même jour, des agents de police montèrent sur le palier et me demandèrent si je n'avais vu personne.

L'audience est levée à trois heures et demie et renvoyée à demain. Au moment où les accusés se retirent, le beau-frère du colonel Vaudrey, qui assiste à l'audience, lui serre la main avec effusion.

(Audience du 10 janvier.)

L'auditoire est aussi nombreux que les jours précédents. Comme aux dernières audiences, les dames de Strasbourg se pressent aux ouvertures cintrées percées sur la salle au-dessus des accusés. L'audience est ouverte.

Sur l'ordre du président, on amène les accusés. Ils sont toujours aussi calmes. M. de Gricourt porte avec élégance une riche polonaise. Mme Gordon est revêtue d'une robe de velours noir ; en arrivant, elle ôte son chapeau qu'elle avait toujours gardé jusqu'ici.

Sur les relations entre M. de Bruc et de Persigny.

M. de Bruc, interpellé au sujet d'un reçu de 4,500 fr. saisi au domicile de Persigny, répond que ce reçu avait rapport à l'affaire de Tripoli.

Ruter, facteur à la poste de Strasbourg, dépose de la saisie qui a été faite entre ses mains, le 31 octobre, d'une lettre à l'adresse du nommé Manuel.

On représente la lettre au facteur et à M. de Bruc, qui la reconnaissent.

D. Dans votre premier interrogatoire, vous avez nié qu'elle fût de vous, monsieur de Bruc?—R. J'ai déjà dit qu'en niant, j'espérais me libérer des embarras de cette affaire; je puis certifier que cette lettre n'a pas trait aux affaires du 30 octobre.

M. le président : Voici la lettre :

« Fribourg.

« Mon cher ami,

« Je suis arrivé ici le 27, vous cherchant et vous atten-
« dant....

Vous ne pouviez être à Fribourg le 27, car il est démontré que vous n'avez pu y arriver que le 29.

« Je suis arrivé avec le général Contréglise, mon parent, qui
« vient de repartir très-mécontent....

Deuxième erreur, puisque le général Contréglise n'était pas avec vous.

« Quant à moi, je me suis cassé le bras en route, et les hé-
« sitations du général Excelmans, qui a fini par refuser net,
« m'ont retenu deux jours en route....

Hier, vous avez été forcé de convenir que le général Excelmans n'avait pas hésité le moins du monde.

« Et m'ont obligé de retarder mon voyage; je vais tâcher
« d'aller vous voir à Strasbourg, si je le puis : dans le cas con-
« traire, je serai obligé d'aller à Nancy voir mon parent. Mon
« bras cassé me fait beaucoup souffrir. J'avais apporté des
« épaulettes....

D. C'était pour Persigny, ces épaulettes? — R. Oui; je ne sais pas ce qu'il voulait en faire.

« Écrivez-moi à Paris. Je viens d'écrire au prince pour tout
« remettre au mois de mars. »

D. Que vouliez-vous remettre au mois de mars? — R. Je vais répondre. Je ne vous ai pas dit que j'étais parent des Beauharnais, par ma mère : je suis cousin de la princesse Beauharnais, que je vois souvent à Paris.

D. Si vous êtes parent de Louis Bonaparte par les Beauharnais, on doit supposer, bien plus encore, que le prince vous a consulté, comme il l'a fait. Cette phrase: *Pour tout remettre au mois de mars,* semble indiquer que vous aviez l'intention de prendre part au complot? — R. Non, monsieur, je ne savais rien.

D. Voici le post-scriptum: « *Tous ces voyages sans résultats sont ruineux.* » Que veut dire cela? — R. J'étais fatigué de voyager pour les affaires d'intérêts que j'avais avec Persigny. Le prince aussi savait bien de quoi il s'agissait, et il l'écrira en France des États-Unis, où il est allé.

D. Vous ne pouvez pas dire quelles étaient ces affaires pour lesquelles il vous fallait le concours du général Contréglise? — R. Le général n'est pas venu.

M. le président, lisant: « *Il faudrait, la troisième fois, ne plus se tromper: pour cela j'ai un plan que je vous communiquerai....* » Nous avons ici la déclaration écrite de M. Geslin, qui faisait savoir que la conspiration avait déjà manqué deux fois. — R. Il n'était pas question de complot.

M. le président: Je poursuis: « *Que je vous communiquerai la première fois que je vous verrai, au mois de janvier.* »

M. de Bruc: Je vous répète encore qu'il ne s'agissait que de mes affaires.

Sur le souper chez Persigny.

Dorothée Banner, âgée de dix-huit ans, couturière à Strasbourg, faisait l'ouvrage de Manuel (Persigny).

D. Vous rappelez-vous qu'on ait fait un souper le 20? — R. Oui, monsieur.

D. Combien y avait-il de personnes? — R. Trois personnes avec M. Persigny : M. de Gricourt, M. de Querelles et un autre qui avait quelque embonpoint.

D. De Querelles, qu'avez-vous à dire? — Je suis allé assez tard avec M. de Gricourt dans la maison du prince, et je disais en route à M. de Gricourt: « La conspiration manquera, car le prince va mourir de faim. » Le 29 au soir je n'ai pas mangé chez Persigny.

M. le président : De Gricourt, qu'avez-vous à dire?

De Gricourt : Le 29 au soir, le prince n'avait rien pris de la journée, vers neuf heures je me rappelai que j'avais oublié d'envoyer à dîner au prince : nous avions tant de choses à faire; nous lui fîmes porter une aile de poulet et une bouteille de vin. Voilà le fameux souper dont parle si souvent l'accusation. (On rit.)

Le témoin : C'est un poulet et une bouteille de vin que j'ai portés au domicile de Persigny.

Une discussion s'engage entre M. Parquin et le procureur du roi sur la question de savoir si M. Parquin a été averti le 28 ou le 29. M. Parquin soutient que c'est le 29.

M. Gérard : Le prince est arrivé à onze heures, car les portes de la ville se ferment à onze heures. Il pouvait vous initier ce soir-là. Votre première déclaration, faite le 30 octobre, est positive et formelle.

VII. AUDITION DES TÉMOINS SUR L'ATTENTAT.

M. le président : Nous allons passer aux dépositions qui se rapportent directement à l'attentat. Nous ne nous étions occupés encore que du complot.

Sur l'attitude de la population.

Jacques Weber, cabaretier à la *Comète*, à Strasbourg, est le premier témoin de cette série; il dépose ainsi :

Le 30, à huit heures du matin, j'entendis du bruit. Plusieurs femmes dans la rue me dirent que le prince Napoléon était à Strasbourg; je vis un homme vêtu d'un pantalon rouge. Des enfants criaient : *Vive l'empereur!* Ce même homme, vêtu en aide-de-camp, se dirigea vers la Halle-aux-Blés.

M. le président : Prévenu de Querelles, ces enfants qui criaient ne sont-ils pas ces *trois cents gueulards* que vous demandiez dans certaine lettre?

M. de Querelles : Non, monsieur, nous n'en avons pas eu besoin; tout le monde était assez bien disposé.

M. le président : Mais la population est restée assez froide devant cette démonstration : la population de Strasbourg aime le travail.

M. de Querelles : Mais, si elle aime le travail, il m'a semblé qu'elle aimait aussi prodigieusement l'aigle impériale.

Sur les événements de la caserne d'Austerlitz et de la Finkmatt.

M. le président : Huissier, faites venir le témoin Jacquet, qui doit déposer sur ce qui s'est passé à la caserne d'Austerlitz. (Mouvement d'attention.)

Jacquet (Victor), adjudant au 4e d'artillerie : Le 30 octobre dernier, j'étais de semaine à la caserne; à cinq heures un quart du matin, M. Vaudrey, mon colonel, entra au quartier, et me fit appeler par le maréchal-des-logis de garde. Quelques minutes après, je descendis, et je le trouvai à la salle des rapports, où il m'attendait; il me dit aussitôt de faire sonner aux maréchaux-des-logis-chefs, ainsi que l'assemblée du régiment. Je ne fis d'abord exécuter que la première sonnerie, parce qu'il ne m'avait pas dit en quelle tenue je devais faire descendre la troupe. Après le lui avoir demandé, je fis sonner l'assemblée et descendre le régiment à pied, en armes et en petite tenue; il me dit ensuite de faire monter à cheval dix hommes et un maréchal-des-logis dans chaque batterie à cheval, ainsi que l'adjudant Galle.

Le régiment étant presque entièrement réuni, je lui demandai s'il fallait faire prévenir MM. les officiers de se rendre à leurs batteries. « Non, dit-il; mais formez les escadrons. » Comme j'avais fait prévenir secrètement l'adjudant-major de semaine de ce qui se passait à la caserne, celui-ci vint et forma lui-même les escadrons, après que je lui eus rendu compte de ce que m'avait dit le colonel.

M. Vaudrey me donna de nouveau l'ordre de faire sonner aux maréchaux-des-logis, et, en ma présence, il remit à chacun d'eux deux pièces de 20 francs en or pour être distribuées de suite aux canonniers de leurs batteries. Il donna 20 francs seulement aux maréchaux-des-logis-chefs de la batterie de dépôt. « Combien, me dit-il, y a-t-il d'escadrons formés ? Les hommes armés de mousquetons sont-ils ensemble, ainsi que ceux armés de sabres ? » Je m'en informai, et lui rendis compte que trente-cinq hommes étaient à cheval à la porte de la caserne, et que quatre escadrons, deux pelotons, plus cinq files, étaient rangés en bataille dans la cour du quartier. Le colonel me dit d'aller chercher l'adjudant chargé des munitions, de faire délivrer dix cartouches par homme armé de mousqueton, d'écrire à la 9ᵉ batterie, casernée au quartier Saverne, de prendre les armes et de rester ainsi dans la caserne jusqu'à nouvel ordre. « Comme je ne sais pas, ajouta-t-il, à quelle heure le régiment rentrera dans la caserne, vous ferez boire les chevaux et leur ferez donner l'avoine. » Faut-il prévenir les officiers ? « Non. » Le colonel avait son manteau, et il était en tenue de dimanche. Il déposa son manteau à la salle des rapports, sortit dans la cour, s'avança jusqu'à la grille du quartier, et je vis aussitôt entrer un état-major composé de sept ou huit personnes, à la tête desquelles était *Napoléon II*.

Cet état-major placé au milieu de la cour, le colonel lut sa proclamation, que voici à peu près : « Soldats du 4ᵉ régiment
« d'artillerie, une révolution vient d'éclater en France. Louis-
« Philippe n'est plus sur le trône ; Napoléon II, empereur des
« Français, vient prendre les rênes du gouvernement : criez
« *vive l'empereur !* »

Le cri fut *unanime* à peu près. La musique, placée par son ordre en tête du régiment, joua un ban qu'il fit cesser presque aussitôt. Le prince commença un discours dans lequel il engageait le 4ᵉ régiment d'artillerie à se mettre de son parti, en rappelant les services de son oncle dans ce même régiment, et en promettant de l'avancement à tout le monde. Il prit une aigle des mains d'un officier d'état-major, et la présenta à tout le régiment; il la remit ensuite au colonel, en disant : « Je la « confie au brave colonel Vaudrey, qui, comme moi, saura « la défendre. »

Le prince commanda ensuite par quatre files à droite, et le régiment défila, musique en tête, en prenant la rue des Orphelins. M. Vaudrey et Napoléon II avec son état-major étaient à la tête du régiment.

Je restai à la caserne, et ne revis plus le régiment qu'à sa rentrée, qui eut lieu environ deux heures après.

Pendant que le régiment sortait de la caserne, un officier vint me dire de faire prévenir MM. les officiers, par l'ordre du colonel, de se rendre à leurs batteries. Je fis sonner aux maréchaux-de-logis de semaine et exécuter l'ordre que je venais de recevoir.

Trois quarts d'heure après la sortie du régiment, un capitaine d'état-major, à la tête d'une trentaine de canonniers du régiment, m'amena un monsieur ayant un ruban à sa redingote (le préfet). Il me donna ordre de le mettre au cachot et de le serrer de près. Ce monsieur paraissait triste et tremblait de tous ses membres. Il était tenu par deux canonniers. Je répondis que je n'étais pas aux ordres de tous les officiers de l'armée, et qu'en ma qualité d'adjudant de semaine, je n'avais d'ordre à recevoir que de mon adjudant-major de semaine. Il me dit que ce monsieur était le préfet de la ville, et que, par l'ordre de M. Vaudrey, mon colonel, je devais de suite le mettre au cachot. Là, encore, il me répéta que j'étais responsable sur ma tête de sa personne. Je conduisis le prisonnier à la salle de police, où étaient renfermés quatre sous-officiers. M. le préfet, car c'était lui, me fit observer que l'odeur de ce lieu humide était malsaine. Je pris sur moi de l'en faire sortir, et, malgré le capitaine d'état-major qui ne nous quittait pas avec son détachement, je le conduisis dans une chambre de sous-officiers au premier étage. Je plaçai près de lui un maréchal-des-logis et un canonnier en faction, en dehors de la chambre, dans le corridor. Ce capitaine sortit de la caserne avec son détachement et je ne le revis plus... J'oubliais de dire qu'avant d'exécuter ses ordres, je lui demandai son nom ; il me le dit aussitôt. Je l'avais oublié, et je me suis rappelé plus tard que c'était Persigny.

Environ une demi-heure après, plusieurs officiers du régiment vinrent à la caserne, me dirent que notre colonel nous avait tous trompés, et me demandèrent le préfet. Je les conduisis moi-même à la chambre où il était enfermé. J'ouvris la porte, et je le leur remis. Ils sortirent de suite de la caserne avec lui, et je ne les revis plus. Voilà ce que je sais.

M. le président : Colonel Vaudrey, qu'avez-vous à dire sur ce témoignage ?

Le colonel Vaudrey : Cette déposition est exacte; cependant je dois rectifier un point : quand on a été prêt à marcher, j'ai dit : Vous préviendrez les officiers *quand j'en donnerai l'ordre.* Je n'ai pas dit : Une révolution vient d'éclater, mais, va éclater. Quant à ce qui concerne le préfet, je n'y étais pas. Je n'ai pas prononcé le nom du roi.

Jacquet : Je ne persisterai pas à dire que mon colonel a dit : Vient d'éclater, mais je le crois encore.

D. S'il vous avait dit qu'une révolution allait éclater, qu'auriez-vous fait? — R. J'aurais fait des réflexions.

D. Et qu'une révolution venait d'éclater, vous auriez suivi votre colonel? — R. Oui, et c'est ce que j'ai fait.

L'interprète traduit la déposition du témoin et les observations qui en ont été la suite.

M. Laity se lève : Ce que le témoin Jacquet a dit, sur ce que le colonel aurait parlé de Louis-Philippe, est faux. Il n'a pas été question de Louis-Philippe. Il est également faux que Louis-Napoléon ait promis de l'avancement. Le prince savait bien que, pour décider les soldats, il suffisait de leur parler d'honneur, et que tout autre langage les eût blessés.

M. le président : Votre langage, à vous, est un peu dur à l'égard d'un camarade qui semble déposer de bonne foi.

M. Laity : Je dirai alors qu'il se trompe.

D. Donne-t-on quelquefois de l'argent aux soldats?—R. Jamais, monsieur.

D. Vous avez dû trouver cela bien extraordinaire?—R. Oui, monsieur, mais on disait que mon colonel venait d'être nommé maréchal-de-camp, et je croyais que c'était une bienvenue qu'il payait; ou bien encore pour les soins qu'il fallait donner aux chevaux qui ne devaient pas rentrer, suivant les termes de l'ordre du colonel.

M. Vaudrey : J'ai déjà expliqué mes intentions : les hommes ne devaient pas rentrer de la journée, il fallait pourvoir à leurs besoins pour la journée.

M. Galle, adjudant au 4ᵉ d'artillerie : Le 30 octobre, à cinq heures du matin, je descendis lorsqu'on sonna l'assemblée. Le colonel fit monter à cheval : lorsque le régiment fut réuni, il lui annonça qu'une révolution s'accomplissait en ce moment. Le prince arriva alors, il adressa un discours aux escadrons; il dit que son oncle, l'empereur, avait servi dans le régiment comme capitaine; il présenta une aigle, et tout le monde cria *vive l'empereur!* Je montai à cheval, avec trente-six hommes; je tins la gauche, d'après l'ordre du colonel, transmis par l'adjudant-major : nous partîmes par quatre; nous arrivâmes au quartier de la Finckmatt. Tous les hommes, en nous voyant arriver, crièrent *vive l'empereur!* Bientôt arriva un petit officier, un lieutenant, qui voulut tout bouleverser. Une lutte s'établit et dura environ vingt minutes. Un major du régiment survint et dit qu'on avait voulu subtiliser le régiment. Enfin tout fut fini; les artilleurs remirent le sabre dans le fourreau, et notre colonel dit : « Pas de résistance, artilleurs; respect aux lois! » On regagna le quartier alors, en traversant silencieusement la ville.

M. le président : Colonel Vaudrey, comment avez-vous pu vous laisser entraîner à compromettre tout votre régiment? Vous dévouer, on conçoit encore cela : mais paralyser toute la carrière de ces malheureux officiers, jeter une sorte de tristesse et de honte sur tout un régiment! — R. Je ne l'ai pas compromis.

D. Mais vous avez été hostile à la patrie? — R. J'ai été hostile au souverain, mais non pas à la patrie.

M. le procureur-général Rossée fait signe à M. le président que ces interpellations sont inutiles.

Après une suspension d'audience, le témoin Galle est rappelé.

M. le président : Vous avez été à la Finckmatt; un de vos hommes n'a-t-il pas été blessé à la joue? — R. En rentrant au quartier, j'ai su qu'un de nos hommes avait reçu une blessure à la joue, un coup de baïonnette; mais je ne l'ai pas vu. (Le témoin continue d'une voix où se trahit une émotion dont il n'est pas maître.) Vous parlez de tristesse sur le régiment, je viens d'apprendre que quinze sous-officiers du régiment viennent de recevoir leur démission ! (Marques d'étonnement.) Ces hommes-là n'ont rien, et nous-mêmes, en retournant à Douai, peut-être allons-nous, mes camarades et moi, trouver notre remplacement signé par l'inspecteur-général Neigre. (Profonde sensation.)

M. le président : Vous voyez, colonel, ce dont vous êtes cause.

Le colonel Vaudrey : C'est un regret que j'ai, monsieur.

Le témoin Deherpt (Amand-Fidèle-Constant), adjudant sous-officier au 4e d'artillerie, fait une déposition semblable aux précédentes; il ajoute : Nous venions de stationner devant l'hôtel du lieutenant-général, lorsqu'un lieutenant d'artillerie me donna l'ordre de me diriger sur la Finkmatt; quand nous y arrivâmes, quelques soldats du 46e de ligne parurent aux fenêtres et accueillirent avec exaltation, aux cris de *vive l'em-*

pereur! la proclamation qu'on leur fit entendre. L'enthousiasme dont ils semblaient animés dura jusqu'à l'arrivée du sous-lieutenant Pleigner. Cet officier s'adressa à moi et me demanda quelques renseignements ; je les lui donnai. Aussitôt, il me parla de résistance et me demanda mon appui ; je lui jurai qu'il pouvait compter sur moi.

L'arrestation du prince et du colonel qui alors étaient placés au centre des artilleurs du 4e n'était pas facile. M. Pleigner le tenta néanmoins, mais inutilement. L'arrivée successive des officiers supérieurs du 46e hâta ce moment.

De leur côté, les sous-officiers du régiment n'avaient pas tardé à reconnaître leur erreur. Ils s'empressèrent de rallier avec moi le régiment que je conduisis au quartier d'Austerlitz en bon ordre. Dans cette circonstance, quelle que soit la qualification qu'on donne à la conduite des sous-officiers du 4e d'artillerie, je crois qu'on doit les louer d'avoir empêché l'effusion du sang.

Après quelques observations sur cette déposition, Jaillet, adjudant du même régiment, fait une déposition analogue à celles des adjudants Jacquet, Deherpt et Galle.

On lit la déposition de l'adjudant Walker. Le seul fait important de cette déposition est un dépôt de cartouches que le colonel aurait fait faire à la caserne peu de temps avant l'attentat.

Le colonel Vaudrey : Une rectification sera faite par un témoin.

Le capitaine Desmarest, du même régiment, raconte qu'il arriva le matin à la salle des rapports. Il vit, dans un coin, un baril de poudre, et tout le mouvement qui s'opérait autour de lui lui fit croire qu'on avait réussi à assassiner le roi. Il s'approcha du colonel, lui demanda des nouvelles de sa santé et le quitta. Vint bientôt le prince, suivi du colonel avec un état-major ; je pensai que c'était le duc d'Orléans qui se réfugiait à Strasbourg à la suite d'un mouvement qui l'avait fait sortir de Paris, et qu'il venait se confier aux troupes de la garnison. Cependant, me dis-je, le prince est un bel homme, et celui-ci est d'une taille plus que médiocre. Je me tournai vers ma batterie : Qu'est-ce que cela signifie? dis-je. — C'est le fils de l'empereur qu'on proclame, me répondit-on. — Mais il est mort. — Son fils, son petit-fils, un empereur, enfin, me dit un artilleur. (Hilarité dans l'auditoire.) On répéta : *Vive l'empereur! Vive Napoléon!* C'est à ce dernier nom que je fus détrompé sur la nature du mouvement. Je criai : *Vive le roi!* et ce cri fut couvert par le cri de *vive l'empereur!* Alors, je vis qu'il fallait une démonstration plus positive. Je dis à ceux qui m'entouraient : « Canonniers, on veut vous tromper ! » Mais on m'entendait difficilement. Je retournai à mon petit commandement. Le colonel était alors à la grille; le régiment défilait. Je ne vis dans la cour que le lieutenant Remy. « Vous ne savez pas, me dit-il, on a reconnu l'empereur; Louis-Philippe n'est plus roi, il faut prendre un parti. — Le mien est pris : quoi qu'il arrive, je resterai à mon poste. » Près de la rue Brûlée, en sortant de la rue du Dôme, je vis qu'on plaçait un poste devant la maison du général Voirol; j'allai réveiller plusieurs de mes camarades, puis le lieutenant-colonel. J'aperçus bientôt un poste; le colonel parla vainement au chef de ce poste, qui ne voulut pas retourner à la caserne. Sur la place Saint-Nicolas, on parvint bientôt à former les pelotons du 46e, et nous retournâmes à la caserne.

M. le colonel Vaudrey : J'étais placé fort près de la batterie de M. le capitaine Desmarest. Il dit avoir crié *vive le roi!* Je ne le nie pas, mais je déclare ne l'avoir pas entendu.

M. le président : Ceci est du reste de peu d'importance au procès.

D. Capitaine, pourquoi n'avez-vous pas insisté pour que le mouvement n'eût pas lieu? (Murmures.) — R. Tout ce que j'ai fait, je l'ai fait par inspiration. Si j'avais résisté trop ouvertement, le colonel m'aurait fait arrêter.

M. le président : Je ne vous accuse pas, mais l'intérêt de la patrie vous obligeait à insister... (Nouveaux et bruyants murmures.)

Le témoin : J'ai fait ce que j'ai pu, monsieur ; je n'en pouvais pas faire davantage.

M. Bocave, lieutenant en premier au 4ᵉ régiment d'artillerie, dépose sur ce qui s'est passé à la caserne d'artillerie, et sur l'ordre donné d'arrêter le préfet. C'est alors qu'il jugea à propos de se retirer.

M. le président : Pourquoi, en refusant de vous mettre à la tête du détachement qui allait chez le préfet, n'avez-vous pas tenté de détacher les hommes de leur erreur? la voix d'un homme d'honneur les eût rappelés au devoir peut-être? — R. Monsieur le président, je ne le crois pas; ils étaient dans l'enthousiasme; d'ailleurs, lorsqu'un événement est accompli, il est facile de juger ce qu'on aurait dû faire; mais dans la précipitation et la surprise d'un mouvement imprévu, à peine a-t-on le temps de la réflexion. (Approbation dans l'auditoire).

M. le procureur-général : Le lieutenant, qui était placé près du prince, a-t-il entendu qu'en finissant son allocution, il ait dit : Demain les sous-officiers seront officiers, et les officiers avancés en grade? — R. Cela n'est pas, monsieur ; il n'a été rien dit de pareil.

Le lieutenant *Rouge* dépose d'abord des mêmes faits que les précédents témoins. Le 30 au matin, j'allai *aux écuries du Roi*, où je fis donner la botte. J'entendis du bruit en revenant et me disposai à me rendre à la caserne. J'abordai le colonel, qui ne me parla de rien, mais un instant après, le colonel vint lui-même me retrouver dans la salle des rapports, et là, il me dit : « Une révolution va éclater en France. On va proclamer l'empereur Napoléon II. Nous avons le général *ou* le lieutenant-général (je ne sais plus bien lequel, mais je compris que c'était le général Voirol). Une partie de la population est dans le mouvement. » Je lui répondis que je ne pouvais être de ce mouvement, et lui dis de réfléchir avant de prendre un parti. Je n'ai pas été témoin de ce qui suivit après le départ du régiment.

D. Vous avez dit que le colonel vous avait annoncé la coopération du général Voirol? — R. J'ai cru qu'il s'agissait du général Voirol, mais je ne sais pas s'il m'a été nommé par le colonel.

M. Apporta, capitaine au 4ᵉ d'artillerie : Appelé à remplir les fonctions d'adjudant-major, je fus averti, le 30 au matin, de me rendre à la caserne. L'adjudant Jacquet était dans la cour. Sur ma question, il me dit qu'il croyait qu'il y avait une émeute. J'allai à la salle des rapports; le colonel me dit de former les pelotons. Je cherchai les adjudants, mais je ne trouvai personne. Cependant je parvins à former les pelotons. Le colonel me dit : « Tout le régiment n'est pas là. » Je lui répondis qu'il n'y avait pas plus d'hommes habillés. Je fus obligé de reformer les pelotons. Bientôt j'entendis un cri de *vive l'empereur !* mais j'étais tellement troublé, j'avais eu tant de peine à former mes pelotons (on rit), que je ne sus ce que cela voulait dire.

On sortit; le régiment passa le pont Saint-Guillaume, puis entra rue de l'Arc-en-Ciel, et là, je m'aperçus que c'était une révolution.... quelque chose, enfin.... Je fis mon demi-tour (on rit). Arrivé sur la place Saint-Étienne, j'entrai chez un capitaine, décidant qu'il fallait sauver notre étendard et délivrer le préfet qu'on venait d'arrêter chez lui. Je me dirigeai vers la préfecture, mais on croisa la baïonnette sur moi. — Comment! ne suis-je pas votre adjudant? — Oui, mais j'ai ma consigne, et vous ne pouvez passer. Je retournai à la caserne, où je vis l'adjudant Jacquet, qui me dit : « M. le préfet est en prison. — En prison? — Oui, mais je l'ai fait mettre dans la chambre de la 3ᵉ batterie. »

Je me rendis à cette chambre ; mais, arrivé à la porte, on croisa encore sur moi la baïonnette. Il fallait agir de ruse ; je me dis envoyé du colonel pour parler au prisonnier. Je m'approchai du préfet, et lui dis que je venais de gagner le plus grand nombre d'hommes possible, et qu'on allait le délivrer. Bientôt arrivèrent les officiers, nous sortîmes, et je me dirigeai avec lui à son hôtel.

Je revins au quartier. Bientôt le régiment rentra parfaitement en ordre, conduit par les adjudants Deherpe et Jaillet. Depuis, tout fut parfaitement tranquille.

D. Qui avait donné l'ordre de marcher? — R. Le colonel.

D. Ne pouvait-on arrêter le régiment? — R. Non, car dans le moment l'enthousiasme était si grand, que si l'on avait pris alors un certain nombre d'hommes dans la colonne, on en aurait fait ce qu'on aurait voulu.

M. le président : Vous voyez, colonel; vous avez cherché à entraîner ce brave militaire; vous lui avez été peut-être funeste.

Le témoin avec vivacité : Oh! non, le colonel ne m'a entraîné à rien. Seulement, si je n'avais pas, pour mon malheur, été de semaine ce jour-là, il est probable que je serais resté chez moi.

M. Tortel, lieutenant-colonel au 4ᵉ d'artillerie : J'étais à travailler chez moi, quand des officiers du régiment, au nombre desquels était le capitaine Desmaroux, vinrent me prévenir que le régiment était en révolte et que les officiers supérieurs allaient être arrêtés; je sortis avec eux pour aller prendre le commandement du parc, au cas où tous les officiers supérieurs seraient arrêtés.

Arrivés devant les bains Saint-Guillaume, on me fit remarquer un poste du régiment à la porte du colonel du 3ᵉ, M. Leboul. Je ne pus délivrer le colonel; mais une compagnie du 3ᵉ arriva, et j'entrai chez le colonel lui annoncer sa liberté et lui demander de se mettre à notre tête. Nous l'accompagnâmes à son régiment, sur la place Saint-Nicolas. De là nous marchions sur le quartier-général, pour délivrer le lieutenant-général qui était arrêté : nous l'avons rencontré en route; sur ses ordres, je montai chez le colonel Vaudrey, où je pris l'étendard qui s'y trouvait, pour le présenter au régiment et le rallier ; bientôt j'appris que le colonel était arrêté.

D. Savez-vous quels motifs ont pu entraîner le colonel Vaudrey dans sa félonie ? — R. Je ne sais, le colonel devait être content du régiment. Il y était aimé. (Sensation.) Il avait été promu au grade de colonel malgré le comité d'artillerie. On voulait l'envoyer à Bastia, tandis qu'à l'approche probable d'une guerre, en 1830, il désirait vivement entrer au régiment.

D. Le colonel n'avait-il pas sollicité la place d'aide-de-camp du prince royal ? — R. Oui, lorsque je servais avec lui dans le 2ᵉ régiment, il me l'a dit.

Le colonel Vaudrey : Vous avez demandé au témoin si je n'avais pas sollicité le rang d'aide-de-camp du duc d'Orléans. Voici ce que j'ai à répondre :

Je me trouvais à Paris en 1830. Des personnes qui me portaient intérêt, M. le duc de Bassano entre autres, m'engagèrent à demander de devenir aide-de-camp du prince. Il se chargea de tout, mais cela n'eut pas de suite. C'était en 1830 : il s'est passé beaucoup de choses depuis ce temps-là.

M. Gérard, procureur du roi : Depuis ce temps-là, n'avez-vous pas fait des demandes au duc d'Orléans, celle de votre retour de Corse, entre autres? — R. Non, monsieur, non ! Si des demandes ont été faites pour moi, celle de mon retour de Corse, par exemple, elles ont été faites par ma famille et par des amis.

Mᵉ F. Barrot : M. le colonel Vaudrey avait donné des gages à la révolution de juillet. Il ne devait pas s'attendre à un véritable exil. Il demanda à revenir ; il ne l'obtint pas, desservi qu'il était par le comité d'artillerie. Il a demandé une bourse pour son fils aîné ; il ne l'a point obtenue, car ses enfants sont en pension à ses frais à Paris.

L'audience est levée. Il est quatre heures.

(*Audience du* 11 *janvier.*)

Même affluence qu'hier, même désir à l'extérieur des portes de jouir du rare privilége de pénétrer dans la salle des assises.

A neuf heures les accusés sont introduits. Leur physionomie est toujours la même; leur gaîté sans affectation ne les abandonne pas. M. le commandant Parquin donne la main à son frère.

Sur l'arrestation du colonel Leboul.

Marcot, maréchal-des-logis au 4ᵉ d'artillerie, dépose d'abord des faits qui se sont passés dans la cour de la caserne d'Austerlitz :

On a crié *vive l'empereur! vive Napoléon!* J'ai demandé quel empereur, quel Napoléon; les uns m'ont répondu que c'était le fils, d'autres le neveu de l'empereur, d'autres que c'était l'empereur lui-même. (On rit.) On a alors défilé par la Krutnau, par le pont Saint-Guillaume, puis devant le logement du colonel Leboul (3ᵉ d'artillerie), dont l'on m'ordonna de garder la porte à la tête de dix canonniers. Un officier qui était près de mon colonel m'aborda et me dit : « Promettez-vous de garder fidèlement ce poste? — Oui, puisque c'est mon colonel qui me l'ordonne. — Ne laissez entrer ni sortir personne. »

J'étais étonné; mais je me dis que, puisque c'était mon colonel qui ordonnait, je devais obéir.

Bientôt l'officier qui était près du colonel revint, et me dit encore : « Me répondez-vous du poste? — Oui, je vous en réponds; je vous ai donné ma parole d'honneur, et je crois la tenir.... »

Et en effet je l'ai tenue; car j'ai refusé l'entrée à mon lieutenant-colonel, à un capitaine.... Ce n'est que quand je ne vis plus personne que je m'éloignai.

Je suis allé dans le quartier Finkmatt; j'ai rencontré un petit bourgeois que je ne reconnaîtrais plus, et qui me dit :

« N'entrez pas, votre colonel est en prison. » Bientôt j'ai rencontré un fourrier de mon régiment; nous avons bu la goutte ensemble, et voilà tout ce que je sais. (On rit.)

M. le président : Quel est l'officier qui vous donna l'ordre d'arrêter M. le colonel Leboul, de le garder, du moins? — R. C'est un officier du 3e, qu'on m'a dit ensuite être M. Schaller.

D. Mais vous ne deviez pas obéissance à cet officier? — R. Il était près de mon colonel; j'ai cru que c'était lui qui l'envoyait.

M. le président : Est-ce que M. Schaller marchait près de vous, colonel Vaudrey?

Le colonel : Il ne m'en souvient pas.

D. Aviez-vous donné des ordres pour cette arrestation? — R. Nullement; je crois que c'était le prince, mais je ne prenais sur moi aucune disposition.

M. de Gricourt : C'est le prince qui se retourna vers M. de Schaller, et qui lui dit : « Prenez une douzaine d'artilleurs, et gardez le lieutenant-colonel Leboul. »

D. Colonel Vaudrey, acceptez-vous les dires de M. de Gricourt? — R. Oui, monsieur.

M. de Gricourt : M. Vaudrey était à côté du prince, mais c'est le prince qui commandait la colonne.

Marcot : J'ai encore un mot à dire. J'ai été puni pour cette affaire; on a fait de terribles rapports contre moi. Ils ont été trop sévères : j'ai été en prison, et je viens d'avoir mon congé. Dans le moment, j'ai dû agir comme je l'ai fait. Les officiers se sont montrés trop sévères envers les sous-officiers. Ils ont montré du courage à faire le rapport et à casser les sous-officiers, quand tout a été fini. (Sensation.) Mon colonel m'avait donné un ordre : ne devais-je pas l'exécuter? On doit toujours obéissance à son colonel. (Murmures d'approbation au fond de l'auditoire.)

M. Leboul, colonel du 3e régiment d'artillerie, dépose : Je ne sais rien sur l'affaire.

D. Mais parlez des circonstances de votre arrestation? —

R. Je ne sais rien. On a placé douze hommes à ma porte, et voilà tout.

D. N'avez-vous pas entendu passer un régiment, musique en tête?—R. Je l'ai entendu sans savoir ce que c'était. J'ai mis la tête à la croisée, lorsque déjà la moitié de la colonne avait passé le pont Saint-Guillaume. Avant de regarder, je croyais que c'étaient les pontonniers qui allaient à l'inspection.

D. N'avez-vous pas entendu crier : *Vive l'empereur!*—R. Non, ni vive l'empereur! ni vive le roi!

D. Avez-vous appris que des officiers étaient venus chez vous pour vous délivrer? — R. Non. J'ai été arrêté environ trois quarts d'heure.

M. le président : Pouvez-vous nous donner des détails sur le lieutenant Schaller? — R. C'était un jeune homme rempli de moyens, je n'avais aucune plainte à faire contre lui.

D. Ses opinions politiques? — R. Je ne connaissais pas ses opinions. Je n'avais pas à m'en informer. (Approbation.)

Gandouin, canonnier du 3e d'artillerie : A six heures du matin j'entendis crier : Vive le roi! ou : Vive l'empereur! je ne ne sais pas trop. (On rit.) Je vis bientôt le 4e défiler sur le pont Saint-Guillaume. Bientôt le prince passa devant moi, et me prit la main en me disant : « Nous comptons sur vous, brave canonnier! » On criait toujours : Vive le roi! ou : Vive l'empereur! et je me mis à crier aussi : Vive le roi! Alors le colonel Vaudrey s'approcha de moi et me dit : « Crie vive l'empereur......! » Alors, j'ai crié : Vive l'empereur! On me mit bientôt en faction à la porte du colonel Leboul, et le colonel Vaudrey me donna la consigne de ne laisser entrer ni sortir personne.

D. Combien de temps dura l'arrestation de M. Leboul? — R. Environ une heure.

Le colonel Vaudrey : Le témoin n'a pas été abordé par le prince; c'est lui qui s'est précipité vers lui et qui l'a embrassé : je craignais même qu'il n'eût quelque mauvaise intention.

M. le président : Ceci est assez invraisemblable.

M. de Querelles : Il y avait l'aigle qui brillait aux yeux de tous, et que j'avais alors l'honneur de porter ; il y avait l'état-major du prince, le prince lui-même, et tout le régiment qui criait : *Vive l'empereur !* Le témoin s'est trouvé entouré, et il n'est pas étonnant qu'il se soit pris d'un subit enthousiasme.

Sur la détention du préfet.

M. le président : Appelez M. Choppin d'Arnouville. (Mouvement de curiosité.)

Le témoin dépose en ces termes : Je suis revenu de ma tournée de recrutement le 29 octobre au soir : ce fait est bon à remarquer. Le 30, à six heures et demie du matin, étant encore couché, j'entendis un grand bruit dans un corridor situé derrière l'alcove de mon lit ; et, au même instant, je vis entrer dans ma chambre une troupe de vingt-cinq hommes du 4e d'artillerie qui brandissaient les sabres nus. L'officier d'état-major ou le prétendu officier d'état-major qui les commandait s'approcha de moi, le sabre nu à la main, et me dit ces propres paroles : « Je vous arrête au nom de l'empereur Louis-Napoléon. » Je lui répondis que je ne reconnaissais ni ses ordres, ni son souverain, et que je ne me soumettrais pas. Il ne m'a pas dit son nom, mais il m'a dit qu'il était aide-de-camp de l'empereur. Je protestai avec force contre cette violence. Il me répondit, avec menaces, qu'il me donnait trois minutes pour m'habiller.

Quand je fus habillé, ce que je fis le plus lentement possible, je me retirai dans une embrasure de croisée. L'officier d'état-major me dit de marcher. Je protestai de nouveau ; je déclarai que j'étais décidé à opposer la plus vive résistance. Ils s'emparèrent de moi alors, et m'entraînèrent, quoique je m'attachasse aux meubles pour résister à leurs efforts. Ils me firent ainsi traverser la rue Brûlée, la rue des Charpentiers, la rue des Sœurs, la rue de la Madeleine et celle des Orphelins. Je ferai observer qu'ils m'ont constamment traîné. Pendant le trajet, j'ai fait des observations inutiles aux soldats. Deux me tenaient par les bras; quatre me poussaient par derrière et me bourraient les reins. « Nous ne savons pas pourquoi nous vous conduisons, disaient-ils sur mes réclamations; nous avons reçu des ordres, et nous obéissons. — Des ordres, de qui? dis-je. — De notre colonel. »

Ils me traînèrent ainsi jusqu'à la caserne d'Austerlitz. Là, ils me firent d'abord entrer dans la salle de discipline. C'était un lieu infect : je réclamai vivement; alors ils me conduisirent au premier étage, dans une chambre de sous-officier. Un sous-officier resta près de moi. Je protestais toujours; je lui demandai par les ordres de qui j'étais traité d'une manière si inouïe. — C'est par les ordres du colonel Vaudrey et du général Voirol, répondit-il. — Du général Voirol? répliquai-je; vous ajoutez le mensonge au crime! Alors un adjudant-major se trouvait dans la cour; je demandai qu'on l'appelât. Il vint, et je lui dis: Pourquoi ne me rend-on pas à la liberté? Il me dit que j'allais être délivré. Plusieurs officiers arrivèrent bientôt, et me répétèrent la même chose. Pourquoi ne me délivrez-vous pas tout de suite? dis-je; emmenez-moi à mon hôtel. Un d'eux se décida le premier, le capitaine Maynard; il me prit le bras, et nous sortîmes du quartier d'Austerlitz. Je me rendis au quartier-général pour voir s'il y avait quelques mesures à prendre. Là, j'appris que tout était terminé, et je rentrai à la préfecture.

M. le président : Reconnaissez-vous quelqu'un des accusés pour un de ceux qui vous ont arrêté? — R. Non, monsieur.

D. Et il était six heures et demie quand on vous a arrêté? — R. Oui, monsieur.

D. Quand vous êtes retourné chez vous, quelle heure était-il? — R. Huit heures et demie.

D. Ainsi votre arrestation aurait duré deux heures? — R. Non, monsieur, car je mis beaucoup de temps à m'habiller, protestant toujours. (On rit).

Le colonel Vaudrey : Je ne pense pas que les militaires qui se sont présentés à l'hôtel de M. le préfet aient pu dire que c'était par mes ordres qu'ils agissaient. J'ai été complètement étranger à cette arrestation.

D. Vous êtes-vous aperçu qu'à la hauteur de la préfecture un détachement avait quitté la colonne pour se porter sur la préfecture? — Non.

Le commandant Parquin : J'ai reçu l'ordre du prince de mettre quinze ou vingt canonniers à la disposition de M. Persigny pour arrêter le préfet : j'étais au milieu de la colonne ; j'ai dit que vingt canonniers sortissent pour marcher chez le préfet. Si le prince était là, comme cela devrait être, il vous le dirait.

M*e* *Thieriet* : Lors de la déposition de M. le lieutenant-colonel Franqueville, ce témoin a dit qu'il avait engagé le lieutenant-général Voirol à aller trouver M. le préfet, pour lui dire ce qu'il savait des projets du prince Louis, et l'engager à exercer une surveillance plus sévère vis-à-vis des étrangers, de ceux surtout qui venaient de Bade. Voudriez-vous demander à M. le préfet des explications à cet égard?

M. le président : Je n'ai pas cru que ce fait eût une grande importance.

M*e* *F. Barrot* : La défense y attache beaucoup d'importance.

M. le préfet : Je n'ai eu de ce dont on vient de parler qu'une connaissance assez vague. On m'avait rapporté des propos assez incohérents tenus par des jeunes gens à la Ville-de-Paris. J'ordonnai d'exercer une surveillance attentive ; mais les noms qu'on m'avait indiqués étaient inexacts. Le 15 août, je crois, M. le lieutenant-général Voirol vint me dire qu'il serait nécessaire d'exercer une grande surveillance sur les voyageurs. Je lui fis observer que cette surveillance était impossible à peu près dans une ville comme Strasbourg, où les voyageurs affluaient à cette époque, car sur les passeports on ne peut deviner les intentions et les projets de ceux qui les portent.

M. le lieutenant-général Voirol ne m'a rien dit de la lettre qu'il avait reçue du prince, non plus que de la confidence reçue par le capitaine Raindre. Je n'ai su cela que le 2 novembre.

D. A l'époque voisine du complot, vous étiez en tournée ; combien a duré cette tournée? — R. Trois semaines. Je puis déclarer de la manière la plus formelle que, du 15 août au 30 octobre, ni la police civile ni la police militaire n'ont reçu le moindre renseignement sur le complot. Le complot a été ourdi au delà du Rhin ; nulle ramification, à ce qu'il paraît, ne s'y rattachait à Strasbourg : aussi vous devez croire que le 30 octobre l'autorité a été aussi surprise que les habitants eux-mêmes.

M. Raindre revient du banc des témoins : Je demande la parole ; je dois prendre sur moi la responsabilité d'un fait grave. M. le général Voirol.....

M. le président : Nous entendrons le général Voirol.

Me Martin, l'un des défenseurs du colonel Vaudrey : Il me semble que les prétentions de M. le président sont contraires à la loi ; il n'est pas conséquent qu'on renvoie les détails à donner par un témoin déjà entendu, après la déposition d'un témoin non entendu, car il pourrait arriver que ces détails reçussent des modifications, quand, par exemple, la déposition de M. Voirol sera faite.

M. le président : Je n'ai pas besoin de vos leçons ; je suis la loi.

Me Martin : Je demande alors à prendre des conclusions et à les développer.

M. le capitaine Raindre : Je veux parler d'un fait personnel.

M. le président : Puisque c'est pour un fait personnel, que demande donc le défenseur ? Nous cherchons la vérité...

Me Martin : Je cherche la vérité comme vous, et nul n'est ici pour autre chose.

Après un court débat, Me Martin obtient la permission de présenter son observation au capitaine.

M⁰ *Martin* : **M.** le capitaine sait-il si **M.** Voirol a communiqué ce dont il s'agissait au préfet ?

M. Raindre : Il n'a dû rien dire. J'ai dit au général : Je me fais sauter la tête si j'ai quelque chose à démêler avec la police ; je ne veux rien débattre avec des agents inférieurs ; que tout ceci se passe militairement et le plus secrètement possible. Le général voulut bien me donner des garanties ; il me donna sa parole.

M. Choppin : J'ai la certitude que l'ordre avait été donné de ne point exercer de violences. Je dois à l'habit militaire, bien qu'il ait été compromis dans cette triste circonstance, de déclarer que je n'ai dû les mauvais traitements que j'ai éprouvés qu'à la résistance opposée par moi.

M. le préfet se retire, et paraît fort satisfait de pouvoir quitter la chaise où il s'est assis depuis le commencement de sa déposition.

Anti de Cointel, valet de chambre du préfet : Des canonniers se présentèrent à moi, et me demandèrent les clés de l'appartement ; je les donnai. Ils entrèrent, et forcèrent M. le préfet de s'habiller, ce que celui-ci fit très-lentement. Ensuite ils l'emmenèrent malgré sa résistance.

Chrétien-Aloise Votz, portier de la préfecture : On est venu sonner le matin, je me suis levé aussi vite que possible ; on a sonné jusqu'à trois fois. On m'a entraîné, et l'on m'a forcé d'indiquer la chambre du préfet ; je refusais. Le capitaine mit la main à la garde de son épée, et me dit que c'était fait de moi si je ne montrais pas la porte ; j'obéis. Quatre canonniers se placèrent à la porte. J'entendis M. le préfet qui disait : « Vous ferez de moi ce que vous voudrez, mais je ne signerai rien » ; et une voix lui répondit : « Je vous donne deux minutes. »

Arrestation du général Voirol.

M. *Théophile Voirol,* âgé de cinquante-cinq ans, pair de Fra[nce], grand-officier de la Légion-d'Honneur, commandant la 5ª [di]vision militaire (profond silence) : Ce n'est pas sans éprouv[er] une vive émotion que je viens rappeler tous les faits qui se ra[t]tachent au complot du 30 octobre, et dont j'ai été témoi[n]; mais cette émotion ne changera rien à l'exactitude du récit [de] ces faits.

Le 30 octobre, à six heures du matin, mon cocher vint m'[a]vertir que le colonel Vaudrey, à la tête de son régiment, f[ai]sait entendre, en face de mon hôtel, les cris de *vive l'empereu[r]* et *vive Napoléon II !* Cette nouvelle me donna le pressentime[nt] d'une trahison, et fut un coup de foudre pour moi ; je comp[ris] toute l'étendue du malheur dont la ville de Strasbourg et l'A[l]sace pouvaient devenir le théâtre ; je sentis aussi tout ce qu'av[ait] d'affreux mon isolement, car ma garde avait été enlevée, et [je] n'avais près de moi aucun officier pour porter mes ordres. C[e]pendant le fils du concierge de l'hôtel parvint au général L[al]lande, que je fis prévenir de ma position, en le chargeant [de] prendre des mesures pour la sûreté des quartiers. Pendant [ce] court intervalle, l'hôtel de la division était envahi et cern[é]; un groupe d'officiers, à la tête desquels était le colonel Va[u]drey, entra dans ma chambre à coucher. Un jeune homme, r[e]vêtu d'un costume semblable à celui que portait l'empereu[r] s'avança vers moi, et me dit : « Venez, brave général Voiro[l], que je vous embrasse, et reconnaissez en moi Napoléon II ! » J[e] repoussai avec indignation, du geste et de la voix, une prop[o]sition qui, si je l'eusse acceptée, m'eût déshonoré, et eût peu[t-]être jeté le pays dans l'anarchie et la guerre civile. J'adress[ai] au colonel Vaudrey des paroles sévères ; je lui reprochai [sa] conduite et l'abus qu'il faisait de son autorité ; je le rend[is] responsable sur sa tête de la discipline de ses soldats. Il me d[it] que toute la garnison était à eux. Je lui répondis qu'il était dar[s] l'erreur, et que bientôt il aurait la certitude que tous les corps resteraient fidèles à leur serment, et qu'aucun d'eux ne suivrait le coupable exemple qu'il leur avait donné. Ils restèrent comme stigmatisés de mes paroles, et je ne crois pas qu'ils y répondirent un seul mot. Ils quittèrent aussitôt mon appartement. Je m'habillai en toute hâte; M. de Franqueville, mon premier aide-de-camp, entra chez moi en ce moment (c'était le premier officier que je voyais dans cette cruelle matinée); il m'annonça que le chef d'escadron Parquin, revêtu de l'habit d'officier-général, était dans mon antichambre avec une vingtaine d'artilleurs, le sabre à la main, et paraissant fort exaltés, et qu'il y aurait danger pour moi de me présenter à eux. M. de Franqueville courut porter mes ordres à MM. Paillot, Talandier et Sparre : il remplit cette mission avec autant de promptitude que de dévoûment, et j'en appelle à cet égard à ces colonels eux-mêmes.

Juste et bienveillant pour les militaires qui servent sous mes ordres, j'espérais que les canonniers, à ma vue, rentreraient dans leur devoir, et je me présentai à eux avec confiance. Je reconnus en effet qu'ils étaient commandés par M. le chef d'escadron Parquin, revêtu de l'uniforme d'officier-général. Dès qu'il m'aperçut, il me dit : « Retirez-vous, vous ne commandez plus, et vous n'avez plus rien à faire ici. » Je le traitai comme il méritait de l'être; mais j'épargnerai à la Cour les expressions énergiques de mon colloque avec lui. J'ordonnai aux soldats de l'arrêter : ils furent un instant ébranlés par mes paroles chaleureuses; mais, ranimés par le cri de *vive l'empereur!* mon autorité fut méconnue. Je fus repoussé violemment par M. Parquin vers une porte qu'on ferma aussitôt sur moi et dont on ôta la clé. Au même moment, M. le capitaine d'artillerie Labastie, qui cherchait à se faire jour jusqu'à moi, était refoulé vers le grand escalier. Déterminé à me faire jour à tout prix, je revins par les grands appartements, et maître de l'espagnolette de la porte qui conduisait dans l'antichambre, je l'ouvris avec force, et me jetai au milieu des canonniers que je trouvai aux prises avec trois officiers d'artillerie et deux officier d'état-major. Ce secours inattendu me donna l'espéranc de triompher des difficultés de ma position. Je cherchai de nou veau à ramener les canonniers à l'obéissance ; mes parole malheureusement n'eurent d'autre effet que d'empêcher qu'il fissent usage de leurs sabres, qu'ils brandissaient sur no têtes. M. le capitaine d'artillerie Fiereck, M. le chef d'esca dron Neuville, et M. Petitgrand, capitaine d'état-major, fu rent refoulés vers la porte du salon ; c'est dans ce momer qu'aidé des capitaines Chausson et de Vercly, je parvins à m faire jour et à gagner la cour de mon hôtel par le grand esca lier, et non par un escalier dérobé, comme on a voulu le fair croire. Une demi-heure après, j'étais à la tête du 3e d'artilleri du 16e de ligne et du 14e léger, que je trouvai dans une atti tude imposante, et qui m'accueillirent avec enthousiasme « aux cris mille fois répétés de *vive le roi !* C'est pendant la ma che de ces corps vers le quartier de la Finckmatt que j'appr que le 46e avait fait son devoir, et que Louis Bonaparte et s suite avaient été faits prisonniers par ce brave régiment.

Le colonel Vaudrey, interpellé par M. le président : Je n' rien à dire sur cette déposition. Le général m'a en effet adres de vives paroles ; mais je ne pouvais sans déshonneur, sa lâcheté, abandonner le prince. Le général m'a rendu, en effe responsable de ce qui arriverait. Je prierai monsieur le préside de demander au lieutenant-général si, lorsqu'il a repoussé prince, celui-ci n'a pas paru tout étonné, comme s'il se fu attendu à un autre accueil.

Le lieutenant-général : Je prie monsieur le président de m' dresser de nombreuses questions relativement à l'insinuatio du colonel Vaudrey.

M. le président : Quelle a été l'impression du prince ? - R. Il a eu l'air terrifié.

Débats sur les informations que l'autorité possédait avant l'insurrection, relativement aux projets du prince.

Mᵉ F. Barrot : Je demanderai au lieutenant-général si, antérieurement aux événements du 30 octobre, il n'avait pas eu des rapports avec le prince Louis-Napoléon, s'il n'avait pas reçu une lettre émanée de lui ? — R. Je n'ai jamais eu aucune relation avec le prince, je n'ai jamais vu aucun de ses émissaires. J'ai reçu une lettre de lui. Mon cocher, qui me l'apporta, me dit qu'elle lui avait été remise par un jeune homme bien mis. Je dis alors à mon aide-de-camp, M. de Franqueville : Vous connaissez le prince; descendez : c'est peut-être lui. Dites-lui que je lui donne un quart d'heure pour quitter Strasbourg. J'ajoutai quelque chose de plus énergique que je ne dirai pas ici. (Sensation.)

M. le président : Quand le colonel Vaudrey est revenu de Bade, ne lui avez-vous pas demandé s'il avait vu le prince ? — R. Oui, monsieur. Il me dit d'abord que non ; je le pressai : il dit qu'il ne l'avait vu que dans la salle du bal. Je le tirai à part ; je lui demandai s'il ne lui avait pas fait quelque ouverture ; il me jura que non.

M. Vaudrey : J'avais repoussé l'ouverture du prince, et je ne croyais pas même qu'elle eût quelque danger.

D. Général, vous avez reçu une lettre du prince ? — R. Oui, monsieur ; elle est aux pièces. Le prince me disait qu'il n'avait pas l'honneur de me connaître, mais qu'il avait entendu parler de moi ; que j'appartenais à la grande famille ; qu'il serait bien aise de m'embrasser comme un bon et loyal militaire.

Dans cette circonstance, mon aide-de-camp, M. de Franqueville, me dit : Il ne faut plus de ménagements ; je sais qu'il a fait des ouvertures coupables au capitaine Raindre. Je lui dis : Je vais aller chez le préfet. Je m'y rendis en effet. Je dis au préfet que j'avais des raisons de croire que le prince Louis avait des projets coupables, qu'il avait fait des ouvertures à un officier que je ne nommai pas ; son secret n'était pas le mien. M. le préfet me répondit qu'il avait un agent de police près du prince en ce moment même ; dès lors je fus rassuré. Je n'ai donné que deux permissions pour Bade. J'appris que le lieutenant-colonel du régiment du colonel Braun avait eu une entrevue avec le prince ; je dis à ce colonel d'empêcher que pareille chose ne se renouvelât : depuis je n'ai plus entendu parler de rien.

*M*e *Thieriet* : M. le général vient de dire qu'il avait averti M. le préfet ; que ce fonctionnaire lui avait répondu qu'il avait un agent auprès du prince et surveillait ses démarches. M. le préfet, au contraire, a dit qu'il n'avait pas appris que le prince formât des projets ou eût fait des ouvertures à personne.

M. Choppin d'Arnouville : Je crois qu'il y a une erreur, assurément bien involontaire, dans la manière explicite dont s'est exprimé M. Voirol. Le général est venu en effet me voir ; il m'a dit qu'il savait que le prince avait des émissaires à Strasbourg. Je lui répondis que j'avais été averti. J'ai recueilli des indices vagues ; on m'a rapporté des propos qui avaient été tenus par des gens qui avaient quitté la ville, et qui m'avaient paru assez importants pour que j'eusse envoyé quelqu'un à Bade, non pas auprès du prince, je n'avais aucun moyen pour cela, mais pour surveiller les personnes qui l'approchaient. Le 2 octobre seulement, le général m'a instruit des révélations du capitaine Raindre, et m'a dit que, ne pouvant dire son nom, il s'était borné à envoyer ce capitaine au ministre de la guerre.

M. le lieutenant-général : Je me rappelle d'avoir, dans mon entrevue, dit à M. le préfet : J'ai la certitude que le prince Louis a fait des ouvertures à des officiers que je ne puis pas nommer. M. le préfet m'a répondu qu'il avait un agent auprès de lui, et je n'ai pas demandé de plus amples explications.

*M*e *F. Barrot* : Je demanderai si, après son entrevue avec le préfet, M. le lieutenant-général n'a pas été parfaitement rassuré sur les projets et les démarches du prince Louis? — R. Certainement, d'autant plus que depuis je n'ai entendu parler de rien.

M. le préfet : Je n'ai aucune espèce de trace qu'il m'ait été dit que le prince eût des émissaires à Strasbourg ; je n'ai aucune trace qu'il m'ait été dit que des ouvertures eussent été faites à un officier. Quant à l'agent, je l'ai envoyé pour surveiller les personnages qui approcheraient le prince. On sait ce que c'est qu'un agent vulgaire dans un lieu comme Bade ; il ne put surveiller le prince que dans le salon de conversation ; il ne put s'introduire dans sa société. Celui-ci ne m'a écrit que des choses que tout le monde eût pu me dire aussi bien que lui.

M. Voirol : M. le préfet a dit qu'il n'avait aucune trace des faits. Cela n'a jamais été écrit, mais il pourrait se le rappeler.

M. le procureur-général : Il y a dans la procédure deux pièces qui prouvent que l'autorité locale et l'autorité supérieure étaient prévenues, mais que les conspirateurs ont su déjouer les mesures prises. Ces deux pièces sont la lettre du prince au général Voirol, et celle de ce dernier au ministre de la guerre.

Le greffier donne lecture de ces deux pièces :

Lettre du prince Louis au général Voirol.

« Bade, le 14 août 1836.

« Général,

« Comptant partir bientôt pour retourner en Suisse, je se-
« rais désolé de quitter la frontière de France sans avoir vu un
« des anciens chefs militaires que j'honore et que j'estime le
« plus. Je sais bien, général, que les lois et la politique vou-
« draient nous jeter, vous et moi, dans deux camps différents ;
« mais cela est impossible : un vieux militaire sera toujours
« pour moi un ami, de même que mon nom lui rappellera sans
« cesse sa glorieuse jeunesse.

10

« Général, j'ai le cœur déchiré, en ayant depuis un mois la
« France devant les yeux, sans pouvoir y poser le pied. C'est
« demain la fête de l'empereur, je la passerai avec des étran-
« gers. Si vous pouvez me donner un rendez-vous dans quel-
« ques jours, dans les environs de Bade, vous effacerez par
« votre présence les tristes impressions qui m'oppriment. En
« vous embrassant, j'oublierai l'ingratitude des hommes et la
« cruauté du sort.

« Je vous demande pardon, général, de m'exprimer aussi
« amicalement envers quelqu'un que je ne connais pas, mais
« je sais que votre cœur n'a pas vieilli.

« Recevez, général, avec l'expression du bonheur que j'au-
« rai à vous voir, l'assurance de mon estime et de mes senti-
« ments distingués.
                « NAPOLÉON-LOUIS BONAPARTE.

« Je vous prie de remettre votre réponse à la personne qui
« vous portera cette lettre. »

Lettre du général Voirol au ministre de la guerre.

                                « Strasbourg, 18 août 1836.

« Monsieur le maréchal,

« J'ai reçu du prince Napoléon Bonaparte une lettre que je
« me fais un devoir impérieux de porter à votre connaissance
« et à celle du roi. Cette lettre qui, au premier examen, vous
« paraîtra sans importance, en acquiert une véritable par les
« démarches que ce prince a faites près d'autres officiers. L'un
« de ces officiers, M. Raindre, capitaine au 16e léger, porteur
« de ma dépêche, qui a eu à Kehl une longue conférence
« avec le jeune Napoléon, vous fera connaître tout ce qui s'est
« passé dans cette entrevue; il vous dira que ce prince se nour-
« rit de la pensée qu'il a un grand parti en France, et que si
« un choc nouveau y survenait, tous les partisans de l'empe-
« reur se rallieraient autour de lui. Il prétend même qu'un

« mouvement militaire doit s'y opérer incessamment. La certi-
« tude de cette démarche grave m'a suffisamment expliqué le
« but que le prince se proposait en me demandant une entre-
« vue, et il n'a rien moins fallu que cette certitude pour me
« déterminer à vous entretenir de cette affaire; sans elle, je
« me serais borné à la réponse que j'ai faite verbalement à l'é-
« missaire du prince, conçue en ces peu de mots :

« J'honore la mémoire de l'empereur, je respecte et plains
« les malheurs de sa famille; mais il est une chose que je res-
« pecte avant tout, ce sont les lois de mon pays, et l'une d'elles
« interdisant à la famille Napoléon Bonaparte son retour en
« France, je ne puis me rendre aux vœux du prince Louis. »

« M. le capitaine Raindre ayant été absent de Strasbourg
« pendant plusieurs jours, n'a pu me faire connaître son en-
« trevue avec le prince Louis que depuis qu'il est rentré d'une
« mission que ses fonctions de capitaine-rapporteur lui ont
« fait remplir à Neuf-Brisach. Cela vous expliquera, mon-
« sieur le maréchal, la cause qui m'a empêché de vous rendre
« compte plus tôt de cette pénible affaire.

« M. Raindre s'est conduit de la manière la plus noble, et
« son langage, qui a été parfaitement convenable, a pu con-
« vaincre Louis-Napoléon qu'il n'a pas la moindre chance de
« réussite en France, quels que soient les événements qui puis-
« sent y survenir. D'ailleurs, monsieur le maréchal, vous en-
« tendrez cet officier, et vous pourrez apprécier les sentiments
« qui l'ont inspiré et dirigé dans cette circonstance. Ce que je
« puis vous garantir, c'est qu'il est plein d'honneur et qu'il se
« montre digne de son père, directeur d'artillerie à Nantes.
« Si, d'un côté, vous reconnaissez l'obligation que j'ai cru
« remplir, en vous faisant part des démarches du prince Napo-
« léon Bonaparte, vous penserez sans doute aussi, monsieur
« le maréchal, que ma lettre doit rester confidentielle.

« Plus mes rapports avec les corps se multiplient, plus je suis
« à même de me convaincre du bon esprit qui règne dans l'ar-
« mée et de son dévoûment pour la dynastie du roi Louis-

« Philippe, et plus aussi je suis certain que toute tentative
« qui aurait pour but de renverser le gouvernement actuel
« viendrait se briser contre le patriotisme, la discipline et l'hon-
« neur des troupes.

« Je suis, etc.   « Voirol. »

Le commandant Parquin : Dans sa déposition écrite, M. le lieutenant-général n'a jamais dit que l'on eût brandi le sabre sur la tête des femmes ; je m'attendais aussi à ce que vous demandiez par qui l'ordre avait été donné d'arrêter le lieutenant-général Voirol. C'est le prince qui m'a donné cet ordre ; s'il était ici il le dirait lui-même.

M*e* *Martin* prie M. le président d'interpeller le capitaine Raindre sur les démarches que le général lui a fait faire près de M. le ministre de la guerre.

R. Le général m'a envoyé, porteur d'une lettre au ministre de la guerre. Je ne pense pas que la défense puisse me demander compte de ce qui s'est passé dans ma mission. Cela ne regarde que le général et le gouvernement.

M*e* *Martin* : Je demanderai à M. le préfet, si, depuis la communication du 18 août, M. le préfet n'a pas reçu des instructions du gouvernement.

M. le préfet : Je ne suis pas juge des intentions du gouvernement, et je ne crois pas devoir compte des instructions que j'ai pu recevoir.

M. Chausson, capitaine au 3e d'artillerie, décoré depuis : Le 30 octobre, je fus informé du mouvement, je me levai à la hâte. J'allai d'abord au quartier-général. En arrivant au pied de l'escalier du général, je rencontrai un général qui nous défendit de monter. Nous pensâmes que c'était un général postiche, et songeâmes à l'arrêter. Nous allions monter, quand nous entendîmes crier : A moi, canonniers ! Il y eut alors une lutte où un canonnier fut renversé. Au même instant, le général sortit de sa chambre, suivi de sa dame et de sa belle-mère. Il nous dit que c'était une infâme trahison ; que le prince Louis était venu chez lui en voulant se faire proclamer empereur, et nous donna ordre de tuer le commandant Parquin si nous le rencontrions.

Le témoin parcourut ensuite la ville, et donna différents ordres, alors que la révolte était à peu près apaisée.

Le commandant Parquin : La déposition est exacte, mais jusqu'ici, j'avais ignoré que le général Voirol eût dit cela ; il me semble que ce n'était pas à lui à tenir ce langage. Lorsque ses soldats nous obéissaient et lui désobéissaient à lui, dans ce moment sa vie était entre mes mains.

M. Bercly, capitaine au 3e d'artillerie : Le 30, j'entendis la musique du 4e et des cris de *vive l'empereur !* Le capitaine Fiorette et moi, nous allâmes chez plusieurs officiers, et de là tous ensemble au quartier-général. La cour était remplie d'hommes. On m'informa de la difficulté de parvenir chez le général. Sur le palier, je vis M. Parquin, il nous dit que le général n'était pas visible, qu'il était détenu chez lui. Nous descendîmes et remontâmes presque aussitôt pour arrêter M. Parquin, qui cria alors : A moi, soldats du 4e ! *vive l'empereur !* Les canonniers arrivèrent sabre au poing. J'avais servi dans ce régiment, je pensais qu'on m'écouterait : mais point. Le bruit, ou la rigueur de la consigne, les empêcha de m'écouter. Nous essayâmes d'entrer ; une lutte assez vive s'ensuivit, qui se termina par la présence du général lui-même. Nous conduisîmes le général jusqu'à l'hôtel-de-ville. Plusieurs ordres furent alors donnés, puis le général partit au galop pour la citadelle.

M. Petit-Grand, capitaine d'état-major, fait une déposition identiquement semblable. Il a d'ailleurs été témoins de l'arrestation du colonel Vaudrey. Avant de le faire entrer dans la chambre qui lui servit de prison, à la Finckmatt, les canonniers exaspérés voulaient se jeter sur le témoin, le prenant pour un ami du prince, à cause de son uniforme d'officier d'état-major. Le colonel se retourna vers les canonniers et leur dit : « Canonniers, c'est votre colonel qui vous parle, retournez dans vos quartiers ; toute résistance est inutile. Obéissez aux lois. »

Le colonel Vaudrey : Veuillez demander si, au moment où le témoin s'est approché de moi pour m'engager à faire cesser la lutte, je n'étais pas entouré d'un grand nombre de canonniers, qui ne voulaient pas me laisser faire prisonnier, et que j'ai décidés à poser les armes. — R. Oui, M. le colonel était entouré d'un grand nombre de ses hommes : ils étaient bien décidés à ne pas le laisser faire prisonnier.

Me Barrot : Pour préciser la question, le témoin peut-il dire si le colonel pouvait échapper, en consentant qu'un peu de sang français fût versé? — R. Au dernier moment cela ne se pouvait pas, il y aurait eu une véritable boucherie.

Les accusés reconnaissent l'exactitude des dépositions des quatre témoins, à qui M. le président adresse successivement les félicitations de la Cour sur leur conduite.

Lebeau, caporal au 16e de ligne, dépose qu'il a vu les révoltés venir chez le général Voirol, où lui, témoin, commandait le poste. Le poste a marché avec les troupes révoltées.

M. le président : Le prince s'est-il adressé à vous et à votre troupe en entrant? — R. Oui, il nous a parlé. Il s'est annoncé à nous comme étant le fils de l'empereur, il nous a dit qu'il revenait en France, et qu'il fallait nous joindre à lui. Les officiers qui l'accompagnaient nous ont engagés aussi à nous joindre à eux.

M. le président : Colonel Vaudrey, avez-vous engagé aussi le poste à se joindre à vous? — R. Non, c'est le prince qui a parlé au poste.

M. de Querelles : C'est le prince qui a dit au poste : Peloton portez armes, par le flanc droit; pas accéléré..... marche! Le poste s'est placé derrière la musique, et le prince s'est retourné

vers moi, en me disant : « Enfin, j'ai donc le bonheur de
« commander à des soldats français ».

M. le maréchal-de-camp Lalande, commandant le département du Bas-Rhin : Le 29 octobre au soir, je revins de la tournée de recrutement. Je n'eus connaissance du mouvement qu'en apprenant qu'une garde venait de se placer devant mon logement. Je ne pus sortir par la porte de la rue de la Nuée-Bleue, la garde étant arrivée. Je sortis par la porte de mon voisin. J'allai à la citadelle où je trouvai tout en bon ordre. En revenant, j'appris que tout était fini. Je plaçai des postes aux différents endroits, suivant l'ordre que m'en donna M. le général Voirol.

Mouvements des pontonniers.

M. le président : Nous allons passer aux faits qui se sont passés à la caserne des pontonniers.

Thibaut Felz, canonnier, maréchal-des-logis : Le 30, au matin, M. Laity est entré à six heures un quart du matin à la caserne, en grande tenue, et il a fait sonner. Alors, il a commandé par quatre, et s'est mis à la tête du bataillon, après nous avoir fait crier : *Vive l'empereur!* sans que nous sussions pourquoi. En route, voyant qu'il n'y avait pas de capitaine, nous nous sommes arrêtés. Sur six compagnies, quatre sont revenues à la caserne. Le lieutenant, qui était en tête, ne s'en est pas aperçu.

M. Laity : J'ai compris peu des paroles du témoin, mais il a dit que la compagnie de pontonniers avait crié *vive l'empereur!* sans savoir pourquoi; c'est un cri qu'on ne profère pas sans le comprendre. J'ai d'ailleurs adressé à la compagnie des pontonniers une allocution; je leur ai expliqué qu'on proclamait l'empereur, que déjà le 4e l'avait reconnu, et que j'espérais qu'ils ne resteraient pas en arrière; c'est alors qu'ils ont crié.

Giliard, adjudant sous-officier au même régiment, dépose :

J'ai connu M. Vaudrey et M. Laity. Le 30, au matin, un enfant de troupe, envoyé par l'adjudant Donné, vint m'avertir qu'il y avait une révolution. Le colonel Admirault, que j'allai trouver, me donna l'ordre d'arrêter le lieutenant Laity. Je rencontrai M. Laity avec ses compagnies, et lui dis de retourner au quartier. « Allez vous-en vous promener, me répondit-il, vous et le colonel Admirault. » Bientôt je rencontrai MM. Petry et Dupilnoy.

Je remis à mon commandant une pièce de 5 fr. qu'un maréchal-des-logis avait reçue de M. Laity.

Laity : Le témoin s'est permis de travestir un peu mes paroles. Je n'ai pas parlé ainsi de mon colonel ; je ne joins jamais la grossièreté à la désobéissance.

L'adjudant Donné est appelé. Il dépose en ces termes :

Le 30 octobre au matin, on vint me prévenir que M. Laity faisait sonner aux sous-officiers de semaine. Je fis remarquer qu'un officier de compagnie n'avait pas ce droit ; mais je fus prêt comme les autres, parce qu'un article de notre règlement porte que, si un ordre est donné à tort, il faut toujours obéir, le blâme retombant sur le chef. M. Gros m'apporta 60 fr. dans la cour, et il me dit : « Prenez, c'est de la part du colonel Vaudrey ». Cela me parut suspect, et j'envoyai prévenir M. Giliard, qui crut que c'était une plaisanterie, et ne vint pas. Ce n'est que quelque temps après, qu'averti de nouveau, il se rendit chez le colonel. Pendant ce temps-là, les compagnies se réunirent. Je refusai de marcher. M. Laity fut mécontent de moi, et me dit : « Vous êtes un homme faible ; vous aurez sujet de vous en repentir ».

(Audience du 12 janvier.)

A neuf heures, M. le président ouvre l'audience.

On s'entretient, dans la salle, de la longueur des débats, et chacun fait des vœux pour que M. le président s'abstienne de donner à chaque témoin, à la fin de sa déposition, une mercuriale ou un *satisfecit* pour sa conduite dans l'affaire du 30 octobre, et de faire en même temps aux accusés des remontrances que leur fréquence rend monotones et fatigantes. Nous savons que cette remarque a été faite par le ministère public lui-même.

M. le procureur-général Rossée est absent par suite d'une indisposition subite.

M. Michel Letz, commissaire central de police à Strasbourg, âgé de quarante-neuf ans, dépose : Je me réfère à mes procès-verbaux; cependant, je dois ajouter que le 30 octobre au matin je rencontrai, rue de l'Arc-en-Ciel, M. Laity à la tête de pontonniers; il était très-animé. Je lui demandai ce qu'il allait faire, il me répondit que cela ne me regardait pas, que je l'apprendrais plus tard. Je traversai la troupe et me rendis à la mairie, où je reçus l'ordre d'aller à la Finckmatt. De là, je me rendis au domicile de M. Persigny, où j'arrêtai Mme Gordon occupée à brûler des biographies et des portraits de Louis Bonaparte.

M. Silbermann (Gustave), imprimeur à Strasbourg, est appelé. Il dépose de la sommation qui lui a été faite par un officier à la tête de quinze artilleurs, pour le forcer d'imprimer des proclamations dont la composition a été commencée, ayant été obligé de céder à la violence.

Arrestation du prince et de son état-major à la caserne de Finkmatt.

M. Kubler, sergent au 46e, décoré depuis le 30 octobre : J'étais le 30 devant le quartier, lorsque je vis défiler, musique en tête, le 4e d'artillerie. Je dis : Ils ont tiré au tonneau de bonne heure. Ils arrivèrent bientôt à la caserne, en criant *vive l'empereur !* Un de ces messieurs me dit : « Voilà encore un ancien brave; criez *vive l'empereur !* » Je leur répondis : « Je ne connais pas votre empereur; l'empereur est mort, *vive le roi !* » Alors j'entendis derrière moi le lieutenant Pleignier. On voulait l'arrêter. Je dis : Celui qui arrêtera le lieutenant, ne sortira pas vivant d'ici. Je montai chercher les voltigeurs, et je chargeai mon fusil. Le major Salleix était arrivé quand je descendis ; il disait : Ce sont des conspirateurs ; le colonel est un traître. Je lui dis : Major, si vous voulez je le tue de suite ; j'ai mon fusil chargé. Le major répondit : Non, il faut les prendre vivants. Enfin, on arrêta M. Parquin et le prince. On déposa les prisonniers dans la cuisine. (Hilarité.)

Le colonel Vaudrey était tout seul. Je l'entendis dire plusieurs fois aux canonniers : « Défendez-moi, je ne me rends pas. » Notre lieutenant-colonel lui dit : « Voulez-vous donc faire couler le sang ? Rendez-vous, il ne vous sera fait aucun mal. » Aussi le colonel l'écouta ; il se rendit, et adressa ces mots à ses artilleurs : « Canonniers, retirez-vous ; retournez au quartier ; obéissez aux lois et à vos chefs. »

M. le colonel Vaudrey : La déposition du témoin contient une inexactitude à mon égard. On ne m'a pas pressé de me rendre ; je me suis rendu volontairement. Il aurait été inutile que je criasse : Canonniers, à moi ! J'étais entouré de mes canonniers ; j'ai eu à les contenir et non à les appeler à mon secours.

M. de Gricourt : Je dis alors au prince : « Si vous voulez, je vais prendre des artilleurs, dont les fusils sont chargés, et si vous voulez verser du sang, je me charge de vous frayer un passage. » — R. Mais je ne crois pas que vous eussiez pu : nous aurions croisé la baïonnette... Nous aussi nous connaissons le maniement. (On rit.)

M. de Gricourt : Je reconnais que le témoin s'est conduit très-bravement. Mais mon observation avait pour but de montrer que, si nous avions voulu verser du sang, le passage était possible au prince et à nous.

M. Delabarre, sergent-major au 46e de ligne, décoré. Le 30 octobre, il a vu ariver le 4e d'artillerie. Le colonel était en tête et cria : 46e régiment, aux armes ! Le prince s'avança vers le témoin en disant : Vous êtes un vieux militaire ; joignez-vous à nous ; je suis le neveu de l'empereur. — Je ne connais que mon colonel et le roi, répondit-il. La lutte s'engagea, et il tenta inutilement d'arrêter le prince. Bientôt cependant celui-ci fut arrêté. Le colonel Vaudrey criait : « A moi, artilleurs » ! Le commandant Parquin était sur le point de sortir par la grille lorsque le témoin le saisit par la jambe. Seul il ne put le retenir, toutefois, mais le tambour-major, qui est solide, survint, et s'empara de lui.

Jean Morvan, fusilier au 46ᵉ : Le 30 octobre au matin, j'étais au quartier, les insurgés sont entrés ; ils criaient *vive l'empereur !* Un canonnier me dit : « Empoignez le lieutenant Pleignier. » Je refusai, ne voulant pas faire de mal à mes chefs. On a essayé de l'empoigner, nous nous y sommes opposés. Notre monde descendait des chambres ; on a croisé la baïonnette. Je reçus, pour ma part, dans le dos, une pierre qui me fit beaucoup de mal. Je portai un coup de baïonnette à un canonnier qui laissa tomber du coup son mousqueton.

Jacques Kern, tambour-major du 46ᵉ (croix du 3o octobre), dépose : Le 30, j'ai vu arriver le 4ᵉ d'artillerie. Le prince vint à ma rencontre et me donna la main, en me disant : « Bonjour, tambour-major ; » en même temps le chef d'escadron me présenta l'aigle, en disant : « Voilà notre patrie, notre sauveur ! » Je rentrai chez moi pour m'habiller. Je revins immédiatement, et je trouvai alors le vaguemestre du régiment qui voulut saisir le général Parquin par la jambe, mais il n'eut pas la force nécessaire, et le général parvint à sortir de la cour du quartier. Dans la ruelle, je le saisis par le bras. Le général se rendit ; je fis ouvrir la porte de la grille pour rentrer dans le quartier, et je l'amenai devant notre lieutenant-colonel.

Le commandant Parquin : N'avais-je pas avec moi des artilleurs ? — R. Oui, plusieurs artilleurs étaient derrière M. Parquin.

Le commandant Parquin : Je me suis donc rendu volontairement ; car ce n'est pas le tambour-major et quelques fantassins qui auraient pu m'arrêter.

M. de Querelles : Des soldats du 46ᵉ ont présenté le tambour-major au prince, en lui disant : « Voilà un brave qui sort de la garde impériale. » C'est ce qui a porté le prince à lui présenter la main.

M. l'avocat-général : Les artilleurs qui accompagnaient l'accusé Parquin montraient-ils de la résolution? — R. Ils se sont réunis à moi.

Le commandant Parquin : Ces artilleurs étaient les mêmes qui m'avaient secondé chez le lieutenant-général. La partie perdue, il n'est pas étonnant que, me voyant me rendre moi même, ils n'aient pas fait de difficulté de poser les armes.

Le tambour Prieux a reçu d'un adjudant du régiment, au nom du colonel, l'ordre de battre la charge.

M. le président : Colonel Vaudrey, est-ce vous qui avez donné l'ordre de battre la charge? — R. Cela eût été absurde. La charge est un signal agressif ; on bat la charge quand une troupe doit en aborder une autre : c'eût été indiquer au 46ᵉ de s'engager contre l'artillerie.

M. de Querelles : C'est moi qui, à notre arrivée, ai donné ordre au tambour de battre la générale ; il n'a battu la charge que plus tard, sur les ordres du commandant ou des officiers du 46ᵉ, sans doute.

Le tambour : Ma foi, j'ai battu tout. (Hilarité.)

M. Pleignier, lieutenant à la 4ᵉ compagnie du 46ᵉ, décoré du 30 octobre (profond silence) : Le 30 octobre, vers sept heures moins un quart, j'entendis une musique militaire ; je me mis à la fenêtre : je vis s'avancer un jeune homme, revêtu de l'uniforme de Napoléon. Il était accompagné du colonel Vaudrey, de plusieurs officiers d'état-major, et, je crois, de plusieurs officiers d'artillerie et de pontonniers. Je les suivis des yeux. Je m'habillai lestement, et je descendis. Ces messieurs étaient en train de revenir sur leurs pas. Je m'approchai du colonel Vaudrey et lui demandai ce que c'était. J'avais entendu crier *vive l'empereur !* Le colonel me répondit par l'ordre de faire descendre les soldats du 46ᵉ en armes. Je répondis que je n'avais d'ordre à recevoir que de mon colonel. Sur ma demande où était l'empereur, on me montra un jeune homme. Je voulus m'élancer sur lui. Je fus saisi pour être mis en prison. Pendant qu'on me traînait vers la salle de police, je fus dégagé par quelques soldats du 46ᵉ.

Je donnai d'abord l'ordre aux soldats de ne pas prendre les armes, et je menaçai de plonger mon sabre dans le ventre du premier qui céderait à d'autres ordres qu'à ceux du colonel. Plusieurs hommes étaient déjà descendus en armes. Je m'élançai une seconde fois sur le prince, et je fus arrêté une seconde fois. Je criai : A moi, soldats du 46ᵉ ! Les soldats accoururent et parvinrent à m'arracher des mains des insurgés. L'on arrêta successivement le prince et ses partisans, après une lutte assez longue. L'un d'eux, un jeune officier d'état-major, à moustaches tombantes, parut sur le rempart, et cria aux canonniers de ne pas abandonner le prince et le colonel.

Peu après, le major Salleix arriva ; il fit croiser la baïonnette ; on serra les rangs, et moi je me portai vivement sur la grille du côté du bord de l'eau, et la fis fermer.

Au même instant, M. Parquin venait d'être arrêté, après avoir paré quelques coups de baïonnette. Je rejoignis les autres personnes acculées contre le mur. Je saisis de mon bras droit M. de Gricourt et l'entraînai dans une cuisine. A mon retour, M. de Querelles me dit : « Lieutenant, je me rends, » et je pris l'épée de l'accusé. Je revins ensuite au groupe qui entourait le colonel et le prince, qui tous deux étaient entre les chevaux et le mur.

Le major Salleix leur cria de se rendre. Le colonel Talandier leur dit aussi de se rendre. — Non, répondit le colonel, je ne me rendrai pas. Le colonel Talandier parvint à s'approcher du colonel Vaudrey, en écartant les chevaux, le prit par la main, et l'engagea à se rendre pour faire cesser la lutte. « Rendez-vous, lui dit-il, il ne vous sera pas fait de mal. » Le colonel Vaudrey se tourna alors vers ses artilleurs, disant : « Artilleurs, retirez-vous ; je suis très-sensible aux marques d'attachement que vous venez de me donner, rentrez dans votre quartier; respect à la loi. » Le colonel fut alors conduit dans ma chambre, où je l'engageai à quitter son sabre.

M. le président : Quand le 4ᵉ d'artillerie est arrivé dans votre quartier, qui commandait le régiment ?—R. M. le colonel Vaudrey. C'est lui-même qui donna l'ordre de m'arrêter lorsque je criai : A moi, 46ᵉ !

Le colonel Vaudrey : Le prince avait donné directement au témoin l'ordre de faire descendre son régiment. Le lieutenant Pleignier voulut se jeter sur le prince. C'est alors que j'ai donné ordre à des sous-officiers de l'arrêter. Cet ordre fut exécuté aussitôt.

Le témoin : Oui, il y a même eu un coup de sabre dirigé sur ma poitrine par le prince ou le colonel. J'étais tué sans la présence d'esprit des sergents-majors Richard et Meynard, qui m'ont précipitamment arraché.

Le colonel Vaudrey explique que ce ne peut pas être lui qui a porté ce coup.

L'audience est suspendue pendant un quart d'heure. A sa reprise, M. le procureur du roi Gérard, s'adressant au colonel Vaudrey, lui demande : Les mousquetons des artilleurs, lors de l'arrivée à la caserne de la Finckmatt, étaient-ils chargés? — R. Non, monsieur.

Le capitaine *Desmaroux*, interpellé sur ce point, déclare que l'on a quitté le quartier d'Austerlitz sans que les armes aient été chargées.

Loget, sergent au 46ᵉ, dépose du même fait que le lieutenant Pleignier. A six heures et demie du matin, les cris de *vive l'empereur !* retentirent dans la caserne. Je regardai par la fenêtre, je vis le 4ᵉ d'artillerie, le prince et l'état-major en tête. On battit la générale ; je descendis et trouvai M. Pleignier entre les mains des artilleurs. Nous le dégageâmes.— Le témoin a aussi concouru à l'arrestation de MM. de Gricourt et de Querelles.

Il ajoute que lorsque ces deux accusés eurent été arrêtés et déposés provisoirement dans la cuisine, il fut chargé de la garde. Une conversation s'établit; un de ces messieurs (de Querelles) dit : « J'étais sous-lieutenant hier, chef d'escadron ce matin, j'aurais peut-être été général dans deux jours. » Il dit ensuite : « Sergent, donnez-moi votre capote : ni l'or ni l'argent ne vous manqueront. » L'autre (M. de Gricourt) disait que l'affaire avait manqué, mais qu'il était prêt à recommencer.

M. de Querelles : J'ai parlé en effet avec ce sergent. Dans la conversation il m'appelait commandant; je lui ai pu dire familièrement : Je ne suis plus chef d'escadron, je ne suis que lieutenant; mais j'ai dit ce mot sans y attacher d'importance.

M. de Gricourt : Quant à moi, si j'avais eu à dire que j'étais prêt à recommencer, ce n'est pas à un sergent d'infanterie que j'en aurais fait la confidence. M. de Querelles me disait : Tout est fini. Je lui ai répliqué : Non pas, tout n'est pas fini; tout sera fini quand nous serons fusillés.

Le lieutenant *Hornet*, au bruit de la musique du 4e d'artillerie, courut au quartier Finckmatt, où il parvint à pénétrer, non sans peine. M. de Querelles lui dit en lui présentant l'aigle : « Joignez-vous à nous ; vous êtes un brave, demain vous serez commandant. » Le témoin a concouru à l'arrestation des accusés, et particulièrement de M. le colonel Vaudrey, qui ne se rendit, dit-il, que lorsque tout espoir de résistance ou de fuite fut perdu pour lui.

M. de Gricourt : On a dit aussi qu'on avait crié : Arrêtez les conspirateurs, et que ce cri avait été le signal de notre arrestation; cela n'est pas. Le témoin était sur les lieux; il a dû entendre, comme je l'ai entendu moi-même et tous ceux qui nous entouraient, le seul cri qui ait décidé les soldats du 46e à se tourner contre nous. On leur a dit : « Soldats, on vous trompe : ce n'est pas le neveu de l'empereur, c'est un mannequin déguisé ; c'est, a-t-on ajouté même, le neveu du colonel Vaudrey qu'on vous présente comme empereur. (Sensation).

M. Morin, capitaine adjudant-major au 46ᵉ, est arrivé au quartier, lorsque déjà le colonel Talandier avait rassemblé des hommes. Au milieu d'un groupe de soldats se trouvait un homme, un colosse (M. Parquin), qui n'avait plus d'épaulettes. Le colonel lui dit de faire évacuer le corps-de-garde et d'y mettre sous bonne garde les prisonniers. Le témoin s'approcha de la grille alors ; un lieutenant de pontonniers y arrivait : « Comment ! vous, s'écria-t-il, vous, un vieux militaire, qui portez une décoration donnée peut-être par l'empereur, vous le reniez ! »

Cela me fit mal. Moi, renier l'empereur ! J'ai servi dans sa garde, et j'avais versé pour lui mon sang à Waterloo. Je répondis que je ne reniais pas la mémoire de l'empereur ; mais que je ne reconnaissais pas celui qu'on nous présentait. Bientôt après, le colonel Vaudrey, qui refusait de se rendre, voulut parler seul au colonel. Nous nous retirâmes de quelques pas ; il lui parla à voix basse, et dit ensuite aux artilleurs de cesser la lutte, et de se retirer dans leur quartier. Sa voix ne pouvait se faire entendre ; je parcourus la ligne en disant aux canonniers que leur colonel s'était rendu et qu'ils devaient rentrer à leur quartier ; ils répondirent qu'ils ne demandaient pas mieux. Je leur fis ouvrir les grilles et ils sortirent.

M. le colonel Vaudrey: Ce que vient de dire le capitaine est vrai. C'est après un court colloque avec le colonel Talandier que je me suis rendu, et non sur des injonctions, des menaces.

M. le président: Accusé Parquin, avez-vous quelque observation à faire?

M. le commandant Parquin: Aucune, sinon que le témoin m'a considérablement grandi.

M. Salleix, lieutenant-colonel au 46ᵉ (profond silence) : Le 30 octobre, je fus averti par un fourrier qu'un mouvement venait d'éclater. Je me hâtai de me rendre à la caserne. J'y trouvai le 4e régiment d'artillerie rangé en bataille dans la cour, adossé aux remparts et faisant face au pavillon de droite. Les cris de *vive Napoléon II!* retentissaient ; quelques soldats du 46e, armés, s'étaient formés en bataille sur la droite de l'artillerie. Ayant aperçu le colonel Vaudrey, que je connais, je marchai droit sur lui. Il me dit: « Nous proclamons l'empereur Napoléon II ; joignez-vous à nous. » A cette proposition je répondis par le cri de *vive le roi!* M. Pleignier, sous-lieutenant, se trouvait avec les hommes armés. Je quittai le colonel et passai devant le front de l'artillerie, en criant *vive le roi!* et en conjurant les soldats d'abandonner des chefs qui les trompaient. Je courus avec les soldats ; je repoussai vers l'escorte du colonel Vaudrey les artilleurs qui se trouvaient en avant. Arrivé près du colonel, je fis des efforts pour m'emparer de sa personne. Le colonel avait le sabre à la main. Une lutte s'engagea. Pendant que cette lutte dura, je fus averti par le tambour-major Kern qu'un général se trouvait à la tête d'une troupe d'artilleurs. Pensant qu'il était important avant tout de s'emparer de celui des insurgés qui avait le grade le plus élevé, je courus sur lui avec quelques sous-officiers. Une lutte s'engagea. Le commandant finit par se rendre, en disant : « Je me rends. »

Je lui fis enlever son sabre, et ordonnai de lui arracher les épaulettes de général qui pouvaient produire un mauvais effet sur les soldats insurgés. Je fis saisir ensuite un autre monsieur qui portait l'uniforme de chef d'escadron. Il fut, comme M. Parquin, désarmé et conduit en lieu de sûreté.

M. le colonel Vaudrey : Lorsque je vis M. Salleix, il paraissait ignorer ce qui se passait, car il me questionna à ce sujet. Je lui dis : « On proclame l'empereur Napoléon II. Il me répondit : Le roi est donc mort? Je n'en sais rien, répliquai-je. » Nous nous trouvâmes séparés par un mouvement : je n'ai plus revu le major Salleix depuis lors.

Le commandant Parquin : M. le procureur-général m'a prêté charitablement dans son réquisitoire ces paroles : *Arrêtez-les*, en parlant de mes coaccusés. M. le major Salleix a-t-il entendu ces paroles ignobles sortir de ma bouche? — R. Non, je n'ai rien entendu de pareil.

M. l'avocat-général : Étiez-vous près de l'accusé Parquin?
— R. Oui, monsieur; du moment où il me fut indiqué, je ne me suis pas éloigné de lui.

Me Martin : La réclamation du commandant Parquin est judicieuse et fondée. Le sergent Delabarre, en effet, avait, dans l'instruction, dit avoir entendu ces paroles. Il n'a pas répété cette affirmation à l'audience ; mais à côté de la déposition du sergent Delabarre, il y avait dans l'instruction celle de M. le lieutenant-colonel Salleix, la plus explicite relativement à l'arrestation du commandant Parquin, et l'acte d'accusation a choisi entre les deux versions; il a donné la préférence à celle du sergent, la seule qui déshonore l'accusé. (Sensation.)

M. Talandier, colonel au 18e de ligne : Au moment de l'événement, bien que simple lieutenant-colonel au 46e, je commandais la place en l'absence de mon frère. Averti de l'insurrection du 4e d'artillerie par M. le capiatine d'Aigremont et M. de Franqueville, je courus en hâte au quartier Finkmatt. Quand j'y parvins, quel ne fut pas mon étonnement de voir tout le côté droit occupé par des canonniers à cheval qui criaient *vive l'empereur!* et le côté gauche par des soldats du régiment, en petit nombre seulement, il est vrai, et qui ne savaient trop quel parti prendre. « Voilà le lieutenant-colonel, crièrent-ils en me voyant. « Soldats, criai-je, on vous trompe, ce sont des traîtres; croisez la baïonnette sur les canonniers. » Leur hésitation se changea aussitôt en rage, et ils crièrent de toute la force de leurs poumons : *vive le roi!* Je m'avançai alors vers le colonel Vaudrey : « Rendez-vous, lui criai-je, rendez-vous! » Il me répondit : « Sauvez le prince ! — Où est-il ? — Là; » et il me le montra derrière les chevaux des artilleurs qui lui faisaient un rempart de leurs corps.

On arrêta le commandant Parquin. Je lui arrachai une de ses épaulettes, pour montrer aux soldats que je ne transigeais pas avec les révoltés. Restait à arrêter le colonel Vaudrey. J'avouerai que c'était le plus difficile. Les canonniers étaient résolus à le défendre avec acharnement. Je me précipitai sur lui. Le colonel était dans une attitude menaçante, le sabre à la main et entouré d'artilleurs sur la défensive.

En même temps le peuple qui était sur les remparts lançait des pierres sur nos hommes, et nous faisait beaucoup de mal. Alors moi, dans un moment de rage, je m'écriai : Je ne trouverai donc pas un paquet de cartouches sous ma main? Un officier qui était près de moi me dit à l'oreille : « Colonel, j'en ai un paquet dans ma chambre. — Courez, courez le chercher ! » Les pierres continuaient à pleuvoir sur nous. Bientôt je pus faire charger les armes, et fis tirer quelques coups de fusil sur les assaillants. Cette mesure fit un effet merveilleux, et bientôt tous s'enfuirent, à l'exception d'un seul individu qui resta debout à la même place à nous harceler.

Je courus au colonel qui se défendait toujours : —« Colonel, lui dis-je en lui mettant la main sur le collet, rendez-vous, ou vous êtes mort. — Non, je ne me rends pas, mes canonniers ne le souffriront pas. — Non, non, répétèrent les canonniers. » Alors ils prirent une attitude menaçante, plusieurs canons de fusil se dirigèrent sur moi. — « Rendez-vous, dis-je encore au colonel. — Non, je ne me rendrai pas. »

Je lui dis que la résistance était inutile. Il me demanda alors de le laisser échapper. Les soldats avaient croisé la baïonnette sur les artilleurs. Ceux-ci frappaient à coups de sabre sur les fusils. Tout annonçait que le sang allait couler. Une inspiration me prit alors, je criai : « Silence au commandant de place; je veux parler au colonel ! » Je lui dis : « Je ne puis vous laisser échapper, on croit dans la ville que ce mouvement est en faveur de Charles X. Vous ne seriez pas à vingt pas de la caserne, que vous seriez assassiné. — Ce n'est pas possible, répondit-il. »

Enfin, qu'il me crût ou qu'il ne me crût pas, il se rendit. Je lui dis : « Calmez vos artilleurs, pour prévenir l'effusion du sang. » Alors il leur adressa ces paroles : « Je suis touché de votre dévoûment, mais retournez à votre caserne; respect aux lois. »

Je le fis alors monter au troisième, dans la chambre de la femme d'un sous-lieutenant, de crainte qu'on tentât de le délivrer. Bientôt après arriva M. le procureur du roi.

Je fis ensuite une courte allocution aux soldats du 4e qui sortirent en bon ordre de la caserne, et en criant *vive le roi!* avec le plus grand enthousiasme.

Cette déposition est accueillie avec des sentiments divers par l'auditoire. Le débit un peu emphatique du colonel nuit à l'effet de ses paroles.

Souvent les accusés, et notamment M. Vaudrey, haussent les épaules.

Le colonel Vaudrey : Lorsque M. Talandier m'a abordé, ce n'a pas été avec le ton du reproche et de la menace. Je lui ai dit : « Je suis disposé à me rendre ; mais vous allez me garantir qu'il ne me sera fait aucun outrage. » Personne ne m'a saisi, personne n'a porté la main sur moi. — R. J'ai saisi le colonel Vaudrey ; je le tenais par le collet, et la preuve, c'est qu'il m'a dit : « Laissez-moi échapper. »

Le colonel : Je nie que M. Talandier ait porté la main sur moi. Je déclare que c'est spontanément, de mon propre mouvement, que j'ai ordonné de cesser la lutte.

Me F. Barrot : Les faits affirmés par le colonel Talandier sont déniés ou racontés différemment par d'autres témoins. Je prie M. le président d'interpeller M. le lieutenant-colonel Salleix à cet égard.

M. le président, au lieutenant-colonel Salleix : Avez-vous vu que M. le colonel Talandier ait saisi le colonel Vaudrey au collet?

M. Salleix : Non, monsieur le président, je n'ai pas vu cette circonstance. (Sensation.)

M. F. Barrot : Je prie M. le président d'interroger encore M. Petitgrand sur ce fait.

M. Petitgrand : J'ai pénétré le premier jusqu'à M. le colonel Vaudrey. Je l'ai dû, je pense, à mon uniforme d'état-major. Je lui dis que toute résistance était inutile ; je n'ai pas vu M. Taillandier le saisir au collet.

Le colonel Vaudrey, avec chaleur : J'affirme sur l'honneur que je n'ai pas été saisi par le lieutenant-colonel Talandier. Je ne pouvais pas l'être ; j'étais entouré d'hommes dévoués et fidèles, qui n'auraient pas souffert qu'une main se portât sur ma poitrine ; on ne l'aurait pas fait impunément.

M. le président : Le témoin dit que vous l'avez sollicité de vous laisser échapper ? — R. Je le dénie formellement.

Le commandant Parquin : Lorsque je me suis rendu aux soldats qui croisaient la baïonnette sur moi, il est très-vrai que j'ai été conduit devant le lieutenant-colonel Talandier ; il est très-vrai que j'ai été insulté par lui ; il est très-vrai qu'il m'a arraché une épaulette ; mais il a pu le faire impunément : j'étais son prisonnier. (Mouvement.)

M. Talandier : Puis-je répondre à la provocation de l'accusé ? (Sensation.)

M. le président : Non.

Mᵉ Parquin : Ce n'est pas une provocation. C'est l'expression d'un sentiment naturel, vrai et légitime.

M. Lespiot, chirurgien-major au bataillon de pontonniers, deuxième témoin interrogé en vertu du pouvoir discrétionnaire de M. le président, se trouvait au greffe de la maison d'arrêt au moment où l'on y a amené le prince et ses complices. Lorsque le colonel entra, le prince était au greffe depuis plusieurs minutes. Il s'avança vers le colonel Vaudrey, lui tendit la main et lui dit : « Colonel, me pardonnerez-vous de vous avoir entraîné à votre perte, de vous avoir impliqué dans cette affaire ? » Le colonel poussa un soupir, et répondit : « Oui. »

Il est quatre heures ; l'audience est levée.

(Audience du 13 janvier.)

Dès cinq heures du matin, malgré le mauvais temps qui vient de se déclarer, et la neige qui n'a pas cessé de tomber depuis le commencement de la nuit, des dames précédées de domestiques porteurs de fallots se dirigent des divers quartiers de la ville aux abords du Palais-de-Justice. Avant six heures, le concierge du Palais est réveillé par les coups répétés frappés à la porte, il introduit au milieu de l'obscurité profonde les matinales curieuses dans le vestibule attenant à la tribune réservée.

A sept heures, toutes les places sont occupées déjà ; à neuf heures un quart, la Cour se place à son siége, et M. Rossée, dont la pâleur atteste l'état de souffrance, prend la parole au milieu d'un profond silence.

VIII. RÉQUISITOIRE DE M. LE PROCUREUR-GÉNÉRAL.

« Messieurs les jurés,

« L'attention religieuse avec laquelle vous avez jusqu'ici suivi les débats de cette grave et pénible affaire, nous est une sûre garantie que vous continuerez d'écouter scrupuleusement ce qui va vous être présenté dans l'intérêt de l'accusation et de la défense. En ce qui nous concerne, fidèle à l'impartialité qui doit être le noble caractère des magistrats, nous ne chercherons pas à influencer vos convictions ; nous voulons les éclairer seulement.

« C'est un devoir que la loi nous impose, et nous ferons tous nos efforts pour le remplir dignement.

« Dans cette cause, d'ailleurs, les faits qui vous ont été révélés se présentent avec un tel caractère de vérité et de précision, que les développements oratoires ne pourraient qu'en affaiblir la force.

« Il est maintenant incontestablement établi que les accusés avaient longuement médité et qu'ils ont cherché à exécuter, autant qu'il a été en leur pouvoir, le projet de renverser le gouvernement, de porter en France le brandon de la guerre civile ; que votre cité, désignée à l'avance, devait être le premier théâtre de ces criminels attentats, à raison de l'appui que les conspirateurs espéraient y rencontrer.

« Cet appui, ils devaient le trouver principalement dans l'adhésion d'un colonel français, d'un homme haut placé dans la hiérarchie militaire, occupant une position qu'il devait bien plus aux bontés du roi qu'à son mérite réel, et qui, dans cette déplorable circonstance, joignit la bassesse du mensonge à la trahison, au parjure, pour induire son régiment dans l'erreur et l'entraîner dans la révolte. (A cette inculpation de bassesse, M. le colonel Vaudrey fait un vif mouvement d'indignation. M⁰ F. Barrot, son défenseur, se retourne vers lui, lui prend les mains et ne parvient qu'à grand'peine à le calmer ou du moins à le contenir.)

« Il est également prouvé que les accusés ont tous pris part à cette odieuse machination, les uns activement, les autres en aidant de leurs efforts, de leurs démarches, la formation du complot conçu dans le but que les événements du 30 octobre ont révélé.

« Notre tâche consistera donc à démontrer, non point que ces faits sont vrais, cela serait superflu, mais quelle est la part que chacun des accusés y a prise.

« Grâces à la Providence qui protège si visiblement notre belle patrie, grâces au courage héroïque de nos braves soldats, qui, fidèles à l'honneur, à leurs serments, repoussèrent avec énergie toutes les séductions, toutes les tentatives mises en usage pour les entraîner, le même instant que les conspirateurs avaient choisi pour leur triomphe a été celui de leur chute et de leur confusion.

« Ils sont aujourd'hui devant vous, messieurs les jurés, devant la justice du pays, ces hommes qui, dans leur coupable délire, rêvaient le pouvoir et les honneurs, qui auraient sans scrupule arrosé de sang français les indignes trophées qu'ils se promettaient; ils sont devant vous, pour recevoir la juste punition de leurs crimes.

« Le gouvernement impérial, continue M. Rossée, était la forme choisie par les conspirateurs; mais il fallait un drapeau, un nom à présenter aux insurgés, dans un pays si souvent agité par tant de commotions politiques. Un des descendants de l'homme extraordinaire que nous avons vu commander au monde, fut choisi. Mais pourquoi avait-on choisi ce jeune homme? Son nom seul pouvait rassembler quelques débris des partisans du système impérial. Déjà en 1815 Louis Bonaparte avait suivi sa mère dans l'exil; il était inconnu à la France; il ne paraissait pas, malheureusement, la connaître beaucoup non plus.

« S'il faut en croire certaine biographie complaisamment rédigée, comme l'époque actuelle en voit naître journellement, le prince Louis Bonaparte s'exerça à la gymnastique dès l'âge le plus tendre. Quand des troubles éclatèrent plus tard en Italie, le prince et son frère aîné partirent pour ces contrées. Bientôt les troubles furent comprimés, la révolte étouffée; l'aîné des deux frères succomba à la peine; l'autre réussit à sortir d'Italie, mais fut obligé d'employer, pour y parvenir, toutes sortes de déguisements. Il traversa ainsi la Péninsule. La duchesse de Saint-Leu demanda alors à séjourner dans la capitale de la France avec son fils. Le roi, qui n'est jamais sourd à aucune prière, permit son séjour à Paris.

« Mais vers le même temps cette capitale était déchirée par des troubles sans cesse renaissants, dont la place Vendôme fut quelquefois le théâtre. Des processions eurent lieu autour du célèbre monument ; là se révélèrent toutes sortes de sympathies, qu'encourageait encore la présence de la duchesse de Saint-Leu et de son fils. Le gouvernement fut obligé de prescrire à cette princesse de sortir de la France. La mère et le fils se réfugièrent en Suisse.

« C'est alors que le jeune homme songea sérieusement à se mettre en évidence d'une autre manière. Son épée avait été brisée en Italie, il saisit la plume et se fit législateur. En mai 1832, il publia les *Rêveries politiques*, opuscule dans lequel les critiques les plus amères comme les moins fondées étaient adressées au gouvernement français, qu'il accusait de livrer la nation à la sainte-alliance, reproche qu'on a tant répété ; à la suite de cet ouvrage le prince joignit un projet de constitution, dont les principales dispositions annoncent un esprit démocratique des plus prononcés. Si une nation l'adoptait, elle serait sur-le-champ plongée dans l'anarchie, car le projet était extravagant, surtout en ce qui concerne la pondération des pouvoirs. Suivant la conclusion de ce livre, l'appel de la famille Bonaparte au trône semblait être le moyen propre à concilier l'ardeur guerrière qui s'était emparée des esprits, lors de la publication du livre, avec les passions démocratiques. Le jeune duc de Reichstadt seul pouvait être un obstacle aux projets du prince ; mais ce jeune prince, atteint d'une maladie que les médecins avaient déjà reconnue mortelle, mourut deux mois après la publication des *Rêveries* ; alors déjà, peut-on en conclure, l'ambition travaillait l'esprit du prince Louis.

« Juin arriva. Des troubles, dont le convoi du général Lamarque fut plutôt le prétexte que la cause, plongèrent la capitale dans le deuil.

« En même temps la révolte désolait les campagnes de la Vendée. Ainsi l'anarchie déchirait la France : là, au nom du parti républicain ; ici, au nom de la faction légitimiste.

« Soit que la publication de l'opuscule, précisément à cette époque, fût un effet du hasard ou non, il produisit peu d'effet dans le monde politique et dans le monde savant. Le prince reprit la plume et publia ses *Considérations politiques et militaires sur l'armée*. Nous ne parlerons pas de cet ouvrage qui nous est inconnu. L'apparition du *Manuel de l'artillerie* suivit. Le *Manuel* fut envoyé avec une affectation remarquable aux officiers supérieurs de la France, accompagné de lettres extrêmement flatteuses. M. Vaudrey en reçut un exemplaire; M. le général Excelmans vous a dit en avoir reçu un également.

« C'est dans les premiers mois de 1835 que les projets de Louis Bonaparte sur la France parurent visiblement. Arenenberg, château qu'habitait le prince, était voisin du château de Wolfsberg, appartenant au commandant Parquin. Ces deux points rapprochés paraissent avoir été les points d'appui à ces ambitieux qui voulaient servir leurs intérêts en compromettant leur patrie. Tous les mécontents intéressés paraissent avoir reçu dans le château un accueil favorable. »

Ici M. le procureur-général Rossée fait observer que le complot Fieschi, bien que l'accusation ne veuille pas établir de rapprochement direct, était connu à l'avance à l'étranger. Il insiste sur l'alliance bizarre, monstrueuse, selon lui, qu'il faut voir dans la procédure actuelle. « M. de Bruc est légitimiste; M. de Gricourt a prouvé qu'il partageait cette opinion, en cherchant à entraîner, en 1832, la garnison de Qimperlé. Les autres accusés ont suffisamment prouvé, par leurs propres aveux, leur opinion bonapartiste.

« La déposition de M. Geslin est, d'ailleurs, explicite sur l'esprit qui avait présidé au complot. Il a hésité à l'audience, il a craint, peut-être, qu'on ne lui *appliquât en face les qualifications qu'il méritait*, et sa déposition orale a offert quelques variantes, mais elle a été nette et constante sur ce point, savoir : que le complot avait existé, et qu'il avait manqué deux fois, la première à Strasbourg, la seconde en Suisse. »

Après une suspension d'un quart d'heure, M. le procureur-général reprend la parole en ces termes :

« Pour compléter cet exposé général, messieurs les jurés, il nous reste à dire quelle part chacun des accusés a prise à l'exécution du complot. Cette tâche demeurera confiée aux honorables magistrats qui m'assistent. Je me bornerai à traiter ce qui regarde le jeune Napoléon-Louis.

« Parti d'Arenenberg, le 25 octobre, dans la matinée ; arrivé le même soir assez tard à l'auberge de *l'Etoile*, il y passa la nuit. Le lendemain, son valet de chambre se fit conduire en poste à Fribourg, et descendit à l'hôtel du *Sauvage*, où se trouvait Persigny, où devait se trouver de Bruc. Louis Bonaparte vint le soir à Fribourg ; le 27 il était à Lahr, où un accident, arrivé à sa voiture, le retint ; là il reçut la visite d'un émissaire qu'il a été impossible de découvrir. Le 28, il était de retour à Fribourg ; il en partit, en disant qu'il allait à Bâle. A peine hors de la ville, il changea de route, traversa le vieux Brisach, et arriva à Strasbourg à onze heures.

« Il était porteur de trois passeports : l'un d'eux fut mis à la porte d'Austerlitz par le valet de chambre du prince, et retiré le lendemain de la mairie par un commissionnaire. La voiture, où était de Gricourt, se rendit à l'hôtel de *la Fleur*. Le prince n'y entra pas ; il fut conduit par Gricourt près de Querelles, rue de la Fontaine, où il passa la nuit. L'emploi de la matinée du lendemain n'est pas connu ; le soir, il eut une entrevue avec le colonel Vaudrey sur le quai ; il fit, chez Persigny, un souper plus ou moins frugal ; la nuit fut employée à arrêter les mesures qu'il convenait de prendre. Le lendemain, 30, Louis Bonaparte sortit, suivi d'une escorte de dix ou douze officiers, plus ou moins. L'accusé Parquin, l'accusé Querelles, l'accusé Gricourt en faisaient partie ; l'accusé Laity était arrivé de très-bonne heure rue des Orphelins ; il prit place aussi au cortége. On se rendit ainsi à la caserne d'Austerlitz. Là, le colonel Vaudrey fit l'allocution que vous connaissez ; il annonça frauduleusement, traîtreusement, qu'une révolution venait d'éclater en France ; il termina par le cri de *vive l'empereur !* que répétèrent avec enthousiasme les artilleurs. Le prince prit la parole à son tour. Il s'est engagé une controverse sur son discours. D'après les documents de sa main, il devait se terminer par ces mots : « Que tout le monde reste aujourd'hui à son « rang ; demain, tous les sous-officiers seront officiers ; tous les « officiers seront avancés d'un grade. » Un témoin, placé à proximité, déclare que ces paroles n'ont pas été prononcées. »

M. le procureur-général poursuit l'énumération des faits de la matinée du 30 octobre, et, arrivant enfin à la question d'absence du principal auteur du complot, continue ainsi :

« L'absence du prince au banc de l'accusation doit exciter quelque surprise, mais elle ne doit influer en rien sur le sort des accusés. Le tort de Louis Bonaparte ne peut excuser celui des accusés. Le roi lui a fait grâce, il en avait le droit. La clémence du roi ne peut être qu'appréciée par les hommes qui ont le sentiment de l'honneur français. Cet acte, au reste, que nous examinerons tout à l'heure, n'a pas besoin de notre justification. La presse a fait entendre des plaintes. Dans cette circonstance, le roi s'est encore montré digne du beau titre de roi des Français. Quant à la polémique des journaux, il est facile d'y répondre. Les journaux ont présenté d'abord la conspiration du 30 octobre comme une tentative insensée, dans laquelle Louis Bonaparte a été entraîné. Son ignorance, son inexpérience le rendaient, disait-on, excusable ; et argumentant de ce qui avait été fait relativement à une princesse malheureusement célèbre, la presse manifestait l'espérance qu'une mesure semblable lui serait appliquée. Voilà quelles étaient les manifestations publiques de la presse. L'extraction de Louis Bonaparte fut approuvée. A peine eut-elle eu lieu, que ces mêmes journaux s'élevèrent contre elle. Au fond, ils approuvaient la détermination du gouvernement : ils disaient qu'elle était bonne, et que l'indulgence du gouvernement serait une raison pour que ses co-accusés ne fussent pas traités avec trop de sévérité. Mais on alla plus loin. Un parti crut voir dans cette mesure un moyen de diriger contre le pouvoir une attaque sérieuse. C'était une attaque comme une autre.

« Le système représentatif, il faut le reconnaître, est un système corrupteur par lui-même. Le projet de l'opposition, il faut le dire, était de débusquer de leurs hautes positions ceux qui les occupaient. De là les reproches d'illégalité et de partialité qu'on ne ménagea pas au souverain. Pour nous, nous disons que la mesure prise était la seule équitable; pour nous, nous disons qu'il n'y a ni illégalité, ni partialité.

« Sans doute il est extraordinaire d'avoir à discuter de pareilles théories devant un jury : qu'a-t-il à s'occuper de pareilles questions? Quoi qu'il en soit, nous déclarons que, dans la mesure dont il s'agit, il n'y a pas illégalité.

« Et d'abord, il est un principe établi, reconnu dans notre droit public ; c'est que le souverain peut faire grâce : c'est un droit que la Charte consacre d'une manière formelle ; c'est une prérogative de la souveraineté qui n'est soumise à aucun contrôle, car c'est un acte personnel au roi, et je ne connais dans notre état social aucune puissance qui puisse s'élever au-dessus de l'autorité royale et lui demander raison de ses actions. Maintenant, ce droit est-il soumis à quelques formes? doit-il s'exercer après ou avant le jugement? Nous prétendons que toute latitude, que toute facilité est laissée au souverain ; car aucune restriction n'est mise au principe. Le droit de grâce est absolu. Vous êtes forcés de reconnaître que, lorsqu'une décision judiciaire a été rendue, le souverain peut la rendre nulle ; vous êtes forcés de reconnaître que, si le jugement frappe plusieurs personnes, le roi peut en grâcier une sans absoudre les autres : et vous ne voulez pas admettre que le roi peut faire avant ce qu'il peut faire après ?

« Et s'il est permis de dire d'un acte royal qu'il peut être fait avec plus ou moins de convenance, nous dirons qu'il y en a davantage quand le roi accorde une grâce avant le jugement, parce que la magistrature n'a pas encore prononcé, et qu'il y a une sorte de défaveur, de despect jeté sur elle, quand, après avoir prononcé une décision, elle la voit annuler par une volonté royale.

« Notre opinion, d'ailleurs, ne nous appartient pas isolément ; elle est partagée par plusieurs jurisconsultes recommandables. La discussion s'est engagée sur cette question à une époque mémorable. Il s'agissait du rejet de la loi du bannissement de la famille Bonaparte. Là s'est présentée la question de savoir si le droit de grâce pouvait s'exercer d'une manière absolue. Or, dans cette discussion, M. de Béranger, dont les opinions politiques ne sont pas équivoques, a soutenu que le droit de grâce pouvait précéder la condamnation judiciaire. Il y a mieux, c'est qu'il existe des précédents. Nous en avons nous-même fait rendre un, applicable à la ville de Strasbourg.

« En 1831, un mouvement de rébellion s'était manifesté dans cette ville. Il s'agissait de quelques gardes nationaux qui s'étaient opposés violemment à la perception de l'impôt qui pesait sur les bestiaux étrangers à leur entrée en France. L'impôt n'avait pu être perçu. Les rebelles se transportèrent en armes dans la ville et manifestèrent quelques dispositions hostiles. Le préfet du département avait cru devoir prendre sur lui la suspension de la perception du droit. Il fut blâmé par le gouvernement ; il y eut plus, il fut destitué. Nous n'hésitâmes pas à solliciter un acte d'amnistie, et nous l'obtînmes. Bien qu'une procédure eût été commencée, que la justice eût été saisie régulièrement, cependant ces détenus furent mis en liberté.

On nous dira sans doute que l'amnistie et la grâce sont différentes. Ce serait, il nous semble, une logomachie.

« Quelle différence y a-t-il pour le résultat entre ces deux choses ? L'amnistie intervient avant ou après ; elle peut être absolue ou conditionnelle. Ce sont des conditions qui ne peuvent être révoquées en doute. La distinction qu'on cherche à faire sortir de la différence entre l'amnistie et la grâce ne repose sur rien de solide. Le droit de grâce n'étant soumis à aucune espèce de condition, peut s'exercer avant le jugement comme après; car il n'est pas dit dans notre pacte fondamental que le souverain sera obligé d'attendre pour exercer la plus belle de ses prérogatives.

« Examinons maintenant si les reproches de partialité sont fondés. Quelle était la position de Louis Bonaparte? Louis Bonaparte a été banni de France par une de ces lois que la politique seule peut expliquer. L'événement a bien justifié la prévoyance du législateur. Louis Bonaparte s'est cru frappé injustement. Après avoir appartenu de si près au pouvoir, il ne pouvait se résoudre à y demeurer étranger. Aigri par la douleur, il a exhalé des plaintes. Elles ont été écoutées par quelques médiocrités intrigantes qui n'ont pas su qu'en France le mérite seul donne des places, et qu'il ne suffit pas de quelques titres nobiliaires et des prétentions qu'ils entraînent avec eux pour avoir droit aux faveurs sociales. Ces intrigants ont donc conçu de coupables espérances, et ils ont exploité les dispositions qu'ils voyaient se manifester. Une révolution amène des combinaisons nouvelles. Il y a alors facilité pour profiter des événements et pour se pousser au premier rang. Étranger à la France, entouré d'hommes qui ne la connaissaient pas davantage, Louis Bonaparte s'est trouvé à leur merci. Doué d'une imagination vive et exaltée, ainsi que vous l'a dit un des témoins, il a conçu l'idée de rétablir sur le trône de France la dynastie impériale. C'est donc ainsi qu'il a cédé à l'appel des insurgés de l'Italie; c'est ainsi qu'il allait céder à l'appel des Polonais, lorsque la chute de Varsovie, heureusement pour lui, arrêta ses pas. Pour la France, les souvenirs du 20 mars devaient puissamment agir sur son imagination; mais il avait oublié que cette marche, Napoléon ne l'avait accomplie qu'avec la puissance de son nom. Qu'avait-il pour lui succéder, rien que son nom, rien que ses prétentions, rien que les suggestions perfides de quelques ambitieux? Voyez quelle légèreté dans toutes ses démarches! Il s'adresse au capitaine Raindre qu'il ne connaissait pas; il n'a de souvenir de lui que l'amabilité qu'il avait remarquée en lui, et c'est à quelques jours de là qu'il s'ouvre à lui, lui fait confidence de ses pensées les plus secrètes. Il écrit au général Voirol qu'il ne connaissait pas, qu'il n'avait jamais vu ; il écrit au général Excelmans qui lui était pareillement étranger. Ne résulte-t-il pas de ces faits que Louis Bonaparte était fasciné, qu'il était dans une sorte de délire, et que cette fascination et ce délire étaient le résultat des suggestions de quelques étrangers intéressés à le tromper ? Cette fascination ne le justifie pas sans doute, mais elle explique sa position.

« D'ailleurs, Louis Bonaparte n'était pas lié, comme les accusés, envers la France et son souverain. Il n'avait pas reçu, comme eux, des honneurs, des grades, des armes pour défendre son pays et protéger les lois. S'il osa lever un bras homicide contre elle, ce ne fut pas au moins celui d'un parricide. Quelle parité y a-t-il dans les positions ? aucune. Ces considérations étaient de nature à frapper les autorités supérieures. Si le gouvernement ne s'y fût pas rendu, on n'aurait pas manqué de lui rappeler la conduite tenue par lui, dans des circonstance semblables, envers la duchesse de Berri. N'oublions pas qu'en politique comme en morale, comme en religion, il est des actions qui, pour n'être pas conformes au droit rigoureux, n'en sont pas moins louables et dignes d'admiration. Eh bien ! l'acte de Louis-Philippe doit être de ce nombre. Celui qui manque au banc des accusés, c'est le descendant de cet homme prodigieux qui a élevé si haut les destinées de la grande nation, cet homme extraordinaire, qui fut grand jusque dans son exil, où la puissance et la force de son esprit le conduisirent. Non, la France n'oubliera pas le nom du grand capitaine dont le génie présidait au mouvement de nos armées, du monarque habile qui fit succéder l'ordre à l'anarchie, qui releva les autels, et donna le code immortel qui nous régit encore. Heureux, si l'ambition n'eût pas fait acheter si cher tant de gloire !

« Eh bien ! cette gloire, Louis-Philippe, pas plus que la France, ne devait l'oublier : il a compris que ce serait faire rejaillir sur le nom de Napoléon l'infamie de l'accusation ; que ce serait imprimer une flétrissure sur la mémoire du grand homme. Partageant donc les sympathies nationales, Louis-Philippe usa noblement de la prérogative que lui donne la Charte. Il a fait grâce ; il avait droit de la faire. Il n'est personne, parmi ceux qui nous écoutent, et qui ont le sentiment de l'honneur français, qui n'applaudisse à cette mesure.

« On vous proposera encore de donner une leçon de légalité au gouvernement ; on vous dira que puisque Louis-Philippe a mis en liberté un personnage de condition princière, vous, bourgeois, vous devez faire mettre en liberté les accusés, parce qu'ils sont d'une condition égale à la vôtre. Ainsi, en supposant qu'il y ait eu illégalité dans la mesure qui a fait grâce au prince Louis Bonaparte, on vous propose une autre illégalité, c'est-à-dire un crime, car on vous propose de violer votre serment, de mentir à l'évidence. Ce système est monstrueux, vous ne l'adopterez pas. L'intérêt du pays vous domine, et vous saurez faire justice. Il faut que l'esprit de parti soit bien grand pour oser établir des principes aussi désastreux. Et qu'a de commun l'extraction de Louis Bonaparte avec la position des accusés ? ses torts peuvent-ils excuser les leurs ? Devant la justice tout le monde est égal, et si Louis Bonaparte est coupable, les autres accusés ne le sont-ils pas aussi ? si Louis Bonaparte a été soustrait à la justice légale, c'est par un acte légal ; ainsi son absence, comme sa présence, doit rester sans influence sur votre décision.

« S'il s'était évadé ou s'il était mort, il faudrait apprécier chacun des faits imputés aux accusés. Ainsi, même dans cette hypothèse, la détermination que vous avez à prendre ne peut être modifiée par cette circonstance. S'il s'agissait d'une bande de malfaiteurs, si le chef de ces malfaiteurs s'était soustrait aux recherches de la justice, admettriez-vous les justifications de ses complices ? les absoudriez-vous quand ils vous diraient : nous n'avons fait qu'obéir aux ordres de notre chef ? Assurément cette théorie serait repoussée. Eh bien ! ici la situation est la même, car les conséquences de l'attentat du 30 sont tellement graves que, les excuser, c'est donner un exemple qui peut avoir les plus déplorables suites.

« On vous parlera d'entraînement. Certes, il n'est pas de crime qu'on ne puisse excuser ainsi. Toute tentative criminelle est le résultat d'une mauvaise passion, d'un entraînement. Veut-on parler de cet entraînement qui est le résultat de l'influence d'un esprit supérieur ? Voyez les antécédents de Louis Bonaparte ! Etait-ce un héros ? qu'avait-il fait pour entraîner des militaires français, des hommes âgés ? comment concevoir qu'un jeune homme de vingt-huit ans, qui n'avait que son nom, ait été capable d'opérer un entraînement de ce genre

« D'ailleurs ici tout révèle la préméditation. Il y a eu des préparatifs : chacun s'est attribué un rôle; il y a eu réflexion on ne peut admettre une décision spontanée.

« Nous avons terminé notre tâche. Vous connaissez tous les faits dont se compose cette accusation. Nous avons expliqué avec détail la participation des accusés. Vous n'oublierez pas qu'il s'agissait du repos de la France, que sa tranquillité devait être sacrifiée à des calculs d'ambition ; que la cité aurait été en proie à tous les désordres auxquels se fût portée la soldatesque excitée par des chefs qui lui donnaient l'exemple de la désobéissance. La dévastation, le pillage, la guerre civile, et peut-être la guerre européenne, voilà ce qu'on réservait à notre pays.

« Si la France, si l'armée devait avoir le scandale d'un acquittement qui aurait des conséquences si désastreuses, il faudrait désespérer de la patrie. Les magistrats n'auraient plus qu'à fermer le livre de la loi et à voiler l'image de la justice, et les citoyens qu'à se résigner à toutes les calamités. »

Ce réquisitoire, qui a duré près de six heures, a été constamment écouté dans un profond silence.

L'interprète le traduit.

Incident. — Lettre pseudonyme.

Au milieu de la traduction Mᵉ F. Barrot se lève, et son attitune révèle le sentiment d'une profonde indignation.

Monsieur le président, dit-il, je vous demande pardon d'interrompre l'interprétation, mais j'éprouve un sentiment d'indignation dont je ne suis pas le maître. Voici une lettre que le colonel Vaudrey vient de recevoir à l'instant même. Elle porte le timbre de Paris ; elle est adressée par la poste, c'est-à-dire par une voie qui devait nécessairement la faire tomber entre les mains de M. le procureur du roi. C'est effectivement ce magistrat qui l'a reçue et qui, sans l'ouvrir, quoique ce fût son droit, l'a transmise à mon client. Elle a pour signature le nom de Persigny, et elle est ainsi conçue :

« Ami, tu as échoué dans ta tentative ; mais moi, je ne man-
« querai pas mon coup, car il ne faut qu'un coup pour tuer,
« un seul coup : après Meunier, c'est à moi à faire l'affaire ;
« c'est dit.

« *Signé* Persigny. Et plus bas : *Vive l'empereur!* (1) »

Cette odieuse lettre révèle par ses termes mêmes son ignoble origine : elle a pour but de salir les accusés et de compromettre leur cause. Je demande que la Cour veuille bien en ordonner le dépôt aux pièces du procès. Ce sera là un document qui pourra éclairer la religion de MM. les jurés sur les tentatives faites pour aggraver le sort des accusés. C'est une infamie ! Nous voulons avoir raison de cet outrage fait au malheur, et nous prendrons, s'il le faut, des conclusions formelles.

M. le président : On ne peut pas interrompre l'accomplissement d'une mesure ordonnée par la Cour. Vous verrez plus tard ce que vous aurez à faire.

(1) Les journaux ont publié, depuis, une lettre datée de Londres, de M. de Persigny, dans laquelle il désavoue formellement cet écrit.

M. le procureur-général Rossée : Je m'oppose formellement à la jonction de la lettre aux pièces du procès. La défense paraît attacher beaucoup d'importance à cette lettre ; pour nous, nous n'y en attachons aucune.

Me F. Barrot prend des conclusions par lesquelles il demande que le dépôt de la lettre reçue à l'audience par le colonel Vaudrey soit ordonné. Il développe ces conclusions.

M. le procureur-général les combat. Selon lui, la pièce n'a aucune importance. Elle ne peut servir ni l'accusation ni la défense. Elle ne ferait qu'embarrasser la cause en pure perte pour tout le monde. Elle doit être rejetée.

Me Parquin se lève : J'avoue, dit-il d'une voix émue, que la résistance de M. le procureur-général a de quoi nous étonner tous. Comment ! une lettre arrive de Paris pendant l'audience au colonel Vaudrey ; cette lettre contient l'horrible menace d'un régicide ; nous en demandons le dépôt, soit pour le besoin du procès actuel, soit comme pièce pouvant mettre la justice sur les traces d'un nouveau Meunier ; et quand nous prenons des conclusions dans ce sens, c'est M. le procureur-général qui les combat. La pièce, selon lui, n'a pas d'importance ; il aime mieux qu'elle s'égare, qu'elle se déchire, dût cette imprudence faciliter la consommation du crime, en ne permettant pas d'en rechercher l'auteur. Eh bien ! moi, je fais ce que M. le procureur-général ne croit pas à propos de faire, et, empruntant ma mission de mon zèle, non plus au nom des accusés, mais au nom de la société effrayée, au nom du salut de ce roi pour lequel je donnerais ma vie, au nom du repos et de la paix de mon pays, je conclus, je fais mieux, je requiers le dépôt de cette lettre infernale entre les mains d'un juge d'instruction. (Cet incident excite un vif mouvement de surprise et d'indignation dans l'auditoire.)

M. le président : La Cour va en délibérer.

Après une délibération de quelques secondes, M. le président prononce, au milieu d'un profond silence, l'arrêt suivant :

« La Cour ; — Attendu, soit que la lettre, à l'occasion de laquelle s'est élevé l'incident, soit l'œuvre de la malveillance, soit qu'elle émane d'une source ayant un autre intérêt; — Attendu que la lettre n'a aucun trait à l'affaire et est évidemment une pièce apocryphe, — Ordonne qu'elle ne sera pas jointe aux pièces. — Réserve est faite au procureur-général de ses conclusions ultérieures. »

L'audience est levée.

(Audience du 14 janvier.)

L'incident qui a terminé d'une manière si scandaleuse et si imprévue l'audience d'hier est le sujet de toutes les conversations dans les groupes animés qui se forment aux abords et dans l'enceinte des assises, long-temps avant que la Cour y vienne prendre siége.

M. le procureur du roi Gérard a formellement demandé, assure-t-on, à Me F. Barrot la remise de la missive adressée au colonel Vaudrey. L'honorable défenseur a refusé de souscrire à cette demande, et M. le procureur du roi l'aurait averti qu'une assignation lui serait aujourd'hui donnée à comparaître devant le juge d'instruction. Une démarche de Me Barrot et de Me Parquin, démarche marquée au coin de la convenance et de la sagesse, rendrait en tout cas cette précaution inutile. Les défenseurs, à la suite de l'arrêt rendu, ont, dès hier, adressé à M. le garde-des-sceaux la pièce si vivement désirée aujourd'hui par le parquet du Bas-Rhin.

A neuf heures l'audience est ouverte; la parole est à M. le procureur du roi Gérard. Les discours de ce magistrat et de M. Carl, son substitut, en ont occupé toute la première partie. Leur tâche, comme on l'a vu, était de mettre en relief les circonstances de nature à confirmer l'accusation contre chaque accusé individuellement.

Il est une heure, M. le président suspend l'audience. Durant la traduction de l'interprète, M⁰ Barrot a quitté le banc de la défense : il ne revient qu'après un long quart d'heure écoulé. On apprend qu'il sort du cabinet de M. le juge d'instruction Kern, où il a été appelé par une assignation « de comparaître devant M. le juge d'instruction Kern, avec sommation de déposer au cabinet d'instruction la lettre que le colonel Vaudrey a reçue pendant l'audience du 13, signée Persigny, et annonçant qu'un nouvel attentat serait commis sur la personne du roi. »

M. F. Barrot a déclaré qu'il ne remettrait pas la lettre, et il a fait connaître à M. le juge d'instruction les motifs de son refus.

Après un quart d'heure, l'audience est reprise.

IX. PLAIDOYER DE M⁰ FERDINAND BARROT.

M⁰ Ferdinand Barrot, défenseur du colonel Vaudrey, a la parole. (Profond silence.)

« Messieurs les jurés,

« Ce n'est pas le défenseur du colonel Vaudrey qui devait le premier se lever devant vous, et le premier prendre rang dans la lutte engagée. A un autre appartenait cet avant-poste de la défense. Celui-là avait la plus sûre conscience des faits qui fondent l'accusation, et de la responsabilité qu'ils entraînent pour les accusés : tout, dans les débats que vous avez entendus, a procédé de lui, et semblait devoir retourner à lui ; il était, à vrai dire, la raison et la fin de ce procès.

« D'où vient qu'il est absent ? d'où vient que sa mission nécessaire reste inaccomplie, et que sa parole manque ici à vos consciences ? Est-ce donc qu'il a fui ? est-ce donc qu'il a voulu se soustraire à votre justice, laissant pour ôtages à la vindicte publique ceux qui s'étaient jetés sur ses traces dans une aventureuse entreprise ? Non, messieurs, mille fois non ; votre justice, il la demandait, il la voulait. Il avait compris que, dans tout état social ; celui qui fait appel à la force et qui succombe doit rendre compte à la loi. Né prince ; il sentait couler dans ses veines un sang impérial, le plus illustre sang des temps modernes, et cependant il n'avait point songé que sa tête fût placée au-dessus des lois, et que celles-ci dussent jamais fléchir devant lui. Il était résolu à subir la destinée commune, et prêt à prendre sa part dans la solennelle expiation qu'on vous demande... Mais d'autres se sont trouvés qui, gardiens jaloux de droits inconnus et de priviléges surannés, se sont empressés de soustraire à la justice humaine, comme à une souillure, ce neveu d'empereur auquel ils ont livré passage.

« Et qu'ont-ils fait de la loi? La loi n'est-elle plus souveraine? n'est-elle plus ce niveau sous lequel doivent se courber tous ceux qui, régnicoles ou étrangers, foulent le sol de la France? La loi, cette règle absolue de tous les faits humains, cette inviolable maîtresse des sociétés constitutionnelles, a dû s'arrêter, muette et impuissante, devant quelqu'un plus grand et plus inviolable qu'elle-même.

« Le droit commun, l'égalité devant la loi, ce sont là choses à l'usage du peuple seulement. Que nous autres citoyens, nous demandions tout aux lois, et que nous recevions tout d'elles seules ; que nos intérêts, nos droits et nos devoirs découlent de cette source commune ; que nos passions, nos actes et nos pensées plient sous cette indomptable volonté, c'est très-bien, c'est là notre condition... Mais sachez-le, messieurs les jurés, il est des hommes à part, dont le sang est privilégié, dont la nature est exceptionnelle, qui naissent et qui vivent au-delà du cercle social, qui ne sont, par rapport à vous, ni rois ni citoyens, ni même étrangers, mais qui sont princes, c'est-à-dire qu'ils se portent héritiers directs ou collatéraux de ces trônes que la volonté nationale a édifiés parmi nous, et qu'un jour la volonté nationale a réduits en poussière ; pour ceux-là, pour ces hommes de race, la loi commune est infime, elle ne va point à leur haute taille ; leur droit, si on en croit quelques doctrines confuses, ne relève que de Dieu, de leur conscience et de leur épée.

« C'est en blasphêmant le principe même de notre constitution, qu'on les appelle des prétendants. En effet, si le droit de régner sur nous est une délégation de la souveraineté nationale, si la royauté est une institution dont l'origine et la sanction sont dans le peuple, si le choix du souverain est un fait constitutionnel, je le déclare, je ne comprends plus ce que c'est qu'un prétendant.

« Reconnaître à quelqu'un le droit de prétendre au trône, c'est admettre qu'il y a quelque chose au-dessus de la volonté du peuple, que tout n'est pas dit lorsqu'il a voulu et qu'il a fait un roi ; c'est admettre qu'il y a au monde quelqu'un qui pourra impunément porter la main à la couronne de France, et l'arracher, par ruse ou par force, à celui qui la porte.

« Proclamer un pareil principe, c'est remonter vers les temps barbares, c'est reconnaître implicitement que le droit de commander à la nation française est un droit patrimonial imprescriptible, toujours ouvert dans certaines familles, et sans autres limites que la force. C'est relever de leur abaissement et de leur ruine les dynasties dont nous ne voulons plus ; c'est leur léguer l'avenir.

« Nous ne sommes pas un peuple qui puisse appartenir au premier occupant. Notre sol libre de France, ce sol consacré par deux grandes révolutions populaires, ne saurait être considéré comme un champ-clos où viendront, chacune à son tour et en son temps, se vider des querelles de prétendants.

« Non, messieurs les jurés, il n'y a pas de droit qui puisse prévaloir contre le principe de l'égalité devant la loi ! Tous les crimes, tous les délits, quels que soient leur point de départ et leur but, relèvent des lois pénales. Si le prince Napoléon a tenté une révolution en France, il n'a entendu le faire qu'en acceptant toutes les conséquences légales de son fait, et aujourd'hui il repousse avec toute l'énergie d'un cœur généreux le bénéfice de l'illégalité qu'on lui impose.

« Messieurs les jurés, il faut défendre le pays, il faut défendre la royauté de juillet contre l'intronisation de ce droit princier. Eh! ne tremblez-vous pas en pensant que les vingt prétendants de deux dynasties peuvent, à la fois et sur divers points du royaume, parés de titres effacés, et armés de l'impunité qu'on leur assure, venir tenter les chances de ces parties de princes à roi, dont l'enjeu ne saurait être que du sang français?

« Vous devez à la société, vous devez à vous-mêmes de ramener à la loi ceux qui s'en écartent ou qui la violent.

« On a cherché, dans le réquisitoire auquel je réponds, à expliquer, à justifier la mesure adoptée par le gouvernement à l'égard du prince Napoléon. On vous a dit que le roi avait agi dans la plénitude de sa prérogative, et qu'il avait fait grâce.

« Je ne me permettrai pas d'amener sous les nécessités d'un débat judiciaire un nom qui doit rester en dehors de toute discussion, et dont il n'est permis à personne de se faire un rempart ; mais je pourrais contester au gouvernement constitutionnellement responsable l'usage qu'il aurait fait, dans la cause, du droit de grâce. Je pourrais soutenir que jamais le droit de grâce ne doit intervenir au milieu des poursuites de la justice, et faire fléchir son action ; qu'on ne peut faire grâce qu'à celui qui est légalement déclaré coupable et soumis à une peine. Je pourrais démontrer que la grâce accordée avant condamnation établit une présomption de culpabilité contraire à tous les principes qui veulent que l'innocence d'un accusé ne disparaisse définitivement que sous le fait légal d'une condamnation. La grâce, c'est un droit d'asile ouvert au sein de la royauté pour celui qui a trouvé inflexibles la justice et la loi.

« Et, ensuite, ne pourrais-je pas m'étonner de l'empressement apporté, dans la cause, à imposer à un prévenu, et malgré ses protestations, une faveur qu'on fait si chèrement acheter de nos jours à ceux qui, frappés par la justice, relèvent régulièrement cette fois de la clémence du prince?

« Le ministère public a cru devoir établir que l'amnistie et la grâce étaient une seule et même chose. Je le contesterais facilement : cette matière n'a pas été assez explorée pour que tous les principes en soient certains. La réserve que notre gouvernement a toujours mise à faire usage du droit d'amnistie ne permet guère d'en pouvoir apprécier les caractères essentiels, mais peut-être me serait-il permis de signaler la différence qui existe entre le droit de grâce et le droit d'amnistie, en m'appuyant sur l'exemple même cité par M. le procureur-général. L'acte de clémence que, comme premier magistrat du parquet de cette Cour, il a sollicité et obtenu, s'appliquait à un fait général auquel avait pris part toute une population, et qui compromettait un grand nombre d'individus ; il a eu pour résultat de relever le fait et tous les auteurs du fait des poursuites de la justice et des prescriptions de la loi pénale ; là il n'y avait pas grâce, il y avait amnistie.

« Mais, messieurs les jurés, on n'a fait dans la cause ni amnistie ni grâce ; détrompez-vous : il ne s'agit point du droit royal de grâce, il s'agit d'un fait ministériel que j'ai le droit de qualifier d'arbitraire. Le droit de grâce s'exerce dans les formes régulières ; quand le roi fait grâce, ce doit être un fait patent et solennel.

« Or, vous avez entendu la lecture des pièces relatives à l'extraction du prince et à la levée de l'écrou : eh bien ! c'est par un ordre signé d'un ministre seul que l'écrou a été levé ; dans cet acte, il n'est fait mention ni directement ni indirectement de l'exercice de la prérogative royale.

« C'est un fait ministériel, un fait dont le préfet et le général se déclarent responsables, et je n'imagine pas qu'ils eussent osé se porter garants du droit du roi. Mais, d'ailleurs, les lettres de grâce doivent être entérinées par les cours de justice, sur les réquisitions du procureur-général. M. le procureur-général pourra nous dire si les lettres accordées au prince Napoléon ont subi cette formalité. Ne nous parlez donc plus de prérogative royale, et j'ai maintenant le droit de dire que toute votre discussion sur le droit de grâce et d'amnistie est sans résultat dans la cause. Il n'y a pas eu, à l'égard du prince, l'exercice du droit de grâce royale : il n'y a eu qu'un enlèvement frauduleux, consommé par ordonnance ministérielle. Je dis qu'il y a là arbitraire et violation flagrante du droit.

« On a eu raison de dire que le droit est la garantie la plus certaine, non-seulement de toute justice, mais encore de toute moralité. Cette vérité deviendra plus saillante à mesure que nous développerons les déplorables conséquences de la mesure arbitraire dont nous nous plaignons. Vous le savez, messieurs les jurés, la justice doit être une, comme la vérité ; il ne peut exister en elle d'éléments divers et contradictoires. Ses rapports avec les hommes et les choses sont toujours selon les règles d'une immuable sagesse, et l'on peut dire que la conscience des juges emprunte à Dieu la justice de ce monde. Aussi, la justice ne saurait s'appliquer d'une manière différente à des faits et à des intentions identiques ; autrement il y aurait, d'un côté ou d'un autre, violation de son principe ; il y aurait injustice, et l'injustice est une immoralité.

« Eh ! voyez, en effet, où a conduit dans cette affaire la violation du droit ?

« Un crime a été commis, les coupables sont arrêtés et placés sous main de justice. Les magistrats sont saisis, la loi demande satisfaction, la vindicte publique s'est armée.

« A ce moment, messieurs, à ce moment solennel, voilà qu'un pouvoir sans juridiction et sans droit, violant la mainmise de la justice, délivre celui qui ne pouvait plus l'être que par mandat du juge ou par votre décision souveraine. Et c'est au profit de l'auteur principal que se consomme cette violation de toutes les garanties judiciaires, de la sainteté des ordres de justice ! c'est-à-dire qu'il y a un homme qui a voulu le crime, qui l'a inspiré, un homme pour qui et par qui le crime a été commis ; celui-là, c'est le plus coupable, et on l'affranchit.

D'autres n'ont fait que se jeter dans les voies ouvertes par le premier, suivre ses inspirations, obéir à sa volonté ; ils étaient les serviteurs plutôt que les complices de ce maître ; ceux-là, messieurs les jurés, on les déclare responsables : ce sont eux qui devront répondre aux menaces de la loi.

« Ainsi donc le crime n'est plus qu'un effet qu'on isole de sa cause ; la prévention n'est plus qu'un fait matériel dont on arrache l'âme et la pensée : ce n'est plus qu'un cadavre qu'on livre aux tortures d'une accusation.

« Et l'on vous demande, messieurs les jurés, de vous associer à une pareille œuvre judiciaire ! on vous demande de justifier, par une condamnation, une illégalité flagrante, une incontestable iniquité.

« Le pouvoir a séparé de force ceux qu'une destinée commune unissait devant la loi ; il a fait deux parts de justice pour le même crime. Disons-le : s'il a jeté sa volonté dans un des plateaux de la balance, il a laissé dans l'autre, comme contrepoids, la probité de vos consciences et la souveraineté de votre juridiction.

« Oh! je me rassure, messieurs les jurés, en songeant que je m'adresse aux excellents citoyens de l'Alsace, de ce pays où les traditions de probité et d'honneur, qui semblent perdues ailleurs, sont restées pleines de vie et de puissance. Lorsqu'au commencement de ces débats, je vous entendais jurer, en levant la main devant Dieu, de décider en hommes probes et libres, je croyais à la vérité de ce serment fait par vous, et je me disais : Il est impossible qu'aucune de ces fortes consciences consente à se plier à l'immoralité de la condamnation qu'on leur demande. Vous retiendrez, messieurs, sous quelle violation de principes s'est inauguré ce procès ; vous ne perdrez pas de vue ces mots : *Arbitraire et iniquité*, que nous avons écrits au frontispice. »

Ce brillant exorde, prononcé avec un rare accent d'énergie, excite dans l'auditoire un long murmure d'approbation et de sympathie. Le défenseur continue :

« Messieurs les jurés, ce n'est pas sans une émotion dont j'ai peine à me rendre maître que j'aborde l'accusation ; j'ai besoin d'appeler à moi le sentiment de mes devoirs et la modération qu'ils m'imposent, au moment de m'engager dans les voies difficiles où le ministère public m'oblige à le suivre. J'espère ne jamais dépasser la limite à laquelle je serai trop souvent forcé de toucher.

« J'avais toujours cru qu'une accusation était une chose grave et sérieuse, et que celui qu'elle appelle devant la justice s'y présentait protégé par les périls mêmes de sa position et la dignité de la loi. Je sais bien que tous les actes qui se rattachent au crime qu'on veut prouver sont du domaine de l'accusation ; mais ce que je conteste à cette dernière, c'est le droit de rendre solidaires d'un seul fait une vie tout entière, cinquante années d'honneur, et de les livrer gratuitement aux flétrissures d'un réquisitoire.

« Le colonel Vaudrey était accusé d'un grand crime, dont la réalité et la nature ne sont point contestées ; votre part était assez large sans doute, monsieur le procureur-général ; votre tâche était assurément bien facile : vous n'aviez qu'à déclarer le fait, à en dénoncer la preuve, puis à demander la tête du coupable. Mais cela ne vous a point paru suffisant ; ce n'était point assez d'accuser l'homme, vous avez voulu le flétrir !

« Et, messieurs les jurés, comme si un fait politique ne trouvait pas son explication toute simple dans l'effervescence sociale au milieu de laquelle nous vivons, on s'est complaisamment appliqué à tracer de mon client un portrait qui se prêtât à l'effet général de ce procès et qui pût s'encadrer dans l'acte d'accusation, et le ministère public vous a dit : Le colonel Vaudrey n'est qu'un homme de plaisir, adonné toute sa vie à ses passions, dissipé, plein de vanité ; c'est un homme que l'ambition tourmente, qui veut beaucoup et qui n'a droit à rien. Ces épaulettes brillantes qu'il porte, cette croix d'officier de la Légion-d'Honneur qui décore sa poitrine, tout cela, c'est la faveur qui le lui a accordé, il ne l'a point mérité; ce n'est qu'un lâche et un intrigant!

« Puis, on est descendu plus bas, beaucoup trop bas vraiment....., et ramassant derrière l'accusé des faits de sa vie intime, des faiblesses qui sembleraient ne devoir relever que de la juridiction domestique, on les a élevés à toute la solennité d'un débat judiciaire, et on en a fait le texte d'outrageuses paroles qui, je le déclare, sont venues mourir à nos pieds.

« Eh! mon Dieu! l'époque où nous vivons nous permet-elle donc de nous montrer censeurs aussi sévères? Y a-t-il beaucoup d'existences, pour peu qu'elles se soient prolongées, qui aient échappé aux corruptions de notre société, et qui soient exemptes de ces écarts si vivement reprochés au colonel Vaudrey!— L'âge et l'expérience devraient peut-être inspirer plus d'indulgence! Et quant à moi, je voudrais savoir quel est l'homme dont la vie soit si intacte qu'il ait le droit de s'indigner, dans la pureté de sa conscience, des faiblesses produites au grand jour par M. le procureur-général.

« Eh quoi! le colonel Vaudrey a une famille, une femme dont on s'est plu à proclamer la touchante vertu, des enfants, tout jeunes encore, dont le bonheur était d'aimer leur père et qui étaient fiers de lui....., et voilà qu'on a jeté à leur nom et à leur avenir, non pas seulement un crime politique que les vicissitudes du temps effacent et qu'une peine expie, mais encore je ne sais quelle sourde honte qui désole leur cœur et fait monter le rouge à leur front!

« Aussi, ce n'est pas la liberté et la vie seules du colonel Vaudrey que je viens défendre devant vous, messieurs les jurés, c'est d'abord son honneur, sa première vie à lui, la portion la plus précieuse du dépôt qu'il a confié à mes soins.

« Il faudra bien, pour déchirer le voile d'opprobre qu'on s'est efforcé d'étendre sur le nom de mon client, il faudra bien que je vous dise quelle a été sa vie et que j'en fasse luire l'éclat à vos yeux. Du reste, dans le rapide coup d'œil que je jetterai sur sa carrière, je mettrai beaucoup de réserve. Il m'en a fait lui-même une loi, et, au commencement de cette audience, il me disait : « Au moins, si vous croyez avoir à par« ler de mes services, ménagez-moi les éloges. » Je me conformerai à cette noble volonté.

« Vaudrey est entré en 1802 à l'École polytechnique, et, en 1804, à l'école d'application. En 1806, à l'âge de vingt ans, il fit, comme sous-lieutenant, les campagnes de Naples et de Calabre, qui, pour avoir été moins éclatantes que nos autres campagnes, n'en ont pas moins eu leurs périls de chaque jour et leurs longues et glorieuses fatigues.

« En 1809, le lieutenant Vaudrey prenait part à cette course victorieuse qui traversa Vienne et vint aboutir au champ de bataille de Wagram. Ce fut dans cette campagne qu'il fut fait prisonnier, après avoir vu la compagnie qu'il commandait presque entièrement détruite. Lorsque, en 1810, il revint de captivité, on avait conservé le souvenir du courage qu'il avait déployé dans l'action, et il fut fait capitaine. En 1813, il obtint la Croix-d'Honneur.

« Je ne vous nommerai pas tour à tour les champs de bataille où l'aigle impériale domina la victoire et où le capitaine Vaudrey prodiguait son sang et son courage.

« Permettez seulement que je vous cite une de ces actions dont le nombre est grand dans sa vie, et dont j'aurais pu, au besoin, rechercher les récits dans les ordres du jour de la grande armée.

« En septembre 1813, le capitaine Vaudrey commandait, devant Grossen-Haijen, une batterie destinée à défendre une position menacée. Un détachement de dragons était chargé de soutenir les artilleurs. Bientôt ce poste est attaqué par l'ennemi, qui, supérieur en nombre, force nos soldats à la retraite ; deux bouches à feu restent en son pouvoir...... Le capitaine Vaudrey, par l'ascendant de son courage et par l'autorité de sa voix, rassemble quelques artilleurs et quelques dragons, se met à leur tête, charge l'ennemi avec fureur, et, après des efforts prodigieux, reprend les deux pièces d'artillerie... Il paya de son sang ce brillant succès : blessé d'une balle à l'épaule et de trois coups de lance dans le côté, il tomba dans la lutte ; mais il se releva avec le grade de chef d'escadron.

« En 1814, la coalition européenne avait touché nos frontières ; la gloire impériale semblait se voiler ; les hordes du Nord avaient déjà posé les pieds sur la France : le commandant Vaudrey, retenu chez lui par la gravité de ses blessures, n'entendit pas en vain ce long cri de guerre qui retentit à ce moment sur tout le territoire et fit tressaillir tous les cœurs français ; tout malade encore, il rejoignit l'armée, et vint consacrer le peu de forces qui lui restaient à la défense de votre province, messieurs les jurés, de votre province que le ministère public l'accusait tout à l'heure d'avoir voulu, au 30 octobre dernier, livrer au pillage et aux massacres. Vaudrey assista à toutes les batailles désespérément glorieuses de la campagne de France, pendant laquelle l'invasion étrangère se glissait à travers nos armées plutôt qu'elle n'en triomphait.

« La restauration se croyait maîtresse assurée de ce trône qu'elle devait perdre deux fois encore, lorsque tout-à-coup apparut sur les rivages de Cannes la grande figure de notre empereur. La France se leva à son aspect et salua de son enthousiasme ce souverain qui, seul, venait redemander son trône. Le commandant Vaudrey avait été un des premiers à venir se ranger sous l'aigle impériale ; il était à Waterloo, où il commandait vingt-quatre bouches à feu..... Il suivit Napoléon jusqu'à sa dernière étape d'empereur.

« Ainsi donc, à vingt-huit ans, Vaudrey avait combattu sur plus de cinquante champs de bataille, et il avait su y conquérir, à la pointe de son épée, la croix et le grade d'officier supérieur. Appelez donc cet homme que je viens défendre, et que sa vie défend mieux que moi, appelez-le donc lâche, misérable et intrigant ! Répétez donc que c'est un homme de plaisir, un soldat de parade, un officier que la bienveillance royale a complaisamment bercé de ses faveurs !...... Vous ne le répèterez point... Je dis, moi, que c'est un homme de fatigues et de combats, un homme d'honneur, un brave soldat, un glorieux enfant de notre vieille armée.

« Oh ! rassurez-vous, colonel Vaudrey, l'estime de vos fils ne vous manquera pas plus que leur amour ! Ils ressentiront cruellement l'injure faite à leur père ; mais ils n'y croiront pas..., personne n'y croira ; vous avez pour réponse vos campagnes, vos blessures, trente-quatre ans d'une incessante et glorieuse activité, et je me sens heureux d'avoir eu à lire vos états de services dans un auditoire où je vois briller tant d'uniformes français ; j'ai la certitude que mes paroles auront plus d'un écho.

« La restauration ne pardonnait pas non plus à ce qu'elle appelait alors la félonie et la traîtrise ; Ney, Labédoyère, et tant d'autres qui avaient rendu leur épée et leur serment à leur empereur, tombèrent victime de la justice haineuse du gouvernement nouveau. Mais ces traîtres et ces félons de 1815 sont aujourd'hui des noms glorieux que leur condamnation n'a point flétris, mais qui ont, au contraire, flétri leur condamnation : eh ! messieurs les jurés, un illustre pair, le général Excelmans, que nous comptons au nombre des témoins de cette affaire, a cru devoir, et il y a peu de temps encore, protester, dans l'enceinte même où a été jugé le maréchal Ney, contre cette abominable condamnation qui a fait tomber une de nos gloires militaires sous des balles françaises !

« Le colonel Vaudrey ne put échapper à l'esprit de proscription ; il fut mis en demi-solde, et ce ne fut que plus tard, en 1817, qu'il fut rappelé à l'activité et rendu à son régiment. Ses services et son ancienneté lui valurent le grade de lieutenant-colonel.

« Cependant la restauration avait atteint les dernières limites de son existence ; la lutte entre le principe monarchique et le principe populaire était trop ardente pour que l'issue n'en fût pas prochaine.

« Les événements de juillet éclatèrent ; la terre trembla. L'insurrection parisienne avait à peine commencé que sa grande voix avait comme un sourd retentissement dans la ville de Strasbourg. Cette cité n'a jamais hésité, lorsqu'il s'est agi de pousser en avant les principes de la civilisation ; elle voulut, en 1830, prendre sa part dans la grande œuvre de la liberté. Déjà elle était en proie à une agitation violente, le feu semblait avoir gagné les troupes. La garnison, conduite par quelques sous-officiers et quelques officiers patriotes, se présenta au colonel Vaudrey, dont les opinions libérales n'étaient un mystère pour personne ; elle lui offrait de se mettre à la tête du mouvement.... L'occasion était belle, cette fois, pour cet homme qu'on vous a peint plein d'orgueil et de vanité ; il va sans doute accepter ce commandement insurrectionnel..... S'il est ambitieux, il a pu à l'avance calculer la récompense qui lui sera due. En effet, songez-y, la révolution est presque certaine.... Mais non, messieurs, il refusera ; il ira solliciter les chefs militaires de la garnison, les généraux qui commandent le département et la division, de se mettre à la tête des troupes prêtes à la révolte, de régler leur mouvement au nom de l'ordre et de la liberté, et de comprimer par leur présence l'explosion qui menace d'éclater et dont les conséquences pourraient être si graves pour le pays..... Est-ce qu'il voulait ainsi fuir un danger et mettre sa responsabilité personnelle à couvert ? Oh ! ne le croyez pas ! Plus tard, une proclamation est rédigée par les troupes de la garnison ; cette proclamation appelle les garnisons voisines à l'insurrection : cet écrit révolutionnaire, qui donc le signera de son nom et en affrontera les conséquences ? C'est le lieutenant-colonel Vaudrey. Ainsi, dans ces grandes journées, les honneurs, il les repousse ; les dangers, il les accepte.

« Il est une gloire seulement dont aujourd'hui il est heureux de réclamer sa grande part ; ce fut lui qui fit délivrer des armes à votre garde nationale qu'il a contribué à organiser. Je ne puis rappeler ce service rendu par mon client sans réveiller en vous le souvenir de l'injure que le pouvoir a faite à votre cité, en frappant de dissolution votre milice citoyenne. Mais j'ai sans doute commis une faute en parlant de cette époque de 1830 et de la part prise par le colonel Vaudrey aux événements qui éclatèrent...... Cette fois encore, il manquait à ses serments ! Hélas ! combien d'autres firent comme lui ! Combien a-t-on vu, au grand jour du 29 juillet, d'officiers, de chefs de corps, venir apporter leur épée à ce qui n'était encore que l'émeute et la révolte ! Plus tard, d'autres survinrent qui avaient su prudemment attendre, et ne s'étaient décidés que le lendemain à être des héros.

« Tous ceux-là étaient liés par des serments qu'ils avaient prêtés et qu'ils ont méconnus ; et on les a glorifiés cependant ! Qui donc les appelle aujourd'hui des traîtres et des félons ?

« C'est que, voyez-vous, messieurs les jurés, *le succès absout* ; c'est là le grand axiome de notre ère de bouleversements politiques.

« Après tant de révolutions, à la suite desquelles nous avons vu marcher toujours les mêmes hommes, entraînés ainsi par la force des choses et par leur intérêt de serments en serments, et pliant leur conscience aux exigences des temps, le serment politique n'est plus qu'une sanction banale, qui ne protège les conventions que jusqu'au point où viennent à être compromis le salut et la liberté du pays. D'ailleurs, les violations de serment ont trop souvent réussi à beaucoup de gens qui ont l'habitude d'en prêter et qui en vivent, pour qu'aujourd'hui on puisse en faire un texte solide de morale sociale.

« J'éprouve une véritable douleur, messieurs les jurés, à voir combien les faits justifient une si déplorable doctrine, et à quel degré d'abaissement les pratiques de ce monde ont réduit la théorie du serment. Je pourrais m'écrier : Que celui qui, dans cette enceinte même, n'a jamais prêté qu'un serment et a voulu y rester fidèle, se lève devant nous ! A celui-là seul je reconnaîtrai le droit de flétrir avec une consciencieuse indignation la violation d'un serment.

« Dès les premiers jours qui suivirent la révolution de juillet, mon client fut élevé au grade de colonel. L'opinion publique avait inspiré cette nomination, et elle y applaudit. Ce n'était pas du reste un avancement de faveur ; il était donné après quatre ans passés dans le grade inférieur. Ce fut à cette même époque que le colonel Vaudrey se présenta comme candidat à la députation. Les électeurs patriotes de Sémur le portèrent en opposition avec M. Vatout, et celui-ci ne l'emporta sur son concurrent que de sept à huit voix. Il me sera permis d'opposer ces honorables suffrages donnés au colonel Vaudrey par ses concitoyens, par les habitants du pays où il est né, aux imputations dégradantes qu'on lui a prodiguées ici.

« Cependant la révolution de juillet s'était rapidement éloignée des voies qu'elle aurait dû suivre ; la plupart des hauts fonctionnaires de la restauration sollicitèrent les faveurs du gouvernement nouveau, et restèrent en place en conservant tout leur mauvais vouloir contre les principes qui avaient présidé à la révolution, et contre les hommes qui en avaient été les organes ou les défenseurs. Aussi chercha-t-on, aussitôt après la nomination du colonel Vaudrey, à en diminuer pour lui les avantages. Il fut envoyé, relégué, pour mieux dire, dans la direction de l'artillerie de Bastia. C'était un exil ; on l'y laissa pendant trois ans. Ce fut en 1833 seulement qu'il fut appelé au commandement du 4e régiment d'artillerie.

« Je ne puis que vous rappeler ici les dépositions des témoins que vous avez entendus aux dernières audiences. Le colonel Vaudrey, quoique sévère pour les soldats de son régiment, en était aimé. Peu de chefs de corps étaient entourés de plus de dévoûment et de respect. Le général commandant la division l'honorait d'une affection particulière, et l'avait recommandé plusieurs fois à l'attention du ministre de la guerre. Je pourrais vous lire des lettres écrites par divers généraux et par le ministre lui-même, où l'excellente conduite du colonel et du régiment sous ses ordres était signalée avec éloge.

« Mais mon client portait une tache originelle; c'était un révolutionnaire de juillet : on ne le lui pardonnait pas, et, ainsi que le disait un des témoins, les dispositions favorables de ses chefs se heurtèrent plus d'une fois contre le mauvais vouloir du comité supérieur d'artillerie. J'espère pouvoir vous faire passer sous les yeux, messieurs les jurés, une lettre que mon client écrivait, en 1835, à M. Vatout, avec lequel il était resté dans de très-bonnes relations. Dans cette lettre il se plaignait amèrement des dégoûts qu'on lui faisait subir. « Je ne « sollicite rien pour moi, écrivait-il, mais je suis douloureuse- « ment affecté de voir que tout ce que je demande pour mon « régiment, quelque juste que ce soit, m'est constamment re- « fusé. Il y a moins de croix dans le 4ᵉ d'artillerie que dans un « bataillon de ligne ; si cela continue, je briserai mon épée. » A ces mécontentements si graves pour un chef de corps dont l'autorité est souvent en raison de l'influence dont il jouit, se joignaient des mécontentements d'une autre nature. Ses convictions politiques étaient blessées. Il ne voyait pas sans une peine profonde les circonstances où les principes constitutionnels étaient sacrifiés par l'impuissance à la peur.

« Ce fut dans ces dispositions d'esprit, qu'au mois de juillet dernier, le colonel Vaudrey rencontra fortuitement le prince Napoléon aux eaux de Bade. Ce fut là une rencontre qui devait avoir pour mon client de bien fatales conséquences.

« Le prince n'est pas directement en cause ; mais le ministère public a voulu associer les accusés à tous ses actes, à tous ses projets, à toutes ses pensées : sa moralité appartient au procès. Qu'il me soit permis de vous dire qui il était. Et d'abord je dois déclarer qu'attaché par mes principes et mes convictions au gouvernement que nous a donné la révolution de juillet, je n'appartiens pas au parti napoléonien. Je n'accepte de l'empire que la gloire dont il a couronné la France et les puissantes créations dont il l'a dotée.

« L'accusation a pris les choses bien haut, et a fait remonter à une époque déjà reculée les imputations dont elle a poursuivi les fils de la reine Hortense. Elle a commencé par leur contester leur nom et leur origine. *Leur nom et leur origine sont italiens*, s'est-elle écriée. L'avons-nous bien entendu ! Oh ! je veux bien qu'on affecte de ne pas croire à la religion des souvenirs, mais je n'aurai pu penser qu'on allât jusqu'à déshériter la France du glorieux nom de Napoléon Bonaparte. Il n'est pas d'origine et de nom plus français que l'origine et le nom des neveux de l'empereur.

« Les princes, ajoutait le ministère public, dans leur coupable pensée d'avenir, avaient choisi la résidence d'Arenenberg, afin d'être plus près de la France, et d'attendre là les occasions de tenter l'exécution de leurs desseins... Il y avait, à une pareille assertion, une réponse bien simple et que M. le procureur-général n'a pas prévue. Lorsque la reine Hortense fit sa résidence d'Arenenberg, ses fils avaient de six à huit ans. Les lois de l'exil les avaient jetés, presque enfants, sur la terre étrangère, et leur mère avait voulu qu'au moins leur berceau fût placé le plus près possible des frontières de France..... Puis ils ont grandi. Tout le monde sait les douleurs de leur retraite, et ceux qui ont approché d'Arenenberg ont pu voir souvent couler leurs larmes à l'idée de la patrie dont le sol leur était interdit. La révolution de juillet vint un instant réveiller leurs espérances ; un instant ils crurent à la patrie. Hélas ! la patrie est restée fermée pour eux. Ils sollicitaient une place parmi les soldats français ; ils demandaient une épée ; ils auraient, en échange, donné tout leur sang..... La loi, la dure loi les a repoussés.

« A ce moment-là éclataient les insurrections italiennes, filles de notre révolution de 1830. Les jeunes princes s'y précipitèrent. C'était pour eux, dit l'accusation, le chemin de la France ; non, messieurs, c'était le chemin de la liberté. Ils s'engagèrent glorieusement dans cette carrière ouverte à leur courage ; l'un deux, l'aîné, y a succombé, et, selon l'expression de M. le procureur-général, il est mort à la peine. Oui, vous avez bien dit, mort à la peine, comme un manœuvre s'employant sans espoir à ce grand travail de la liberté où se sont usées tant d'existences, y donnant son corps et son âme ; puis, bien jeune encore, après avoir essuyé les rudes fatigues d'un soldat, venant s'éteindre et mourir dans les bras d'une mère.

« Il laissait à son jeune frère, Louis Napoléon, l'héritage d'un cruel exil. Celui-ci prit du service dans les troupes suisses ; il voulut occuper utilement sa vie, et mériter au moins la patrie qu'on lui refusait. Il publia plusieurs ouvrages : un *Manuel d'artillerie*, que je ne suis pas compétent pour apprécier ; un livre qu'il intitula *Rêveries politiques*. J'ai lu cet ouvrage du jeune prince, je n'y ai pas trouvé les doctrines coupables que le ministère public prétend y avoir rencontrées. Ce n'est pas dans ce livre au moins que j'ai lu cette étrange déclaration que le gouvernement constitutionnel est un régime essentiellement corrupteur. Cette doctrine subversive de toutes les idées sociales acceptées parmi nous, elle nous a été enseignée ici, en pleine audience, par M. le procureur-général lui-même.

« Il y a quelque temps, les agitations auxquelles la France était livrée, les chances que cet état de désordre semblait donner à une dynastie qui s'appuie sur la gloire de Napoléon, appelèrent l'attention du jeune prince. Le sang qui coulait dans ses veines l'exalta ; il fit je ne sais quel rêve... Puis bientôt il se livra aux inspirations de cette imagination ardente que vous peignait le capitaine Raindre, et saisit avec une sorte de fièvre la pensée de tenter les hasards d'une périlleuse entreprise. Plein de résolution et de courage, il marcha droit au but sans marchander et sans se laisser rebuter par les obstacles. Ce fut sur ces entrefaites qu'il connut le colonel Vaudrey. Il lui fit dès lors des ouvertures que mon client repoussa tout d'abord, et à l'encontre desquelles il crut devoir faire au prince de sages observations.

« Le général Voirol interpella le colonel quelque temps après son retour de Bade, pour savoir de lui s'il n'avait pas reçu des communications du prince. Le colonel fit une réponse négative, dont l'accusation s'est fait une arme contre lui. Mais quoi ! n'était-ce pas là une confidence, une chose dite sous le sceau du secret ? La répéter, c'eût été une révélation à laquelle un homme d'honneur devait répugner. La loi qui a effacé de nos codes le crime de non-révélation a affranchi de toute critique ces questions qui ne relèvent que de la conscience.

« Quoi qu'il en soit, le respect que le colonel avait témoigné pour le nom de l'empereur, son enthousiasme pour le souvenir des gloires de la grande armée, peut-être le mécontentement qu'il laissa percer et dont, en tous cas, le prince pouvait être instruit, donnèrent à ce dernier la confiance qu'un jour il pourrait obtenir l'adhésion du colonel et s'appuyer sur son dévoûment. Il fit renouveler auprès de l'accusé les tentatives que lui-même avait essayées vainement. Les débats m'autorisent à dire, sans vouloir toutefois en faire un moyen de ma défense, que le prince Napoléon ne manqua pas de soumettre le colonel Vaudrey à plus d'une séduction, à plus d'un entraînement. Mais ce qui est acquis au procès, malgré les efforts du ministère public ; c'est que, jusqu'au dernier moment, mon client a hésité, c'est que, jusqu'au 29 octobre, il n'avait jamais définitivement promis, il n'avait point fixé sa résolution. M. le procureur-général s'est principalement appuyé sur la lettre écrite par le prince Napoléon, sous le nom de Louise Wernert (1), au colonel Vaudrey ; c'est dans les termes mêmes

---

(1) « Monsieur,

« Je ne vous ai pas écrit *depuis que je vous ai quitté*, parce qu'au
« commencement j'attendais une lettre où vous m'aviez donné votre
« adresse, et que, depuis le retour de M. P., j'ai trouvé inutile de mul-
« tiplier les écritures ; cependant, aujourd'hui que vous vous occupez en-
« core de mon mariage, je ne puis m'empêcher de vous adresser per-
« sonnellement une phrase d'amitié. Vous devez assez me connaître

de cette lettre que je pourrais trouver la preuve qu'il n'y avait pas de résolution arrêtée chez le colonel. Vous aurez remarqué sans doute, messieurs les jurés, les expressions qui se trouvent dans les dernières lignes : « *Quelle que soit votre décision, cela ne peut influer en rien sur les sentiments que je vous porte ; je désire que vous agissiez selon vos convictions.* »

« Il y avait donc encore, au moment où cette lettre a été écrite, c'est-à-dire le 25 octobre, une irrésolution dont on n'avait pu triompher. On n'est donc pas autorisé à dire que le colonel avait, depuis long-temps, engagé sa coopération active.

« Le ministère public a invoqué une autre lettre, c'est celle qui aurait été écrite par mon client à Mme Gordon. On a demandé au colonel Vaudrey de donner des explications sur certaines expressions de cette lettre, sur les menaces aux-

« pour savoir à quoi vous en tenir sur les sentiments que je vous porte ;
« mais, pour moi, j'éprouve trop de plaisir à vous les exprimer pour
« que je garde le silence plus long-temps, car vous réunissez, monsieur,
« à vous seul, tout ce qui peut faire vibrer mon cœur, passé, présent,
« avenir. Avant de vous connaître, j'errais sans guide certain, semblable
« au hardi navigateur qui cherchait un autre monde ; je n'avais, comme
« lui, que dans ma conscience et dans mon courage la persuasion de la
« réussite ; j'avais beaucoup d'espoir et peu de certitude ; *mais, lorsque*
« *je vous ai vu,* monsieur, l'horizon m'a paru s'éclaircir, et je me suis
« écriée : Terre ! terre !

« Je crois de mon devoir, dans les circonstances actuelles, où mon ma-
« riage dépend de vous, de vous renouveler l'expression de mon amitié,
« et de vous dire que, quelle que soit votre décision, cela ne peut in-
« fluer en rien sur les sentiments que je vous porte. Je désire que vous
« agissiez entièrement d'après vos convictions, et que vous soyez sûr
« que, tant que je vivrai, je me rappellerai avec attendrissement vos
« procédés à mon égard. — Heureuse si je puis un jour vous donner des
« preuves de ma reconnaissance!

« En attendant que je sache si je me marierai, ou si je resterai vieille
« fille, je vous prie de compter toujours sur ma sincère affection.

« *Signé* Louise WERNERT. »

quelles il répondait, sur les protestations qu'il faisait... Il ne pouvait pas donner d'explications sur une lettre confidente de son intimité avec une femme. Il y a de ces choses dont le cœur ne se désempare point ; il y a de ces révélations qui diffament, qu'on ne peut livrer à personne, et qu'on a dû vainement demander au colonel Vaudrey dans cette audience. Eh ! messieurs les jurés, ce n'était pas seulement pour ménager la pudeur d'une femme, c'était pour ne pas blesser la pudeur publique qu'il a gardé le silence sur les interpellations de M. le procureur-général.

« C'est à propos de cette lettre que M. le procureur-général s'écriait, pour rabaisser tout à la fois mon client et sa coaccusée, que *le colonel Vaudrey en était arrivé à craindre de rougir devant une cantatrice !* Il faut convenir que c'est là une expression bien malheureuse dans la bouche du ministère public, au moment même où une cité anglaise dispute à l'ambassadeur d'une puissance étrangère les restes d'une cantatrice ! (Marques d'approbation.)

« Le colonel Vaudrey était si peu engagé vis-à-vis du prince que, pendant tout le mois d'octobre, il reste absent de Strasbourg, il est allé passer le temps de son congé dans une de ses propriétés en Bourgogne, et il n'a tenu à rien qu'il ne fût pas ici pour l'exécution même de l'entreprise.

« Il nous serait facile de justifier que, vers la fin du mois d'octobre, Mme Vaudrey se trouvant assez gravement indisposée, son mari témoigna à plusieurs personnes l'intention où il était de solliciter du ministre une prolongation de congé, afin de pouvoir aller à Paris conduire ses enfants dans leur pension. Le rétablissement de la santé de Mme Vaudrey le fit seul renoncer à ce projet. Nous avons, relativement à ces circonstances, d'honorables attestations, que nous mettrons sous les yeux de messieurs les jurés.

« Ce fut à Dijon que Mme Gordon vint retrouver le colonel Vaudrey, et ils partirent ensemble de cette ville pour Fribourg. L'accusation s'est longuement occupée de ce voyage.

Elle a allégué que les deux accusés avaient accepté dans cette dernière ville un rendez-vous qui avait eu pour résultat de déterminer définitivement le jour où devait éclater le complot, et les moyens d'exécution à employer pour en assurer le succès. Il y avait à Fribourg, prétend l'accusation, un agent du prince, porteur de ses ordres, et qui devait lui transmettre la réponse du colonel. Le ministère public, dans toute cette partie de son argumentation, a marché d'inductions en inductions ; a-t-il apporté quelque preuve ? Non : il ne sait pas même au juste quel est l'agent qu'il a signalé. Est-ce le vicomte de Persigny ? il l'a affirmé tout d'abord ; mais un témoin, le sommelier de l'auberge de Fribourg, s'est obstiné, à votre audience, à soutenir que c'était le jeune comte de Gricourt. Ce témoin le reconnaissait parfaitement à ses cheveux blonds, à sa taille, à ses moustaches blondes ; or, le vicomte de Persigny a la barbe et les cheveux noirs. L'accusation, dans l'embarras où la jetait cette déclaration nouvelle, a préféré persister dans sa première assertion. Quant à moi, qui ne saurais démêler la vérité dans ces dépositions contradictoires, dans ces vagues déclarations, qu'on ne fonde sur aucun fait positif, je n'insisterai pas sur cet épisode insignifiant du procès, et je l'abandonne au doute dont il est frappé.

« Aussi bien, la chose principale que l'accusation a entendu prouver dans ce voyage, ce sont les rapports intimes qui auraient existé entre mon client et sa coaccusée. A cet égard, la déposition du sommelier a trompé l'attente du ministère public, et elle me permet de rejeter loin de ce débat tous ces détails honteux qui ne sauraient être l'objet d'une défense qui se respecte.

« Quoi qu'il en soit, le colonel Vaudrey n'arrive à Strasbourg que le 27 octobre. Quels sont les soins qui vont l'occuper ? Il va sans doute, s'il est engagé définitivement dans le complot, mettre en œuvre toutes les ressources que lui donne sa haute position, pour assurer une entreprise au succès de laquelle il a témérairement attaché sa vie, son honneur et sa fortune. Sans doute vous verrez le conspirateur fléchir sous le poids des préoccupations. Ce devait être, en effet, un joug bien lourd pour son esprit que le sentiment de la position qu'il allait aborder... Mais non : le colonel Vaudrey, aussitôt son arrivée à Strasbourg, reprend son travail ordinaire ; il s'occupe, avec les officiers supérieurs de son régiment, des intérêts, des questions d'administration ou de discipline qui relèvent de son autorité ; il reprend la direction de la place ; il se fait rendre compte de tout, et examine tout avec son exactitude et son attention habituelles. Dans la soirée du 29, il va dîner chez le lieutenant-colonel Tortell ; celui-ci vous a dit que le colonel ne paraissait point inquiet ou préoccupé, et que même, à la fin du repas, il avait été tout-à-fait à la hauteur de la gaîté des autres convives.

Cependant, à huit heures et demie environ, le colonel Vaudrey quitte la maison du lieutenant-colonel, et se rend à son domicile. Il allait y rentrer, lorsqu'il trouve à sa porte un homme qui se dit émissaire du prince Napoléon, et qui lui demande, pour ce dernier, un moment d'entretien. Le colonel Vaudrey se rendit aussitôt au lieu qui lui fut indiqué. Là il trouva le prince, qui lui fit part de ses projets pour le lendemain. C'est en vain que le colonel Vaudrey essaya de faire à son noble interlocuteur quelques objections que son expérience lui suggérait : le prince les repoussa toutes péremptoirement. Ses ressources, disait-il, étaient plus que suffisantes pour le succès de l'entreprise ; il nommait les régiments dans lesquels il avait des intelligences, les chefs dont le dévoûment lui était acquis. Il avait tout prévu, il avait pourvu à tout. Et comme le colonel Vaudrey insistait : « Colonel, s'écria le « prince, je suis venu en France avec l'inébranlable résolution « de mettre à fin le projet que j'ai conçu ; je ne reculerai pas. « C'est à votre courage que s'adresse le neveu de l'empereur : « le laisserez-vous seul se jeter dans une carrière où sont aven- « turées sa vie et la gloire de son nom ? » L'accusé, ému par ces paroles pleines de détermination, cédant à un entraînement dont il ne put se défendre, subjugué par ses souvenirs et peut-être par ses espérances pour l'avenir de son pays, touché de la confiance de ce jeune prince qui venait abriter sous son épée toute sa destinée, le colonel Vaudrey, à ce moment solennel, ne put articuler que ces seuls mots : « Mon prince, comptez « sur moi. » Oui sans doute il avait une nuit tout entière pour réfléchir sur la témérité d'un semblable engagement ; elle devait, dit l'accusation, lui porter conseil. Eh ! vous savez bien que mon client n'est pas de ces hommes à qui, en fait de parole d'honneur, la nuit puisse porter conseil. S'il avait reculé, il eût cru faire une lâcheté : lui-même vous l'a dit.

On n'a pas craint d'avancer que le colonel Vaudrey avait été entraîné par un sordide intérêt à prendre part à la révolte du 30 octobre ! On s'est plu à calculer les avantages qu'il pouvait se promettre du succès de la conspiration. On s'est bien gardé, toutefois, de vous parler de ce qu'il laissait derrière lui, de vous dire les chances brillantes qui semblaient réservées à ce colonel, jeune encore, et devant lequel s'ouvrait large et facile la carrière des hauts emplois militaires. Eh ! mon Dieu ! messieurs les jurés, je pourrais vous montrer l'étendue du sacrifice auquel l'a condamné son dévoûment à une cause qui se rattachait aux souvenirs, aux travaux, à la gloire de sa jeunesse... Je ne le ferai pas ; mon client répugne, sous la menace même de la loi, à faire valoir le mérite de son abnégation et de son désintéressement... Seulement, dans les débats, il a été sourdement question d'argent, et c'est contre cette imputation que son cœur s'est soulevé. Je sais un fait qui répondrait victorieusement à cette accusation trop honteuse pour se produire au grand jour ; ce fait m'a été confié sous le sceau du secret : c'est une confidence dont je veux abuser. Dans l'entrevue du 29 octobre, le prince, après avoir reçu la promesse du colonel, présenta à ce dernier deux contrats de chacun 10,000 fr. de rente, et lui dit : « Nous allons nous aven-
« turer dans une périlleuse entreprise, peut-être y perdrons-
« nous la vie l'un et l'autre ; je ne veux pas que vos deux enfants
« puissent maudire ma mémoire, et trouver la misère après la

« mort de leur père. Voilà des contrats de rente qui assureront
« leur existence ; ma mère, qui m'aime tant, fera honneur à ce
« testament de mort.... » Le colonel Vaudrey prit les contrats :
« Prince, répondit-il, je vous donne ma vie, je vous donne
« mon sang ; je ne les vends pas. » Et il déchira les obligations.
(Mouvement dans l'auditoire.)

« C'était, sans doute, pour le prince un puissant auxiliaire
que celui dont il venait de recevoir la parole ; certes, c'est en
une telle occurrence que l'homme, s'il est ambitieux, se ma-
nifestera tout entier, et il ne reculera devant aucun sacrifice
pour agrandir la route devant lui et en balayer les obstacles.
Que fera le colonel Vaudrey? Ne pouvait-il pas disposer d'un
matériel d'artillerie immense, d'un approvisionnement militaire considérable? Au moyen du déploiement des forces pla-
cées sous ses ordres, il pouvait assurément jeter la terreur
dans la ville, et entraîner dans le mouvement qui se préparait
le peuple et la garnison... Mais je ne sais quelle généreuse réserve l'arrêtait ; ce que sa conviction lui présentait comme une
révolution heureuse pour le pays, il ne prétendait l'obtenir
qu'en s'adressant aux convictions. Il n'avait promis que sa personne, il ne voulut donner que sa personne.

« Le 30 octobre, vers cinq heures du matin, le colonel Vaudrey se rendit au quartier d'Austerlitz où était caserné son régiment ; il fit sonner l'assemblée, et lorsque ses soldats et les
sous-officiers de service furent en armes et formés en pelotons,
le prince Napoléon survint, suivi de son état-major ; le colonel Vaudrey, le prenant par la main, le présenta au régiment
en déclarant qu'une révolution s'opérait en France, et qu'il
proclamait comme chef de ce mouvement le prince Napoléon,
le neveu de l'empereur. Il termina sa courte allocution par ce
vieux cri, notre cri de gloire d'autrefois : *Vive l'empereur!* Il
n'avait pas besoin d'employer d'autre séduction, car à peine
eut-il fait entendre cette acclamation, que tout le régiment la
répéta avec une unanimité et un enthousiasme dont le com-

mandant Parquin vous disait qu'il n'avait vu d'exemple que jadis dans la garde impériale. Le prince, profondément ému, remercia les soldats du salut qu'ils lui donnaient, et proclama la révolution qu'il était venu provoquer. Aussitôt le colonel remit au prince le commandement de son régiment, qui, à partir de ce moment, obéit uniquement aux ordres de son nouveau chef. Le lieutenant Laity et le commandant Parquin vous ont déclaré que le jeune prince témoignait de la manière la plus expressive le bonheur qu'il éprouvait de commander à des soldats français; aussi, messieurs les jurés, je pourrais discuter ici avec quelques avantages le chef d'accusation relatif à l'usurpation et à l'abus d'un commandement militaire, mais j'avoue que je ne tiens pas au bénéfice de cette discussion, et je préfère ne pas surcharger ma défense de ces difficultés en sous-ordre.

« Cependant, le 4ᵉ régiment d'artillerie, marchant sous le commandement du prince, recevant sa direction par l'intermédiaire des officiers d'ordonnance de ce dernier, s'achemina, en traversant la ville, vers le quartier de la Finkmatt, où était caserné le 46ᵉ d'infanterie. Le prince entra, accompagné du colonel Vaudrey, suivi de son état-major et d'une partie du 4ᵉ d'artillerie. Les débats vous ont appris ce qui se passa alors dans l'intérieur du quartier. Les soldats du 46ᵉ étaient dans leurs chambres, occupés à leur travaux du matin; quand ils virent entrer le cortége, ils descendirent en grand nombre dans la cour; aux premiers cris de *vive l'empereur!* qui furent proférés par la suite du prince, ils répondirent par le même cri... Pourquoi m'arrêterais-je à retracer les détails de cette grande scène, et à laisser entrevoir les espérances qui, un instant, purent luire dans l'esprit des conjurés?... Elles ne tardèrent point à être renversées; les officiers du 46ᵉ survinrent, ils ramenèrent les soldats à leurs devoirs, et ceux-ci, à qui on persuada qu'ils avaient été indignement trompés, à qui on fit croire que le prince était un obscur aventurier qui usurpait le nom et les droits du neveu de l'empereur; les soldats, excités par la honte et la colère que leur inspirait la fausse démarche dans laquelle ils avaient été entraînés, s'armèrent, et, conduits par leurs officiers, ils eurent bientôt raison de cette entreprise où la témérité semblait le disputer à l'imprévison : le prince et les officiers de son état-major furent aussitôt arrêtés. Le colonel Vaudrey seul restait libre, entouré de ses artilleurs dont le dévoûment à sa personne était sans bornes. C'était là certes un prisonnier difficile à faire; un témoin a prétendu à la gloire de l'avoir arrêté de sa main; ce témoin, c'est le lieutenant-colonel Taillandier, aujourd'hui colonel; il a déclaré à la justice des faits auxquels mon client a donné des démentis formels. Il est dans mon droit de rechercher si la vérité n'est pas du côté de mon client. Le colonel Taillandier a affirmé qu'il avait arrêté le colonel Vaudrey, qu'il avait mis la main sur lui, qu'il l'avait pris au collet comme un misérable... Ce dernier a répondu que cela était faux, et, je suis forcé de le dire, je crois que cela était impossible. Quoi! le colonel Vaudrey avait le sabre à la main, il l'agitait au-dessus de sa tête comme pour faire respecter sa personne; à côté de lui se pressaient ses soldats dévoués et menaçants; le témoin vous le disait lui-même, la pointe de leurs sabres était dirigée sur sa face, et c'est à ce moment, dans de pareilles circonstances, que seul il aurait osé empoigner au collet le colonel Vaudrey et l'aurait arrêté! et ce dernier l'aurait souffert! et ses soldats qu'aurait indignés cet outrage fait à leur chef, ses soldats armés et menaçants l'auraient permis! Oh! la vraisemblance n'est-elle pas au moins de notre côté?... »

M. le président, interrompant : Vous avez cependant, défenseur, fait appeler un témoin....

Me Ferdinand Barrot : « J'y arrive, monsieur le président; mais permettez que tout d'abord je dise que le lieutenant-colonel Salleix, que le capitaine Petit-Grand étaient présents à la scène dont je m'occupe, et qu'ils ont déclaré, à deux fois et sur mes interpellations, n'avoir rien vu du haut fait d'armes du colonel Taillandier. Quant au témoin auquel fait allusion M. le président, je vais dire comment la défense a été amenée à le faire appeler. Une personne qui approche la malheureuse épouse de mon client lui dit un jour qu'un officier demandait à être assigné et qu'il déclarerait positivement que personne n'avait porté la main sur le colonel, que celui-ci s'était rendu volontairement... Ce témoin, nous l'avons fait appeler, et, voyez donc! c'est le seul qui ait jeté quelque incertitude sur un fait dont le bénéfice était désormais acquis à la défense.... C'est là une étrange erreur dans laquelle on nous a fait tomber... Certes! je ne veux rien assumer contre l'honneur de ce témoin (le dernier en tous cas que la défense eût dû faire appeler), on a sans doute odieusement abusé de son nom; seulement, il me sera permis d'opposer à son témoignage les témoignages contraires d'officiers d'honneur...»

M. le colonel Taillandier se levant brusquement : Il n'est pas permis cependant d'insulter un militaire qui s'est conduit avec honneur et n'a pas trahi ses serments...

Me Ferdinand Barrot : Je dirai au colonel Taillandier que je remplis ici un devoir, et que j'use d'un droit. L'accusation s'est appuyée sur son témoignage pour charger mon client, ce témoignage m'appartient tout entier, et il m'est permis de rechercher dans les débats les dépositions qui peuvent l'atténuer ou le contredire. Je viens ici défendre la tête et l'honneur du colonel Vaudrey, c'est une mission à laquelle rien ne me fera manquer.

M. le colonel Taillandier : Et mon honneur!

Me Ferdinand Barrot : Je ne sais pas jusqu'à quel point votre honneur peut être compromis par les nécessités d'un débat criminel, mais il me semble qu'arrivé au point où vous êtes de la carrière militaire, vous devez avoir dans votre vie passée de quoi répondre à ceux qui chercheraient dans les contestations animées d'une Cour d'assises un prétexte pour attaquer votre honneur.

M. le président : Vous ne pouvez, défenseur, discuter avec un témoin.

M⁰ Ferdinand Barrot : Je ne demande pas mieux que de m'en abstenir, mais je ne fais que répondre aux interpellations et aux interruptions du colonel Taillandier.

Une vive agitation se manifeste dans l'auditoire; tous les assistants se lèvent spontanément. M⁰ Ferdinand Barrot quitte le banc de la défense ; il s'approche du colonel Taillandier à qui il parle avec chaleur ; on entend ce dernier s'écrier : « J'ai plus de cinquante témoins qui affirmeraient ce que j'ai avancé... » — « Il fallait les faire appeler, lui répond l'avocat, la justice ne vous l'aurait pas refusé, mais j'aurais encore opposé à leurs témoignages la parole des honorables officiers que vous avez entendus.... »

La Cour rappelle plusieurs fois l'auditoire au silence, et le défenseur, après avoir échangé quelques mots avec M. le président, poursuit en ces termes :

« J'obéis aux injonctions de la Cour en n'insistant pas sur cet incident. Seulement, vous remarquerez, messieurs les jurés, que le colonel Vaudrey avait un intérêt positif à se défendre contre des assertions desquelles il semblait résulter qu'il avait cédé à la force et rien qu'à la force. Il est acquis au procès, au contraire, qu'il n'a cédé qu'à un sentiment spontané et généreux, et s'il s'est rendu, c'est qu'il n'a pas voulu, pour son propre salut, faire couler une seule goutte de sang français. Je vous ai dit quels étaient à ce moment solennel les moyens de défense du colonel Vaudrey ; il avait environ deux cent cinquante hommes armés de mousquetons. M. le procureur du roi cherchait à prouver, il y a peu d'instants, mais dans un autre intérêt, que les mousquetons étaient chargés ; je le reconnais volontiers, et on m'accordera que c'était là une force imposante, et qu'en risquant les chances et les malheurs d'un combat, il aurait été facile au colonel Vaudrey de forcer une grille gardée par un simple poste de police, puis, une fois hors de la caserne, de gagner sur le cheval d'un de ses hommes le pont de Kell et le pays de Bade... Hors de la caserne il n'aurait rencontré qu'assistance, et en effet vous n'avez pas oublié que le peuple était monté sur les remparts, qu'il manifestait sa sympathie pour la cause que défendait le colonel Vaudrey, qu'il jetait des pierres au 46e de ligne, et que son hostilité était telle que le colonel Taillandier fit faire feu sur lui.

« Quelques jeunes officiers ont déclaré qu'ils ne pensaient pas qu'il fût facile au colonel Vaudrey de sortir par force du quartier de la Finckmatt... Quelque estime que j'aie pour le courage de ces militaires, à qui il ne manque que les occasions pour signaler leur ardente bravoure, ils me permettront de ne pas accepter leur avis comme incontestable, et j'attendrai qu'ils aient vu plus de champs de bataille, enlevé plus de redoutes et enfoncé plus de carrés ennemis, pour adopter, dans une contestation de cette nature, leur opinion de préférence à celle du vieux soldat que je défends.

« Messieurs les jurés, j'ai imité l'exemple que m'avait donné le ministère public ; j'ai laissé sans discussion et sans conteste les faits de l'accusation pour m'attacher uniquement à repousser le déshonneur dont on a cherché à poursuivre mon client. Je vous ai tout dit de la vie du colonel Vaudrey ; je vous l'ai montré tel qu'il est, non pour prouver qu'il n'est pas coupable, mais pour établir, messieurs, qu'il y a en lui assez d'honneur pour qu'il vaille la peine de ne pas laisser violer en sa personne les principes les plus sacrés de notre droit criminel. Vous avez vu si, comme on vous l'a dit, le crime et la honte occupent la plus grande place dans sa vie ! Vous avez vu comment il a été criminel, à quels entraînements son âme a cédé, et ce qu'il a montré de générosité et de désintéressement dans les malheureuses circonstances de ce procès.

« Est-ce donc là un homme livré aux plaisirs, vain et ambitieux ? Eh ! comptez donc ses campagnes avant de compter ses plaisirs ; lisez ses états de service, découvrez sa poitrine et cherchez-y les traces de ses nombreuses blessures, et vous verrez qu'il devait en être trop fier pour avoir le loisir d'être vain ; je vous ai dit les cruels sacrifices que cet ambitieux savait faire à ses convictions !... Vous devez renoncer, monsieur le procureur-général, à la tâche que vous avez entreprise ; je vous le dis, Vaudrey est un homme qu'une accusation peut tuer, mais qu'elle ne peut déshonorer. Un des membres du ministère public s'écriait au commencement de cette audience : « Eh quoi ! si vous acquittez cet homme, il pourra lever la tête, « et les soldats seront obligés de donner le salut militaire à son « grade et à ses décorations ! » Oh ! ne craignez pas que cette marque d'honneur soit prostituée, toutes les fois qu'elle sera donnée à mon client ; j'irai plus loin, pour mettre en repos vos scrupules, je vous dirai : Dépouillez cet homme de ses épaulettes, de sa croix d'officier, puis, devant des soldats français, racontez toutes ces batailles auxquelles il a pris une glorieuse part, racontez ces actions d'éclat proposées comme exemple à l'armée dans les ordres du jour, nommez le colonel Vaudrey, il n'est pas un soldat qui ne s'empresse de lui donner le salut militaire.

« Mais, messieurs les jurés, est-ce donc que ma défense est complète ? est-ce donc que j'ai épuisé tous mes moyens de justification ou d'excuse ? Non pas, sans doute ; une base essentielle manquait à ma défense, comme elle a manqué à l'attaque ; j'aurais voulu prouver avec évidence que le colonel Vaudrey avait été entraîné par une irrésistible séduction. Si le prince Napoléon avait été présent dans cette enceinte, il eût généreusement pris sa part de responsabilité dans les conséquences de cette déplorable révolte... Il eût pu vous dire : C'est moi qui suis l'instigateur de tous les faits de ce procès ; c'est à ma parole de prince qu'on a cru. Je m'étais trompé sans doute sur la situation du pays, sur la puissance et le prestige du nom que je porte, sur le nombre et le dévoûment de ceux qui se disaient mes amis, et j'ai fait tomber dans les mêmes déceptions les fidèles qui avaient consenti à s'attacher à ma fortune : je leur disais que j'étais sûr de l'esprit public, que ma correspondance et mes agents me permettaient de croire que la révolution que j'essayais serait acceptée avec enthousiasme par la France ; je leur nommais les généraux dont l'épée était à mon service ; je comptais complaisamment devant eux les régiments qui proclameraient mon nom, les garnisons qui m'accueilleraient, les villes qui m'ouvriraient leurs portes... Il vous aurait dit tout cela le prince Napoléon, et nous avions intérêt à ce qu'il vous le dît ? Mais où est-il ? En son absence, pouvons-nous l'accuser de séduction ; nous est-il possible et permis de la prouver !... Je me contenterai de rappeler à votre souvenir la déposition de ce témoin qui, présent au greffe de la prison lorsque les prisonniers y furent amenés, vous a rapporté que le prince, voyant arriver le colonel Vaudrey, s'avança vers ce dernier et lui tendant la main lui dit ces significatives paroles : « Colonel, me pardonnerez-vous de « vous avoir entraîné dans ce malheur ? »

« Vous le voyez, les armes échappent à la défense, elle est obligée de subir les incertitudes dont l'enlèvement du prince frappé tout le procès. L'accusation sent le doute apparaître et s'élever entre elle et nous ; qu'a-t-elle fait pour assurer les voies de votre justice ? elle a fléchi elle-même et a laissé fléchir la loi devant l'arbitraire du pouvoir ; on a pu, sans qu'elle protestât, arracher à la justice du pays celui que la loi lui vouait, lui avait pour ainsi dire consacré.

« Ainsi, tout semble infirmé au procès par cette manifeste violation de la loi ; il ne reste ici qu'une accusation mal assise, une défense désarmée et incomplète ; puis il reste votre justice, messieurs les jurés, outragée et tronquée elle-même ; votre justice à laquelle manque cette plénitude de conscience toujours nécessaire à l'homme qui doit disposer de la destinée de son semblable.

« Messieurs les jurés, pendant tout le cours de ce procès je n'ai pu me défendre d'une bien triste préoccupation.

« Au moment où commençaient ces débats si solennels et si terribles, où une accusation capitale éclatait dans cette enceinte ; au moment où je suis venu le premier engager contre elle cette lutte si pleine d'efforts ; à ce moment-là, le prince Napoléon touchait peut-être le sol hospitalier de l'Amérique.

« Pour lui, après un court orage, va s'ouvrir de nouveau le champ de l'espérance ; pour lui la liberté ; pour lui l'avenir : la terre ne manquera point à ses pas, ni le ciel à sa vue. Hôte respecté d'une nation généreuse, il y retrouvera le souvenir et l'exemple d'un prince de sa famille ; ils lui apprendront comment on peut se faire une patrie sur la terre même de l'exil. Déjà son esprit plus calme déroule de longs projets ; il peut compter sans appréhension les jours nombreux de la vie qui lui reste, et s'abandonner à tous les rêves de bonheur. Puis une mère dévouée, un instant accablée par une douleur qu'on s'est empressé de consoler, ira bientôt rejoindre ce fils si cher, l'entourer de ses soins, et effacer sous ses tendres caresses les dernières empreintes que le malheur aura laissées au cœur de son enfant.

« Mais, messieurs les jurés, ramenez vos regards sur ces bancs où sont assis des accusés dont on menace la vie et la liberté, dont on a foulé l'honneur aux pieds. Pour eux, messieurs les jurés, les chagrins de la prison ; pour eux les angoisses de l'avenir, de cet avenir qui se hâte, et que chaque heure qui s'écoule semble leur faire toucher. De ce côté, le désespoir des familles ; de ce côté, des mères et des femmes dont le cœur est brisé par la crainte, et dont cette fois on ne s'empresse pas de calmer les douleurs. J'en sais qui se sont arrêtées aux portes de cette audience, dont elles redoutent de franchir le seuil, et qui attendent dans une cruelle anxiété la dernière parole qui doit y retentir. De ce côté, messieurs les jurés, de pauvres enfants qui s'agenouillent chaque jour et demandent à Dieu que vous leur rendiez leur père.

« Oh! toutes ces douleurs de famille ne seront pas muettes ici. Il en est une, profondément sentie, dont les accents éclaireront bientôt vos consciences et retentiront dans tous les cœurs. Notre confraternité nous associe étroitement à ses espérances comme à ses efforts.

« En résumé, parmi les accusés se trouvait un prince; le pouvoir s'en est dit le maître et le juge, et de force il lui a donné la liberté. C'est là un acte de clémence qu'il faut, dit-on, inscrire dans les plus belles pages de nos annales! J'y consens.

« Mais vous, messieurs les jurés, vous, citoyens, la loi et non la force vous fait ici les juges de vos concitoyens et les maîtres de leur destinée; rappelez-vous que la justice a le droit de miséricorde, et que la pratique de ce droit n'entraîne jamais de remords. On vous a dit qu'acquitter serait un crime : c'est une vaine menace dont vos consciences sauront s'affranchir. Je le déclare avec conviction, condamner dans l'état de la cause, ce serait une immoralité; vous acquitterez le colonel Vaudrey et ses coaccusés, messieurs les jurés, et votre décision s'inscrira dans les plus belles pages de nos annales judiciaires. Il est un principe dont nous invoquons la protection et que veulent votre raison et votre cœur, c'est celui-ci : **JUSTICE ÉGALE POUR TOUS.** »

Cette chaleureuse improvisation est suivie d'un long murmure d'approbation; quelques bravos éclatent au fond de l'auditoire. Le colonel Vaudrey serre avec effusion la main de son défenseur, qui reçoit les félicitations des membres du barreau et de ses collègues de Paris.

L'interprète traduit. A trois heures passées, l'audience est levée et renvoyée à demain dimanche.

(Audience du 15 janvier.)

L'affluence est plus considérable que jamais à la Cour d'assises. La plaidoirie si remarquable de M° Ferdinand Barrot est depuis hier le sujet de toutes les conversations, de tous les éloges. Mᵉ Thierriet, professeur à la Faculté de droit à Strasbourg, et Mᵉ Parquin doivent aujourd'hui porter la parole ; le désir d'entendre les honorables défenseurs a, de bonne heure, fait envahir toutes les places réservées, celle surtout de l'étroite tribune des dames.

Après un discours de M. Thierriet, défenseur du lieutenant Laity, prononcé avec beaucoup d'âme et de conviction, des murmures d'approbation s'élèvent dans l'auditoire. M. le président donne ensuite la parole au défenseur du commandant Parquin. Un profond silence s'établit aussitôt dans l'enceinte, et l'auditoire redouble d'attention.

L'honorable frère de l'accusé se lève, et, avec une émotion visible, il s'exprime en ces termes :

X. PLAIDOYER DE Mᵉ PARQUIN.

Messieurs les jurés,

« Je suis venu accomplir un pieux devoir.... Je suis venu, dans cette cause grave et solennelle, prêter le secours de ma voix au compagnon, à l'ami de mon enfance, à mon frère, à ce Charles qui, par un louable concours, par une noble émulation, s'était chargé de couvrir d'éclat, dans la carrière des armes, un nom que je m'efforçais de ne pas porter sans quelque estime au barreau.

« A la nouvelle du fatal complot, je fus consterné, anéanti. Bientôt je dus suivre deux inspirations différentes, sans être contraires, et dont toutes les âmes généreuses comprendront la simultanéité : la première, de m'adresser au souverain, de déposer aux pieds du trône l'expression de ma profonde douleur ; la seconde, d'écrire à mon frère malheureux et dans les fers : *Charles, veux-tu de moi pour te défendre ?*

« Cette défense, hélas ! au moment où je l'offrais, moi-même je ne la comprenais guère. Le crime n'était-il pas flagrant? L'étendard de la rébellion n'avait-il pas été levé? Parquin, exalté par le fanatisme des souvenirs de l'empire, n'avait-il pas méconnu ses nouveaux serments? n'avait-il pas tourné contre le gouvernement de son pays l'arme qui lui avait été confiée pour le servir...? Aucune de ces difficultés ne se montrait, messieurs, à mon esprit.... Parquin est accusé.... Parquin a besoin d'un défenseur.... Je veux, je dois être le sien.... Qui donc pourrait ne pas être touché des paroles d'un frère?.. un frère!... mais c'est un défenseur donné par la nature... Tel moyen serait inefficace, tel argument serait décoloré dans la bouche de l'homme le plus éloquent, qui prend de la consistance, qui acquiert une sorte d'influence magique dans la bouche d'un frère... On permet tout, on passe tout à un frère... Au fond de mon cœur j'entendais déjà résonner ces mots, qui devaient se rencontrer plus tard placés sur des lèvres augustes : « La défense d'un accusé est un devoir « sacré; combien ce devoir n'est-il pas plus impérieux, lors- « qu'il s'agit d'un frère » (1)?

« Me voilà donc! A moi de vous apprendre, messieurs, par quel égarement l'un des plus beaux caractères guerriers de cette époque a pu tomber dans l'entier oubli de ses devoirs ; à moi de vous transmettre des détails qui ne sont pas dépourvus d'intérêt, et qui, s'ils le laissent toujours sans justification et sans excuse, ne laisseront pas du moins inexpliquée sa participation à l'attentat... Mais, pour cela, il faut que je reprenne d'un peu haut la vie de l'homme qui est maintenant devant vous... Mon exposé sera rapide...; je ne dirai que ce qui sera utile..., certain d'ailleurs que, dans ce pays où j'arrive inconnu, un peu de bienveillance m'accueillera, en considération même du motif qui m'y conduit (Marques nombreuses d'approbation).

« Denis-Charles Parquin, au sortir du collége, embrassa le métier des armes.

(1) *Moniteur* du mois de décembre 1836.

« Il aurait pu faire son apprentissage dans quelques-unes de nos écoles militaires; il ne le voulut point. Il crut que, pour devenir bon officier, il fallait commencer par être simple soldat.

« C'était le temps où nos guerriers, rarement en garnison, à l'armée presque toujours, comptaient leurs années de service par leurs campagnes. Parquin eut cet avantage, que chacun de ses grades fut le prix d'une action d'éclat; tous il les conquit sur le champ de bataille.

« La presse, avec une bienveillante sollicitude, a déjà reproduit quelques-uns de ces hauts faits, qui, disséminés en plusieurs existences militaires, suffiraient pour les illustrer toutes, et qui, réunis, groupés en une seule, font que bien peu peuvent lui être comparées. Pourquoi des traits si dignes d'être signalés à l'admiration publique ne trouveraient-ils pas leur mention ici? Ce sera une compensation naturelle et fort légitime aux rigueurs, je pourrais dire aux injustices de l'acte d'accusation!

« A Ciudad-Rodrigo, Parquin reçoit un coup de feu qui lui traverse la figure. Comme il ne pouvait pas parler, il écrit de l'ambulance à son colonel : « Ma blessure n'est rien; j'avais « une mauvaise dent contre les Anglais, ils me l'ont enlevée, « mais ils auraient pu se dispenser d'en faire disparaître cinq « autres avec ».

« Le 12 avril 1812, le général en chef, duc de Raguse, ayant pénétré en Portugal, Parquin, adjudant-major de ses guides, sous les ordres du colonel Denis, fournit avec deux cents hommes une charge dont le résultat fut la prise de quinze cents milices portugaises et d'un drapeau que Parquin a enlevé de sa propre main, au milieu d'un carré ennemi (1).

« Devant Salamanque, le duc de Raguse, accompagné de quelques officiers, faisait une reconnaissance sur la ligne des tirailleurs des deux armées, lorsqu'un officier du 10ᵉ régi-

(1) Certificat du duc de Raguse.

ment de dragons légers anglais, dépassant les siens, vint caracoler et brandir son sabre à la vue de l'armée française : « Que « veut cet officier? » dit le duc de Raguse. « Monseigneur, « réplique Parquin, il veut échanger un coup de sabre, et « si je n'étais de service auprès de votre excellence, j'aurais « déjà satisfait à son désir. — Qu'à cela ne tienne, je vous « accorde la permission ». Parquin rejoint l'officier anglais, croise le fer avec lui, l'atteint d'un coup de pointe à l'épaule gauche, le désarçonne, le jette à terre et ramène le cheval en laisse aux acclamations du maréchal, des officiers et des tirailleurs présents.

« Le lendemain, à la bataille de Salamanque, dans une brillante charge de cavalerie faite par l'escorte, Parquin est grièvement blessé au bras droit.

« A la bataille de Hanau, il est frappé à la tête par une balle.

« Dans le courant de mars 1814, l'empereur marchant de Vitry-le-Français sur Troyes, le général Sébastiani donne au capitaine Parquin, qui était à l'avant-garde, l'ordre de charger à outrance sur une batterie de dix-huit pièces de canon que l'ennemi avait établie en rase campagne. La charge est exécutée avec une telle audace, et a un tel succès, que le général Sébastiani, dans le compte qu'il rendit à l'empereur de cette affaire, disait : « Il y a vingt ans, sire, que je suis officier « de cavalerie, et je n'ai jamais vu charge plus intrépide ». Paroles bien flatteuses pour le jeune capitaine Parquin.

« Après la bataille de Montmirail, l'empereur demande au général Colbert qu'on lui désigne un capitaine et cent chevaux de sa garde pour une expédition hardie. Parquin est commandé.... « Marchez à l'ennemi, capitaine; et ramenez-« moi des prisonniers ». Un pareil ordre, émané d'un pareil chef, devait produire effet. Parquin passe la Marne avec sa troupe. Il était six heures du soir. A minuit, il avait rencontré les Russes, et aussitôt leur bivouac se réveille, sabré par des hussards, des dragons, des mameluks et des lanciers; car

Parquin avait, à dessein, composé son escadron de ces différentes armes. La variété d'uniformes fait croire à l'ennemi qu'il est attaqué par toute une division de cavalerie. L'épouvante est générale. Il a un grand nombre de morts, et une centaine de prisonniers sont envoyés à l'empereur ; le capitaine Parquin ne perdit personne.

« Ces traits sont assez beaux sans doute. Écoutez maintenant, messieurs, de quelle manière simple et touchante un maréchal de France raconte que Parquin lui a sauvé la vie :

« C'est avec le plus grand empressement, et dans l'intérêt
« de la vérité, que je certifie que devant Leipsick, le 16 oc-
« tobre 1813, me trouvant engagé dans un gros de cuirassiers
« autrichiens, et n'ayant que mon épée pour défense, j'ai dû
« en partie mon salut à la bravoure et au dévoûment de
« M. Charles Parquin, alors lieutenant aux chasseurs à cheval
« de la garde impériale. M. Parquin est resté près de moi pen-
« dant tout le temps qu'a duré la mêlée, *en exposant ainsi sa
« vie pour sauver la mienne.*

« Paris, ce 29 décembre 1830.

« Maréchal duc de Reggio. »

« Et la manière dont Parquin obtint la croix. L'empereur passait une revue. Un jeune lieutenant de cavalerie, dont le régiment venait d'être inspecté, descend de cheval, et va se poser à l'extrémité du front de bandière. Napoléon remarque la taille élevée et la belle stature de notre officier, auquel une blessure à la lèvre supérieure donnait un aspect encore plus martial. Un instant après, le même lieutenant se retrouve sur le passage de l'empereur. La troisième fois, fatigué de cette interpellation muette, Napoléon lui demande brusquement : « Qui es-tu ? que me veux-tu ? — Vingt-six ans d'âge, onze ans
« de service, onze campagnes, douze blessures, la vie sauvée
« à un maréchal de France, un drapeau pris à l'ennemi ; je
« désire la croix. » L'empereur la lui donne.

« A de tels récits, j'ai le droit de le demander encore : est-il beaucoup d'existences militaires mieux et plus glorieusement remplies ? et faut-il s'étonner si la susceptibilité du commandant Parquin s'est naguères offensée, lorsqu'il apprit qu'un journal (dont j'honore au surplus la rédaction), dans son zèle officieux pour la garde municipale, avait affecté de répandre du doute jusque sur ses anciens services ?

« La restauration survient.

« Napoléon banni de France, mort pour la France, Parquin, comme tous les braves qui avaient combattu sous ses ordres, surtout comme ceux qui avaient servi dans la garde, avait voué une sorte de culte à sa mémoire. Permis à l'acte d'accusation de nier la puissance, la religion des souvenirs! A une époque où tant de caractères changent au gré des événements, où le dévoûment se prodigue au plus heureux, cette maxime désolante du ministère public, « qu'on ne doit plus avoir de foi aux « anciennes croyances », je la conçois; et cependant qu'on s'abstienne de l'appliquer au commandant Parquin ; car le culte dont j'ai parlé, ce culte que le temps aurait refroidi peut-être, une circonstance fortuite, inattendue, vint contribuer à l'entretenir, même à le réchauffer, en mettant, pour ainsi dire, l'officier de Salamanque, de Hanau, de Vitry-le-Français, en rapport continu avec son immortel général.

« Parquin avait été soupçonné, non pas d'avoir trempé dans la conspiration du mois d'août 1819, mais de ne l'avoir pas révélée, en ayant eu connaissance. C'est à cela probablement que le ministère public fait allusion, lorsqu'il suppose que Parquin n'en était pas à son coup d'essai *en fait de tentative sur la fidélité des troupes*. Dans cette partie de l'acte d'accusation, le ministère public se trompe, comme dans presque toutes les autres. Déjà Parquin a relevé avec une chaleureuse indignation, et l'instruction orale a démenti le langage déshonorant, ignoble, que l'instruction écrite prétend qu'il aurait tenu au moment de son arrestation (1), langage dans les habi-

---

(1) Selon l'acte d'accusation, Parquin aurait été arrêté dans l'instant

tudes des criminels de bas étage, parmi lesquels apparemment on se fût estimé heureux de le confondre et de le reléguer. J'aurai sujet de relever le surplus des erreurs dont le réquisitoire fourmille. Dès à présent je me dois de protester contre une fâcheuse insinuation. Jamais Parquin ne fut même mis en prévention, comme ayant cherché à tenter la fidélité des troupes. Au contraire, il fut constaté qu'avant, longtemps avant la découverte du complot, Parquin avait refusé de recevoir l'uniforme de capitaine de chasseurs à cheval de la garde impériale, qu'une main restée inconnue lui avait expédié. Aussi ne fut-il l'objet d'aucune recherche, d'aucune poursuite ; seulement, un gouvernement ombrageux le mit au traitement de réforme. Pourquoi alors ne diriez-vous pas du colonel Brice, auquel une mesure semblable vient d'enlever tout à l'heure le commandement du 3ᵉ régiment de cuirassiers, que lui aussi *s'était rendu coupable de tentative sur la fidélité des troupes ?*

« Rentré dans la vie privée, Parquin eut l'occasion de se lier avec Mlle Louise Cochelet, fille d'un membre de l'assemblée constituante, et dont les frères occupent maintenant des emplois distingués, l'un dans l'administration des finances, l'autre dans la diplomatie. Mlle Cochelet, élevée dans le pensionnat de Mme Campan, avec Hortense Beauharnais, avait plu singulièrement à celle-ci. Elles étaient du même âge, avaient les mêmes goûts, les mêmes habitudes. L'épouse de Louis-Napoléon, la reine de Hollande, ne voulut pas se séparer de sa jeune compagne. Elle créa pour elle, dans sa maison, la charge de lectrice. Depuis, les deux amies d'enfance ne s'étaient pas quittées. Ensemble dans les jours de prospérité, elles se firent une douce loi de demeurer ensemble dans les jours

---

où il fuyait, criant, pour mieux s'évader : « *Arrêtez-les ! Arrêtez-les !* » Il a été établi aux débats que Parquin ne fuyait pas ; qu'il se dirigeait, avec un détachement d'artilleurs, vers un lieu où il croyait sa présence utile au prince, et que ce qui avait été pris, par un seul témoin, pour le cri *arrêtez-les !* était tout simplement le cri qu'il proféra, lorsque vingt baïonnettes menaçaient sa poitrine : « *Arrêtez-moi, mais ne m'assassinez pas !*

d'infortune et de revers ; et lorsque celle qui, à l'exemple de sa mère, avait voulu faire asseoir la bonté sur le trône, fut contrainte, par la tempête politique, de demander un refuge au sol hospitalier de la Suisse, la fidèle Mlle Cochelet vint s'y fixer à ses côtés. La première acheta le superbe domaine d'Arenenberg ; la seconde, le modeste chalet de Sandegg. Les deux propriétés étant voisines, presque contiguës, on se voyait chaque jour et à chaque heure de la journée. Ce tranquille état de choses durait déjà depuis plusieurs années, lorsqu'en 1822, Parquin connut Mlle Cochelet et l'épousa.

« Ce fut au château d'Arenenberg, ce fut dans la chapelle de Mme la duchesse de Saint-Leu que le mariage se célébra. Arenenberg, que l'acte d'accusation dit avoir été choisi par les deux princes, fils de Louis-Napoléon, « à peu de distance de « nos frontières, à la proximité de l'Italie, pour demeurer « le point qui les mettait le plus à portée de suivre et d'ap- « précier les événements » ; et à l'époque de l'acquisition de ce domaine, le plus jeune avait sept ans tout au plus, l'aîné n'en avait pas encore neuf ; mais telle est habituellement la vérité des réquisitoires ! ! Arenenberg, oh ! je n'oublierai jamais tes délicieuses veillées ! Qu'alors, et quand je goûtais les charmants entretiens de cette reine qui ne l'est plus, de cette femme si spirituelle, si bonne, si simple dans sa retraite ; quand je pouvais puiser dans la conversation du prince Eugène (arrivé de Munich exprès pour le mariage) de si sages, de si instructives leçons ; quand j'admirais l'amabilité, les grâces de ce jeune prince Louis, qui échappait à peine à l'enfance, qu'alors j'étais loin de prévoir qu'encore quelques années, et le malheur s'appesantirait sur la nouvelle famille ; que Mme Charles Parquin mourrait avant le temps, mère d'une fille au plus haut degré intéressante, et que sa mort précéderait de peu de mois celui où mon frère, le valeureux commandant Parquin, serait jeté dans une prison, coupable d'attentat contre le repos de son pays ! (Sensation prolongée.)

« Les destins l'ont donc voulu ! Pendant quinze années environ, Parquin va devenir l'ami, presque le commensal du jeune prince. Les termes dans lesquels Mlle Cochelet avait constamment vécu avec la mère, sont ceux dans lesquels il vivra dorénavant avec le fils. Un heureux naturel grandit, se développe. Parquin le remarque et y applaudit ; mais il se rencontre, pour le séduire, quelque chose de plus que le concours de tant de qualités aimables. Le nom vénéré, les étonnantes merveilles de Napoléon, vibrent sans cesse à son oreille. C'est, du matin au soir, l'objet perpétuel de leurs discours. Jamais l'entretien ne roule que sur ces temps de triomphe, de gloire, si chèrement achetés par la France, et dont un vieux soldat veut n'apercevoir que le brillant côté... Messieurs, une goutte d'eau, à force de tomber, use la pierre la plus dure... se fait-on, peut-on se faire une juste idée de ce qu'obtiendra sur l'âme de Parquin une influence aussi habilement préparée ! Ah ! celui qui est au loin, qui reste calme dans les circonstances les plus difficiles, qui apprécie tout froidement, qui sait se défendre des émotions propres à entraîner les autres, il lui est aisé de ne pas faillir ! mais celui qui est sous le charme, qu'on aurait tort de le juger d'après les mêmes règles ! Sachons faire la part de la fragilité humaine. D'augustes exemples, des exemples sacrés nous y convient... Quand donc le prince Louis s'est ouvert à son vieil ami Parquin, quand il lui a fait ses révélations, quand il l'a mis dans le secret de ses espérances, quand de toute l'autorité que lui procuraient son nom, les souvenirs sublimes qu'il invoquait, ses rapports, une amitié de quinze années, il lui a presque ordonné de le suivre... oui, certes, il faut blâmer, blâmer mille fois Parquin d'avoir cédé... ma voix et celle du ministère public seront toujours d'accord à ce sujet... en même temps qu'il faut féliciter l'esprit fort, l'esprit maître de lui, l'esprit insensible à toutes les impressions de gloire et d'affection, qui peut affirmer qu'à sa place il n'aurait pas succombé!!

« On a payé à la belle conduite du capitaine Raindre un juste tribut d'éloges. Ce sentiment, je le partage ; mais que son mérite serait plus grand si, pour résister, le capitaine Raindre s'était trouvé, envers le prince Louis, dans les mêmes conditions où se trouvait Parquin !

« Parquin n'a pas eu le loisir de la réflexion. Il n'a reçu les ouvertures, les confidences du prince que dans la journée du 29 octobre. Pourquoi ? quel est le motif de cette révélation tardive ? Le prince aurait-il craint que, si vingt-quatre heures de plus lui eussent été données, Parquin se rappelât d'inflexibles devoirs, et qu'il usât de sa longue expérience pour chercher à éloigner l'exécution d'un projet auquel si peu de chances de succès étaient assurées ? Le prince aurait-il cru qu'il n'était pas nécessaire de prévenir Parquin beaucoup d'avance, parce que c'était un de ces hommes sur le concours desquels il pouvait compter ? Parquin, à cette allocution : « J'apporte ici ma tête ! « m'abandonnerez-vous ? » a été entraîné, subjugué : « Mon prin- « ce, à la vie, à la mort ! » Mais l'allocution, mais la réponse sont seulement de la veille de l'attentat... On le conteste ; et sur ce point le doute est bien permis. Les liaisons intimes de Parquin avec Arenenberg ; sa présence à Strasbourg auprès du prince ; ce costume d'officier-général dont il se revêt ; cette assistance hardie qu'il prête, soit pour arrêter le lieutenant-général Voirol, soit pour soulever le 46ᵉ régiment de ligne, que d'événements de nature à faire penser qu'il était affilié depuis longtemps à la conspiration !... Pourtant, à de pures probabilités, à d'incertaines conjectures, j'oppose ce point demeuré inébranlable (malgré toutes les investigations contraires), que Parquin, qui a passé les 13 et 14 octobre avec tous les officiers de la garnison de Haguenau, ne leur a pas fait la moindre ouverture dans ces journées exclusivement consacrées aux plaisirs de la chasse.

« Au surplus, à votre insu à tous, messieurs, à l'insu même de mon frère, j'ai recueilli, j'apporte des pièces irrécusables, des pièces qui doivent éclairer cette partie jusqu'à présent obscure des débats, des pièces faites également pour démentir l'une des imputations les plus odieuses de l'acte d'accusation.

15

« Depuis la révolution de juillet, après avoir quitté le commandement de la gendarmerie du Doubs, Parquin avait désiré entrer dans la garde municipale. Ses vœux d'abord n'avaient pas pu être exaucés; mais ensuite un emploi devient vacant. J'en suis averti par M. Malleval, secrétaire-général de la préfecture de police. Dans l'intervalle, Parquin avait changé de résolution. Il venait de perdre sa femme. Il restait avec une jeune fille dont il désirait surveiller l'éducation, avec un établissement considérable qui exigeait sa présence en Suisse. Il refuse. Voici sa lettre; et quand le ministère public a eu le courage d'articuler que les espérances des conjurés se rattachaient aux horribles tentatives de régicide qu'un Dieu visiblement protecteur de la France a si heureusement déjouées, au milieu des tristes, des pénibles émotions de ce procès, mon cœur bat et se gonfle de joie, d'avoir à donner publiquement lecture d'une lettre comme celle-là. (Mouvement d'attention.)

« Elle est adressée à M. Malleval, du Wolfsberg, 6 août 1835. A peine l'horrible attentat de Fieschi (du 28 juillet précédent) avait-il eu le temps d'y parvenir.

« Monsieur,

« J'ai à vous témoigner toute ma reconnaissance, ainsi qu'à
« M. le préfet, de vouloir bien continuer de penser à moi pour
« un emploi dans la garde municipale. Malheureusement les
« circonstances pour moi se sont aggravées depuis le 20 mars
« dernier. Ma femme, qui était malade alors, a cessé d'exister
« le 7 mai. Cet événement m'a mis dans la nécessité de rester
« dans ma terre, où j'ai ma fille, âgée de onze ans, qui fait
« son éducation sous mes yeux, et de plus un établissement
« considérable qui exige ma présence en Suisse. *Je suis d'au-*
« *tant plus peiné de ne pouvoir reprendre du service, que l'horrible*
« *attentat qui vient d'avoir lieu me ferait désirer de faire, comme*
« *le colonel Raffé et mon ami le général Lachasse de Vérigny,*
« *un rempart de mon corps au roi et à son auguste famille.*

« J'ai l'honneur, etc.
        « Charles Parquin. »

« Ce n'est pas là, messieurs, un langage suspect. Parquin ne demandait rien à l'autorité. On la cajole volontiers quand on a besoin de recourir à elle, quand on en sollicite quelque grâce, quelque faveur.... mais la lettre de Parquin ne briguait aucun emploi; au contraire, il refusait celui offert. Peu disposé à la flatterie, d'une franchise qui va jusqu'à la rudesse, ce qu'écrivait Parquin le 6 août 1835, il le pensait.

« Peut-être sera-t-on jaloux de savoir par quel hasard l'original de la réponse à M. Malleval est resté entre mes mains. L'explication est facile. J'étais fâché du refus de mon frère. Je souhaitais vivement qu'il acceptât : non que j'eusse aucun pressentiment du complot dans lequel il devait un jour tremper; mais je tenais à le détacher peu à peu d'un voisinage qui, tout honorable qu'il fût, n'était pas sans quelque danger pour lui. Auprès de nous, à Paris, rallié sous les drapeaux de la garde municipale, témoin des efforts assidus et constants du gouvernement du roi pour la prospérité publique, ses anciennes affections, sans s'affaiblir, auraient laissé une place à des affections nouvelles ; et avec la loyauté de son caractère, une fois le serment prêté, je n'avais plus lieu de redouter (comme je m'abusais !) qu'aucune influence, de si haut qu'elle vînt, pût le détourner de ses devoirs.... Je lui adressai de nouvelles observations qui furent enfin écoutées... Il accepta. La remise de sa lettre n'avait plus d'objet. J'aurais pu la détruire. Elle échappa, comme par miracle. Naguères, en fouillant dans quelques papiers, je la rencontrai sous ma main. Il semble que ce soit là Providence qui ait voulu qu'elle se conservât exprès, et lorsqu'une accusation de complot devait menacer Parquin, pour témoigner au moins de toute son horreur, de toute son exécration pour le régicide.

« Mais les sentiments qu'il éprouvait, sans aucun doute, après l'attentat de Fieschi, les a-t-il gardés long-temps ? et, par exemple, les avait-il encore, à une époque récente, après l'attentat d'Alibaud ? Messieurs, la Providence vient toujours à mon aide. J'ai là une lettre qui, pas plus que la première, n'était destinée à voir le jour, lettre particulière, lettre écrite du Wolfsberg, le 16 juillet dernier, à un des amis de Parquin, lequel, sachant mon prochain départ, est accouru me l'apporter en toute hâte :

« Voilà donc le roi échappé à l'arme à feu d'un assassin. « *Heureusement, le génie de la France l'a préservé.* J'espère qu'il « en sera toujours ainsi, si les tentatives se renouvellent; mais « j'aime à croire *que la punition du crime servira d'exemple et* « *fera clore la liste de ces affreux forfaits.* J'étais sur le point « de prendre la poste et de retourner à Paris; mais le roi et « sa famille étaient en bonne santé, Paris tranquille. »

« En avez-vous assez, monsieur le procureur-général, et aujourd'hui ne ressentez-vous pas quelques regrets, dans une cause où vous aviez d'ailleurs de légitimes sujets de plainte contre les accusés, de ne leur avoir pas épargné une inculpation atroce, qu'ils méritaient si peu ?

« Messieurs, je ne puis pas me reporter à la date de cette lettre (16 juillet 1836), sans être oppressé par la plus douloureuse, par la plus cruelle des réflexions; c'est que s'il y a eu concours de mon frère au complot du 30 octobre, moi peut-être, moi (fort innocemment à la vérité), j'en suis le premier, le principal auteur.

« Tels étaient donc les sentiments de Parquin, le 16 juillet 1836, et certes ce n'étaient pas ceux d'un conspirateur. Il écrivait cela de Suisse où il était allé passer les derniers moments d'un congé obtenu. Ce congé expirait dans la première quinzaine du mois d'août.... Comme on ne peut pas imaginer que la tentative eût été conçue, formée, arrêtée, de la fin de juillet au commencement d'août, pour n'éclater que trois mois après, le 30 octobre, Parquin, de retour à Paris à l'expiration de son congé, se trouvait séparé du prince. Il reprenait les occupations de son emploi. A l'abri de toute séduction, au milieu des siens, servi par son éloignement, il restait en dehors du complot.

« La fatalité ne permet pas qu'il en soit ainsi.

« Un jour, c'était entre le 15 et le 20 août, un détachement de gardes municipaux commandé par le lieutenant-colonel se présente au serment devant le tribunal de première instance de la Seine. J'étais à l'audience. Le lieutenant-colonel m'aborde :
« Monsieur Parquin, me dit-il, votre frère, dont le congé ex-
« pire bientôt, désire obtenir une prolongation. Il s'est adressé
« au ministre de la guerre ; mais ce ministre ne répondra qu'a-
« près avoir consulté son collègue de l'intérieur qui a dans ses
« attributions la garde municipale. Vous feriez peut-être bien
« d'écrire à M. de Montalivet. »

« Cet avertissement est un ordre pour moi. Il est question d'obliger mon frère. A l'instant même, sans que celui-ci me l'eût demandé, sans qu'il fût instruit de ma démarche, j'écris au ministre de l'intérieur, et le 11 septembre je reçois de M. de Gasparin, successeur de M. de Montalivet, la réponse suivante :

« Monsieur,

« Par votre lettre du 22 août dernier, vous avez exprimé à
« mon prédécesseur le désir de voir accorder à monsieur votre
« frère, chef de bataillon à la garde municipale de Paris, la
« prolongation d'un mois de congé dont il a fait la demande et
« qui lui est nécessaire pour terminer les affaires de famille qui
« le retiennent....

« Le service ne devant pas souffrir de l'absence de M. Par-
« quin, j'ai fait connaître à M. le maréchal ministre de la
« guerre que je me prêterais volontiers à ce que le congé de-
« mandé par cet officier lui fût accordé.

« Je me félicite, monsieur, d'avoir pu trouver cette occasion
« de vous être agréable.

« Recevez, etc.

Le pair de France, ministre de l'intérieur,

GASPARIN.

« Ainsi c'est moi qui suis la cause que le congé a été prolongé. C'est moi qui suis la cause que Parquin n'est pas rentré à Paris vers le milieu du mois d'août. C'est moi qui suis la cause que le prince l'a rencontré à Strasbourg dans les derniers jours d'octobre. C'est moi qui suis la cause que des ouvertures criminelles ont pu lui être faites, qu'il les a accueillies, qu'il s'est mêlé à l'attentat.

« Si donc le fond de ce procès pouvait, messieurs, vous être utilement soumis ; si vous pouviez condamner en sûreté de conscience ; si, obligé de reconnaître l'existence du fait principal, je n'avais plus de ressources que dans l'admission des circonstances atténuantes, voilà ce que je vous dirais :

« Parquin, au mois d'août 1835, lorsqu'il s'exprimait sur l'attentat de Fieschi, comme il l'a fait, n'avait certainement pas la volonté de conspirer.

« Parquin, au mois de juillet 1836, lorsqu'il s'exprimait sur le compte d'Alibaud, ainsi qu'il l'a fait, n'avait certainement pas la volonté de conspirer.

« Parquin, les 13 et 14 octobre dernier, lorsqu'entouré des officiers de la garnison de Haguenau, il ne s'occupait pendant deux jours avec eux que des plaisirs d'une partie de chasse, n'avait certainement pas la volonté de conspirer.

« S'il a trempé plus tard dans le complot du 30 octobre, trois coupables peuvent, dans une proportion à peu près égale, s'en attribuer la faute : moi, qui, en sollicitant la prolongation de son congé, ai empêché qu'il ne revînt à Paris à une époque où il n'avait reçu encore aucune communication ; le prince, qui, abusant d'un irrésistible ascendant, a entraîné Parquin hors des voies de sa loyauté accoutumée ; Parquin, qui n'aurait pas dû avoir la faiblesse de se laisser égarer et surprendre.

« Ceci posé, est-ce qu'il serait possible, ajouterais-je, de déployer envers Parquin une sévérité bien grande? Est-ce qu'on pourrait aussi, sans ingratitude, ne pas lui tenir compte de ses sentiments passés? Est-ce qu'il ne conviendrait pas de prendre en considération tout ce que l'enthousiasme, l'exaltation, l'ivresse, le grand nom de Napoléon, les destinées futures de son fils adoptif, et la magie de l'aigle impériale et les superbes promesses faites au pays, ont dû exercer électriquement d'empire sur un vieux, sur un des plus braves soldats de l'ex-garde.... Je rappelais la loyauté accoutumée du commandant Parquin....; n'a-t-il donc pas pu croire qu'il encourrait une sorte de déshonneur à ne pas suivre le prince, à l'abandonner seul aux périls d'une tentative aussi hardie?...... Grand Dieu, n'en induisez pas que j'approuve son action ! Je la blâme, je la condamne, je la poursuis de mes plus virulents reproches; mais je l'explique.... Dans cet état, les faits ainsi examinés, la cause considérée de ce point de vue, je pourrais, messieurs, confier sans crainte le sort de l'accusé à votre indulgence...., à votre indulgence qui serait aussi de la justice....

« Et à votre indulgence qui serait encore de la justice, je demanderais si elle pense ne rien avoir à faire en faveur d'un militaire sillonné par les balles au service de la patrie.

« Et à votre indulgence qui serait toujours de la justice, je redirais ce que l'on est convenu d'appeler la folie, l'absurdité de l'attentat. Je puiserais même un argument qui n'est pas sans force dans le discours de la couronne... Il qualifie l'attentat de Strasbourg d'entreprise *aussi criminelle qu'insensée !* soit, mais alors *aussi insensée que criminelle*.... La folie le disputait au crime. Or, quand une action peut être attribuée indifféremment au crime que la loi punit, à la démence qu'elle ne punit pas, il y a doute, et le doute, vous le savez, s'interprète toujours dans l'intérêt de l'accusé. (Hilarité.)

« Voilà, messieurs, ce que je livrerais à vos consciences, si vous pouviez prononcer contre les accusés une condamnation plus ou moins forte, selon qu'ils vous paraîtraient plus ou moins coupables.... Mais après la mutilation, après l'échec qu'une grande mesure politique a fait subir à l'instruction, je le déclare hautement, ce qui vous reste à faire, sans descendre dans aucun détail, C'EST DE LES ACQUITTER TOUS.

« Vous pressentez que je veux vous entretenir de la mesure prise pour le prince Louis.

« Ici, messieurs, une magnifique thèse se présente. Elle exige beaucoup d'indépendance de pensées et de paroles. Soyez tranquille, monsieur le procureur-général, je l'aborderai avec tous les ménagements, je la discuterai avec toutes les convenances que vous êtes autorisé à espérer de moi.

« Mais d'abord quand je conteste, moi qui ne suis pas un factieux peut-être, quand je conteste au jury la faculté de descendre dans les détails, d'examiner jusqu'à quel point et à quel degré chaque accusé peut être déclaré coupable, puis de prononcer un verdict suivi d'une condamnation plus ou moins sévère, mon premier sentiment est de protester contre toute induction défavorable aux égards que réclame la juridiction devant laquelle ils sont traduits.... A Dieu ne plaise qu'ils aient voulu renouveler le scandale d'un procès récent où des accusés, interpellés de s'expliquer devant la plus éminente des juridictions, la cour des pairs, refusaient de répondre, prodiguaient l'outrage à la face de leurs juges, appelaient et défiaient les condamnations. Eux, ils sont pénétrés du plus profond respect pour les magistrats, et ce respect ne peut être égalé que par le respect dont ils sont pénétrés pour le jury.... Déférés à la Cour d'assises, ils s'en félicitent, ils en remercient l'autorité qui, dans son humanité comme dans sa justice, n'a pas même essayé de recourir à la juridiction exceptionnelle, et a voulu que tous ils fussent protégés par le droit commun... Grâces lui soient rendues de ce qu'excitée peut-être à provoquer le renvoi de l'affaire ailleurs que dans le département du Bas-Rhin, elle a eu en vous, messieurs, une confiance méritée, elle a compris qu'il ne pourrait pas y avoir d'appréciateurs plus exacts et plus fidèles, soit de la gravité de l'attentat, soit de la culpabilité de ses auteurs, que des jurés pris sur les lieux mêmes où l'attentat avait été commis... Loin, bien loin de décliner votre juridiction, vous êtes, messieurs, ceux que les accusés auraient choisis pour juges, si avec l'instruction, telle que l'éloignement du prince Louis l'a faite, des juges, de véritables juges pouvaient encore leur être donnés.

« L'autorité, dans une haute pensée gouvernementale, n'a pas cru devoir permettre que le prince, l'âme du complot (1), fût compris dans la poursuite dirigée contre les autres conjurés. Elle l'a retiré de sa prison. Elle l'a envoyé au-delà des mers. Si de cette mesure que l'acte d'accusation signale « comme un trait de clémence destiné à prendre place dans « les plus belles pages de l'histoire contemporaine », il m'est demandé ce que je pense, je répondrai : Comme trait de clémence, avant le procès et même avant toute instruction, la mesure ne serait nullement dans mes sympathies. La justice doit d'abord avoir son cours ; la clémence ne peut venir qu'après. De la clémence envers celui qui n'est pas jugé encore, celui qui, comparaissant devant les magistrats, aurait pu être absous et acquitté ! Qu'est-ce d'ailleurs qu'une grâce accordée sans lettres patentes du roi, sans arrêt d'entérinement, et qui n'est même constatée jusqu'à présent que par des injonctions ministérielles ? Mais si, sous ce rapport, je diffère d'opinion avec le ministère public, sous d'autres, j'en fais l'aveu, la mesure a toute mon approbation. Ce n'est pas seulement à cause de ses suites heureuses pour des accusés parmi lesquels j'ai la douleur de rencontrer un frère ; c'est à cause surtout de sa portée politique... Il était difficile de mieux agir dans le sens et selon l'esprit de la révolution de juillet... Que l'on censure ou que l'on approuve l'acte qui a soustrait la duchesse de

(1) L'âme du complot... pour tout autre que M. le procureur-général, A en croire ce magistrat, ce sont les accusés qui, dans des motifs d'intérêt personnel, auraient trompé, égaré, entraîné le prince. . . Mais alors que devient le choix d'Arenenberg, « fait par les deux princes, fils de Louis Napoléon, à peu de distance de nos frontières, à la proximité de l'Italie, comme étant le point qui les mettait le mieux à même de suivre et d'apprécier les événements...?» Et puis, avec ce système, si le capitaine Raindre, si les généraux Voirol et Excelmans eussent répondu aux ouvertures du prince, le même reproche aurait donc pu leur être adressé aussi ! ! !

Berry à la juridiction des tribunaux, qui l'a reconduite hors de France... une fois ce précédent admis, une fois qu'il avait été érigé en principe que les membres de la branche aînée, privés de l'appui de nos lois, ne pouvaient pas être tenus d'en subir les rigueurs, qu'une sorte de pudeur publique, sinon d'inviolabilité, les protégeait encore, que c'est par des mesures politiques seulement, l'exil, l'interdiction de posséder en France, qu'ils devaient être atteints, le gouvernement avait, pour le prince Louis, sa marche tracée. Le prince Louis appartenait à une famille dont le chef avait régné glorieusement sur nous. Comme la duchesse de Berry, il avait rompu son ban. Comme la duchesse de Berry, il était venu réclamer son droit prétendu à la couronne. Ne pas lui appliquer la règle qui avait été appliquée à la duchesse de Berry, traiter l'un et l'autre différemment, se contenter d'exiler celle-là, tandis que nous aurions vu celui-ci livré à toute la vindicte des lois, c'eût été distinguer avec trop de soin entre les nouvelles et les vieilles dynasties; c'eût été proclamer, à la grande satisfaction de certaines monarchies européennes, que Napoléon n'avait été qu'un aventurier heureux, que s'il avait régné en fait, il n'avait pas régné en droit, que n'ayant pas pu se conférer la souveraineté à lui-même, il n'avait pas pu davantage conférer le titre et les immunités d'un prince à son neveu... En plaçant le prince Louis et la duchesse de Berry sur la même ligne, en les traitant de la même manière, en leur appliquant la même mesure, on confondait les vieilles et les nouvelles dynasties dans les mêmes égards; on honorait les unes à l'égard des autres; on proclamait devant l'Europe que Napoléon détrônant l'anarchie, fondant un grand empire, rétablissant l'ordre, faisant régner les lois, conduisant le pays à toutes les gloires, conquérant et législateur, avait occupé le trône de France aussi légitimement que s'il y eût été appelé par le droit divin. Honneur, toujours honneur au gouvernement. Il est sorti heureusement de cette épreuve délicate. Le prince Louis soustrait à la juridiction criminelle, seulement éloigné, banni, comme la duchesse de Berry elle-même l'avait été, non, non, ce n'est pas là un acte de pure clémence, c'est un acte de haute convenance, de grande et belle portée politique...., rarement la révolution de juillet avait encore mieux fait.

« Mais, de même que le gouvernement a eu raison d'accepter la responsabilité de cet acte devant les chambres, il faut qu'il se résigne à en accepter les conséquences devant le jury. Ces conséquences, quelles sont-elles, et ne les avez-vous pas, messieurs, devinées?.... Si l'éloignement du prince doit être sans action et sans influence sur le sort des accusés; si on a pu le transporter en Amérique impunément pour la défense: si sa présence, ses déclarations, ses explications, indifférentes au procès, n'eussent pas servi à y répandre la moindre lumière; en un mot, si chacun de vous peut, dans la sincérité de son âme, affirmer que le prince présent ou le prince absent, son verdict, au regard de tous les complices, aurait été le même... prononcez, prononcez... De bonne foi, est-ce que cette prétention a quelque chose de raisonnable? Est-ce que l'on peut soutenir sérieusement que l'éloignement du prince est sans inconvénient, sans dommage pour les accusés? Par là, l'instruction est incomplète, les débats sont mutilés, tronqués. Qui donc, sinon le prince, aurait pu expliquer l'origine du complot, son développement et ses progrès? Qui aurait pu expliquer, sinon le prince, comment les accusés avaient été entraînés, séduits, et la résistance qu'ils avaient opposée d'abord et l'adhésion qu'ils avaient consenti à prêter ensuite? Qui aurait pu expliquer, sinon le prince, les instructions par lui données le 30 octobre pour l'armement des troupes, pour la formation et la conduite des détachements, pour l'arrestation des autorités supérieures, civiles et militaires?.... S'il est, je ne dirai plus un coaccusé, mais un témoin dont la présence dût être envisagée comme nécessaire, indispensable, c'est le prince; sans lui, tout est vague, mystère, incertitude; et en son absence, dépouillés, comme vous l'êtes, de tous les documents qu'il se serait empressé de vous fournir, réduits à vos simples conjectures, vous croiriez, vous, hommes honnêtes, vous, esprits droits, vous qui vous reprocheriez éternellement un verdict rendu à la légère et sans le plus mûr examen, vous croiriez, dis-je, que vous n'en pouvez pas moins exercer de redoutables fonctions!!! Le prince, par la nature, par le ton même de ses explications, aurait dirigé vos opinions dans tel ou tel sens. A celles qui sont le plus fortement arrêtées, il aurait imposé quelque modification. Ignore-t-on de quels éléments fugitifs et variables se compose la décision d'un jury; comme il reçoit de profondes, de durables impressions, des choses même en apparence les plus incertaines? Le juré, c'est le juge fait homme. Le geste, l'accent, le jeu de la physionomie, jusqu'à l'inflexion de la voix, pour lui tout est source de conviction. Souvent il serait fort embarrassé s'il lui fallait rendre compte, soit aux autres, soit à lui-même, de ce qui forme, de ce qui détermine la sienne...... *Je crois, parce que je crois* : c'est là sa seule réponse..... Du moment, et nul de vous ne le niera, où la plus faible nuance, la plus petite variation dans votre verdict aurait pu être le résultat des explications du prince, où, à leur défaut, vous n'avez plus pour vous éclairer qu'une procédure mutilée, informe, cela suffit; vos devoirs vous sont indiqués et connus. Exposés, par une circonstance qui ne peut pas vous être imputée, à prononcer contre quelques-uns des accusés, peut-être même contre tous, sans règle d'infaillible justice, vous êtes assujettis à l'obligation rigoureuse de n'en condamner aucun.

« Encore si le prince, enlevé et déjà sur la route de la capitale, que les magistrats ne soupçonnaient pas même sa disparition, avait pu, avant de s'éloigner, produire quelques éclaircissements à la justice; si même, ne pouvant pas le retenir, la justice eût à son égard procédé par contumace! Mais rien de semblable! pas un interrogatoire! aucune instruction! un seul procès-verbal pour constater l'enlèvement! En dix jours (le prince a été arrêté le matin du 30 octobre, et il n'a disparu que dans la soirée du 9 novembre), on ne l'a pas conduit une seule fois devant le conseiller commissaire ! Il n'a été soumis à aucune confrontation. On ne lui a pas demandé de proférer une seule parole... Comment ! est-ce que par hasard on aurait pu craindre qu'il parlât ? Messieurs, supposez un gouvernement moins probe que ne l'est le nôtre, ayant, pour le guider dans ses actes, des maximes moins rigides d'honneur, de loyauté ; supposez un gouvernement qui, averti des desseins du prince, et afin de mieux les déjouer, lui eût tendu un piége, l'eût attiré en France, croyant (non sans quelque fondement) qu'il en est des complots comme de certaines maladies, moins dangereuses dans leurs effets, si, au lieu de les attendre, on a pris soin de les inoculer ; supposez.... Je m'arrête, messieurs ; je ne veux pas pousser plus loin une hypothèse absurde, révoltante pour un pouvoir aux intentions duquel je ne saurais rendre un trop éclatant hommage.... Mais cependant si les cas diffèrent, les principes ne changent pas. Or, le prince (qui n'avait encore subi aucun interrogatoire), enlevé uniquement pour éviter qu'il donnât de dangereuses explications.... un jury sage et consciencieux se devrait d'absoudre à l'instant même tous les complices.

« En thèse générale, l'absence du principal accusé ne peut jamais devenir la cause déterminante de l'absolution des autres. A ce compte, le crime obtiendrait trop souvent l'impunité. Le chef se dérobant à toutes les recherches de la justice, il s'ensuivrait que ses complices ne pourraient plus être poursuivis ni condamnés ; mais nous sommes ici, messieurs, dans une thèse particulière. Par le fait, par la volonté de qui le prince a-t-il disparu ? Par le fait, par la volonté du gouvernement. Ce n'est pas le prince qui a cherché son salut dans la fuite ; c'est le gouvernement qui, lorsqu'il était sous la main de justice, lorsqu'il sollicitait à grands cris de courir toutes les chances de l'instruction, n'a pas voulu qu'on procédât contre lui, l'a fait partir furtivement, l'a isolé de ses co-accusés de tout l'intervalle d'un monde. C'est le gouvernement qui a privé le jury de sa présence. Eh quoi ! on arrache à des malheureux l'imposant témoignage qui devait les couvrir et les protéger, et l'on se croit encore le droit de poursuivre leur jugement et leur condamnation ! (Approbation générale.) Tous les jours, dans un procès criminel, la comparution d'un témoin peut sembler à des accusés utile pour leur justification. Ils la réclament. Ses déclarations doivent jeter le plus grand jour sur des faits encore douteux. Qu'il soit entendu, et de sa bouche la vérité sortira, entière, sans nuages. Mais le ministère public de s'écrier : Ce témoin, sur la déposition duquel vous insistez, nous l'avions à notre disposition. Un mot de nous, et il comparaissait. *Il ne nous convient pas qu'il comparaisse.* Nous l'avons expatrié. Le procès se jugera sans lui. Messieurs, ce sont vos convictions que j'adjure. Quelle devrait être, dans une occurrence pareille, l'attitude d'un jury plein du sentiment de sa dignité? Il ne vous convient pas qu'un témoin, dont la présence est réclamée hautement par les accusés, soit entendu. Vous l'éloignez à dessein......; faites, faites usage de votre omnipotence.....; nous aussi, nous avons la nôtre. Vous ne pouvez pas nous contraindre à trouver des accusés coupables ....; nous absolvons. Voilà, messieurs, comme vous répondriez tous. Cette réponse serait accueillie aux applaudissements de l'opinion publique. Vraie, juste, consciencieuse pour l'éloignement arbitraire d'un témoin important, est-ce qu'elle aura perdu ce caractère, et même ne sera pas convertie en une impérieuse nécessité, pour un acte bien autrement grave, pour l'éloignement arbitraire du principal accusé ?

«On objectera peut-être que le renvoi de la duchesse de Berry ne fut invoqué, à titre d'acquittement, par aucun des nombreux accusés du crime de chouannerie. Quelle différence ! la duchesse de Berry avait violé la loi qui exclut de France les Bourbons de la branche aînée ; mais ce fait, le fait de sa présence parmi nous était le seul qu'on pût lui reprocher. Qu'elle fût venue avec des vues hostiles ; qu'elle voulût être sur les lieux pour entretenir le zèle de ses ardents ; que son nom et sa présence fussent une excitation perpétuelle aux entreprises de sédition et de révolte, qui en doutera? Toutefois elle n'avait, je le répète, contre elle, que le fait de sa présence dans la Vendée. Du reste, nulle affiliation prouvée, nulle correspondance surprise, rien qui la rattachât directement, absolument à quelque mouvement insurrectionnel. Elle a été saisie comme une femme, après vingt-quatre heures de recherches, derrière une plaque de cheminée.... Où seraient donc les accusés qui (lorsque son nom, s'il a été prononcé dans aucun procès, n'a pu l'être que d'une manière vague, générale, sans relation directe et absolue avec l'accusation) auraient pu s'affecter d'une mesure dictée par de puissantes considérations politiques et qui ne leur faisait pas grief? Mais le prince Louis! ce n'est pas pour le fait seul de sa présence indue à Strasbourg qu'il était susceptible d'être recherché et poursuivi. Le prince! il a été saisi les armes à la main, à la tête des troupes qu'il avait égarées, dans une caserne, donnant ses ordres aux conjurés, en plein délit d'attentat! Son nom, qui était déjà dans toutes les parties de l'acte d'accusation, vous l'avez, messieurs, retrouvé dans toutes les parties de ces débats. Tant de fois mon oreille l'a entendu prononcer, qu'il me semblait que ces murs, ces murs sonores le demandaient. C'est de son affaire qu'il s'agit, où est-il? Car, enfin, il n'est pas un seul fait reproché à un seul des accusés qui ne soit avant tout le fait du prince. Et les deux hypothèses se compareraient!!! Arrière, arrière l'exemple de la duchesse de Berry! Elle était dans les insurrections vendéennes, comme mobile, comme encouragement, non comme action... Le prince va, payant partout de sa personne. Sans lui, il n'y aurait pas eu de complot; sans lui, il ne peut pas y avoir de procès.

« Je m'attends à un autre argument : « Vous vous plaignez de la disparition du prince. On vous a fait tort en l'éloignant. Il eût donné sur chacun de vous des explications favorables. Eh bien! ces explications, donnez-les vous-mêmes, et on y croira. Elles passeront pour vraies; elles auront autant de poids que si le prince les présentait à la justice. Y pense-t-on? Et quel rôle se propose-t-on de nous assigner? D'accusés devenir accusateurs! charger le prince quand il n'est point là, quand ses pas sont cloués au sol de l'Amérique, quand il ne peut plus parler!!! Ce rôle, indigne de gens d'honneur, oui, de gens d'honneur, car quelque grand que soit ton égarement, *tu n'es pas encore un infâme, mon frère* (Profonde sensation. Me Parquin, en prononçant ces paroles, se retourne vers son frère, étend sur lui les mains. Ce mouvement, produit d'une émotion dont il n'est pas le maître, cause un incroyable effet sur tout l'auditoire.), ce rôle, indigne de gens d'honneur, ils le repoussent. Dût s'aggraver leur position; dût leur être réservée au bout de ce procès une peine terrible, la mort, jamais ils ne consentiront à se disculper en accusant le prince. Le prince absent est sacré pour eux... Mais à son tour, le prince, s'il eût été présent, ne serait pas demeuré en arrière. Vous auriez été, messieurs, spectateurs d'un intéressant combat. On aurait disputé à l'envi de générosité, de délicatesse. Les accusés ne veulent pas charger le prince; le prince aurait tout pris à sa charge... Par l'éloignement du prince, il ne vous est donc plus permis de tout savoir. La vérité ne peut arriver jusqu'à vous que mutilée, incomplète. Maintenant la difficulté se réduit à ces simples termes : Il a convenu au gouvernement d'enlever aux accusés le bienfait des déclarations du prince : les en punirez-vous? Il ne convient pas aux accusés de se disculper en accusant le prince : les en punirez-vous? (Mouvement.)

« C'est là, messieurs, l'immuable raison de décider. Dans cette voie, vous n'avez pas à craindre de vous tromper jamais. Vous seriez sujets à de trop funestes méprises, si vous en adoptiez une autre. L'erreur du ministère public était de supposer que l'éloignement du prince ne cause nul dommage aux accusés.... Cette erreur, je l'ai réfutée, détruite. Je ne crois plus qu'il s'y maintienne, et alors ..... alors, messieurs, toutes les fois que nos rois rendent des ordonnances de grâce, c'est avec la formule obligée : sous la réserve du droit des tiers, *salvo jure alieno.* Toutes les fois que nos lois proclament des mesures d'amnistie, c'est avec la formule obligée : sous la réserve du droit des tiers, *salvo jure alieno.* Le droit des tiers veut toujours être respecté. Les lois, les ordonnances de faveur ne doivent jamais porter atteinte au droit des tiers... « Le prince « (je rappelle votre phrase favorite) a été l'objet d'un acte de « clémence destiné à prendre place dans les plus belles pages « de l'histoire contemporaine. » Vous n'avez pas pu être clément, généreux, libéral à nos dépens... Dès qu'il est démontré, reconnu que le sort des accusés peut être aggravé par l'éloignement du prince, il n'y a plus qu'un seul verdict possible : l'acquittement. (Oui ! oui !)

« Et cet acquittement que tant de cœurs appellent, qui est-ce donc, messieurs, qui en souffrirait ?

« Le pays !.... le pays !.... Assurément, il ne faut pas en savoir le moindre gré aux accusés : le succès d'une effroyable tentative n'a pas dépendu d'eux. L'Europe, à présent si calme, pouvait être de nouveau lancée dans l'abîme des révolutions, et ce n'est pas moi qui voudrais rien retrancher des couleurs sombres de cette partie du tableau tracé avec tant d'art et de talent par M. le procureur-général. Mais enfin ce complot, pour la réussite duquel il n'a pas été exercé la moindre violence ; ce complot, qui n'a pas fait couler une seule goutte de sang ; ce complot, par son heureuse issue, n'est-ce pas, si l'on y songe bien, un événement favorable en soi ? N'a-t-il pas prouvé jusqu'à l'évidence que les parents de Napoléon n'avaient plus de chances ici ; que la France, qui les recevrait avec plaisir dans son sein comme ses enfants, n'en voulait plus pour dominateurs et pour maîtres ? S'il fut un jeune prince qui, par l'éducation solide que son excellente mère lui a donnée, par son naturel aimable, par ses rares et brillantes qualités, par son affection pour la contrée qui l'a vu naître, par ses rapports et par sa ressemblance avec le vaillant capitaine dont il était le neveu, le fils adoptif, pût espérer de faire revivre le prestige attaché jadis au nom qu'il porte, c'est assurément le prince Napoléon-Louis Bonaparte. Quel sort a eu son entreprise? où a-t-elle abouti? quel retentissement à Metz, à Nancy, à Lyon, ailleurs? A l'exception d'un régiment, égaré à la voix de son chef (et ce régiment, je ne sache pas qu'il ait été mis en accusation), quels autres corps le prince a-t-il soulevés? quelles villes se sont déclarées en sa faveur? quelle citadelle lui a ouvert ses portes? Hélas! il est parvenu à égarer deux ou trois têtes. De ce vaste complot il ne serait pas même exact de dire avec le poète :

Surgentem videt una dies, videt una cadentem.
(Un jour le voit éclore, un jour le voit mourir.)

« Ce n'est point l'espace d'une journée, ce n'est point l'espace d'un matin, c'est tout au plus l'espace d'une heure qu'il a duré. Une heure! une heure en a vu le commencement, le milieu, la fin... Et encore, avait-il produit quelque sensation dans la cité où il éclata? Vous êtes, messieurs, pour la plupart, vous, les habitants de cette cité. Vous étiez-vous seulement aperçus de son existence? N'avez-vous pas appris l'arrestation des coupables avant de savoir qu'ils eussent conspiré? Avez-vous remarqué d'ailleurs que quelques intelligences eussent été pratiquées, quelques vœux conçus, quelque espoir formé? Non, dans leurs cris, le silence le plus absolu; dans leur marche, l'isolement le plus complet... Grande et salutaire leçon, qui ne sera pas perdue! Que les parents de Napoléon regardent encore, s'ils le veulent, d'un œil de regret le trône de France; qu'ils ne le regardent plus d'un œil d'envie. Soit à jamais perpétué le souvenir de la gloire, des belles œuvres, des faits admirables du grand homme! Pour sa famille, elle ne doit plus attendre de nous que ce respect qui suit toujours la puissance déchue, d'illustres infortunes.

« Et si l'avenir du pays ne doit pas souffrir de l'acquittement des accusés, la morale publique du moins en souffrira-t-elle? Aucunement. Une voix éloquente, une voix amie vous l'a prouvé (1). La morale publique recevrait le plus sanglant outrage de l'inégalité des conditions entre les artisans d'un même complot. Le prince mis en dehors du procès, parce qu'il est de sang illustre ! Les accusés traduits et condamnés, parce qu'ils sont de sang vulgaire !... Ah ! vous ne le voudriez pas.

« Est-ce que vous auriez à suivre une règle plus sûre que celle qui vous est tracée par la Cour royale de Colmar ? Quelque habileté, quelque ténacité que M. le procureur-général ait déployées dans l'exposition de son système sur la mesure relative à l'élargissement du prince et sur les effets de l'acquittement des accusés, ce système, la Cour royale de Colmar l'avait jugé, l'avait proscrit d'avance. Le prince avait été, comme ses complices, compris dans l'arrêt d'évocation. Un acte du gouvernement le lui dérobe. Va-t-elle rester spectatrice indifférente d'un fait qui doit laisser sa justice désarmée, impuissante ? Elle s'en garde bien. Elle proteste. Elle ne veut pas tolérer, sans contradiction et sans réserve, l'évidente violation du principe fondamental de l'égalité devant la loi. Vous, messieurs, vous vous conformerez à son esprit. Elle vous inspirera. L'œuvre qu'elle n'a pas pu conduire à fin, votre verdict se chargera de le compléter, de le parfaire. Comme elle, en acquittant les accusés après que le gouvernement a affranchi leur chef, vous inscrirez sur votre bannière : JUSTICE ÉGALE POUR TOUS.

« A votre décision, si impatiemment attendue, tout le monde gagnera : le pays, la morale publique, les principes et les accusés.

« Une seule personne pourrait y perdre, le roi..... le roi ! car il n'aura plus, messieurs, cette occasion d'exercer encore une fois sa haute clémence. Ah ! sans doute, *celui qui a compris de poignantes douleurs, et qui s'y est associé*, celui que la voix du repentir n'a jamais imploré en vain, celui qui a ouvert les portes de leurs cachots aux insurgés de juin comme aux re-

(1) M⁰ Ferdinand Barrot, dans sa belle défense du colonel Vaudrey.

belles de la Vendée, celui qui a brisé les fers des prisonniers de Ham, celui-là n'eût pas dédaigné les vœux formés par les accusés de Strasbourg : mais assez d'autres circonstances lui seront offertes; et que ce serait mal connaître son noble cœur, si l'on pensait qu'heureux seulement dans l'application du droit de faire grâce, il éprouve des joies moins vives, moins pures, quand des accusés sont renvoyés absous par la justice, que lorsque, déclarés coupables, il a conquis le beau privilége de pardonner ! » (Applaudissements.)

Voici ce que le *Courrier du Bas-Rhin* ajoutait à la suite de ce plaidoyer :

« Le discours de M⁰ Parquin, rempli de si beaux sentiments, de si profondes pensées, dans lequel cet honorable avocat a su heureusement concilier ce qu'il devait à la défense et ce qu'il devait à ses sympathies politiques pour le gouvernement au nom duquel son frère est poursuivi, ce discours prononcé avec un merveilleux accent d'émotion, de noblesse et de convenance, excite une vive impression sur l'auditoire. Il est souvent interrompu par des murmures d'approbation. Depuis long-temps on n'avait entendu à Strasbourg une éloquence si calme et pourtant si entraînante, une parole si modérée et pourtant si saisissante. Le commandant Parquin l'écoute dans une attitude difficile à rendre. Sa mâle figure militaire est plus d'une fois sillonnée de larmes qu'il tente vainement de retenir. Le colonel Vaudrey, les yeux fixés sur l'éloquent défenseur, semble le remercier d'un regard de gratitude, de relever ainsi par sa parole le coaccusé sur qui le ministère public a fait peser les injurieuses accusations qui l'ont si profondément blessé lui-même. La fin de l'oraison de M. Parquin est accueillie par d'unanimes acclamations. Les applaudissements éclatent au fond de la salle et sont à peine comprimés par le respect dû à la justice. M⁰ Parquin est entouré des membres du barreau et des notabilités de l'auditoire qui le félicitent vivement. »

(*Audience du* 16 *janvier.*)

A neuf heures la Cour entre en séance. L'affluence est toujours la même.

M. le président : La parole est au défenseur de l'accusé de Querelles.

M⁰ Parquin : Je vous prie, monsieur le président, de permettre que je suspende un moment le plaisir que nous devons nous promettre de la plaidoirie de l'honorable confrère M⁰ Martin, pour rectifier publiquement un fait qui intéresse au plus haut degré l'honneur d'un brave et loyal officier.

Un journal de Paris, *l'Estafette*, du mardi 10 janvier, dans l'interrogatoire qu'a subi le commandant Parquin, place cette question : « Le prince ne vous a-t-il pas dit que le colonel et le régiment de cuirassiers alors à Haguenau seraient du complot? » et cette réponse : « Non, et cependant il aurait pu me le dire, car le colonel Brice était avec nous. »

Je ne crois pas d'abord que la question a été adressée; mais ce qui est certain en tout cas, c'est que la réponse n'a pas été faite, et elle n'a pas pu l'être, rien n'ayant pu donner lieu de penser que le colonel fût dans le complot. Cette erreur est d'autant plus extraordinaire dans *l'Estafette*, qu'elle n'a été commise par aucun autre journal. Comme elle pourrait avoir des suites graves pour un officier qui vient d'être atteint par une mesure sur laquelle il a l'espoir que la justice du gouvernement reviendra, la rectification publique de cette erreur était une chose nécessaire et de rigoureuse convenance. Le colonel Brice l'a désirée, et c'est de grand cœur que je la fais (Approbation).

M. le président : La parole est à M⁰ Martin.

L'honorable avocat se lève et s'exprime en ces termes :

XI. PLAIDOYER DE M⁰ MARTIN.

« Messieurs les jurés,

« Après les trois défenses que vous avez déjà entendues, et à côté surtout de l'avocat célèbre qui, en venant ici réclamer et sauver son frère, protège tous les accusés de l'autorité de son nom et de son talent, j'ai peu de titres à votre attention.

« Et cependant, outre les explications que j'ai à vous donner pour la défense particulière du lieutenant de Querelles, je suis, comme Alsacien, trop intéressé à la décision que vous allez rendre, pour pouvoir comprimer et taire toute l'impression que me fait cette procédure. Ce n'est plus seulement une question de vie et de liberté, c'est une question de morale que vous aurez à résoudre, et votre réponse dira si les Alsaciens ont su rester fidèles aux sentiments de justice et d'égalité qui ont jusqu'à présent fait honorer notre province ; ou bien si nous sommes dégénérés au point qu'un jury alsacien, dans un procès tout politique, puisse devenir l'instrument de la plus horrible iniquité.

« Oui, messieurs, une condamnation, une condamnation quelconque serait une iniquité ; elle serait contraire à notre droit criminel, contraire à la justice de tous les peuples, et contraire à la morale ; car, on ne vous demande pas si les accusés ont commis matériellement tel ou tel fait : sous ce rapport tout est avoué par les cinq premiers accusés, au nombre desquels se trouve mon client. On vous demande si, pour avoir commis le même fait que le prince, vous pouvez les déclarer coupables comme complices, quand, pour le même fait, le gouvernement a déclaré le prince, auteur principal, non-coupable.

« Voici la véritable et la seule proposition à résoudre, et quelque déguisés ou quelque obscurs que vous en paraîtraient les termes, messieurs les jurés, de toutes les questions qui vous seront présentées, chacune renfermera au fond la même proposition, et cette proposition est révoltante pour un homme juste.

« L'accusation, sans doute, ne concède pas que tout se réduit à cette seule question ; elle ne peut pas en convenir, car ce serait reconnaître que l'accusation est insoutenable. Aussi cherche-t-elle à vous entraîner en vous embarrassant; elle veut limiter votre droit d'examen, elle vous dénie votre omnipotence, la plus belle de vos prérogatives ; elle voudrait que vous ne puissiez pas comprendre les moyens de la défense. Ce qu'elle redoutait le plus pour la décision d'une question de droit, c'étaient les explications les plus éclairées, et pour vous en priver, l'accusation n'a pas craint de pousser l'exercice de certains de ses droits jusqu'à l'abus (1).

« Quant aux faits, l'accusation a tout exagéré, et elle l'a fait avec passion ; l'accusation est inexacte et malveillante. »

M. Rossée, procureur-général (à voix basse) : Il n'est pas permis de qualifier ainsi l'accusation.

« Qu'est-ce, en effet, continue Mᵉ Martin, que cette ville et ces campagnes menacées du plus affreux carnage? que le pillage et les réquisitions? qu'est-ce que l'effroi des habitants de cette cité et l'indiscipline des soldats? toutes choses dont on vous a tant parlé. Ce sont de vaines conjectures, des soupçons mal fondés, contraires à tout ce qui s'est passé, à tout ce que nous avons vu, à tout ce qu'ont affirmé de nombreux témoins.

« Ces conspirateurs voulaient le pillage et les réquisitions ? Et ils avaient pris la précaution de distribuer de l'argent aux soldats, dans le but même d'empêcher toute exaction envers les citoyens. Ils voulaient le carnage ? et ils négligeaient tout le matériel d'artillerie qui était à leur disposition, et qui leur

(1) Le ministère public, en épuisant son droit de récusation, avait repoussé du jury plusieurs membres de l'académie de Strasbourg, parmi lesquels se trouvait un professeur en droit.

aurait assuré une victoire certaine dans la ville. Ils voulaient le carnage ? Et au moment où ils pouvaient encore vaincre et réussir, le prince ne veut agir que par la persuasion, et leur défend de se servir de leurs armes.

« Ils étaient indisciplinés, ces soldats du 4⁰ ? ces soldats qui ont écouté la voix de leur chef au cruel instant même où ils devaient s'en séparer et le livrer au 46⁰ ?

« Non, non, tout cela est exagéré et mal fondé ; c'est ajouter aux faits, c'est aggraver ceux dont les accusés ont à répondre, et qui sont déjà bien assez graves par eux-mêmes. Mais ces faits tels qu'ils sont portent avec eux un caractère de douceur, d'humanité et de générosité, qui vient au devant de la défense. C'est là ce qu'on a voulu détruire, et ici aussi, c'est par la peur qu'on cherche à agir sur vos esprits !

« On attaque l'honneur des accusés, on leur conteste de nobles sentiments. On nie qu'ils aient pu agir par conviction, et quand ils expriment leur opinion, quand ils font leur profession de foi politique, on le leur reproche comme une faute ou un délit. Cependant il est permis aux accusés de défendre leur honneur ! Il s'agit, en effet, d'un acte politique ; un tel acte peut constituer un crime, et ne pas entacher l'honneur personnel de celui qui l'a commis ; ce peut être une erreur, mais cette erreur peut être fondée sur la fidélité à des convictions politiques, et cette erreur n'est pas déshonorante. »

Après ce brillant exorde qui a été écouté avec un profond recueillement, le défenseur en vient à discuter le caractère de son client que l'accusation présente comme un homme chassé de son régiment pour dettes, se trouvant dans une position gênée. L'avocat donne ici lecture à lui adressée par le malheureux père de l'accusé, qui démontre le peu de fondement de ces accusations, et il trace en peu de mots la biographie de son jeune client ; il s'attache principalement à combattre les arguments que l'accusation a voulu tirer du carnet de M. de Querelles ; il démontre que ce n'est pas l'intérêt, l'égoïsme, l'ambition qui ont entraîné son client à prêter son appui au prince Louis, mais ses convictions, et ici Mᵉ Martin donne lecture du projet de défense que le prince avait préparé dans la prison de Strasbourg, pour faire voir quels étaient les projets du prince.

Abordant la question fondée sur le principe de l'égalité devant la loi, l'avocat la discute avec une puissance remarquable de logique et de raison, et continue en ces termes:

« Du reste, le principe que nous avons invoqué et qui est écrit en tête du Code pénal, le droit positif de la France, n'est que l'application de ce sentiment de justice qui est inné à l'homme et qui forme la base de toute religion et de toute morale !

« Il n'existe au monde aucune législation ni aucun peuple qui aient admis un principe contraire. Punir les moins coupables, absoudre et mettre en liberté l'accusé principal ! quelle maxime ! quelle justice ! Et c'est là ce qu'on vous demande ! Un pareil principe révolterait jusqu'à des enfants. Si des écoliers, entraînés par un de leurs camarades, avaient commis une faute, que le maître voulût tous les punir, en exceptant celui qui les a entraînés; s'il absolvait celui-ci, parce qu'il est le fils d'une famille riche et puissante, demandez à un enfant si ce serait là de la justice, et voyez si à ce mot son jeune cœur ne se soulèverait pas d'indignation !

« Eh bien ! votre position est la même : on met en liberté le plus coupable, celui qui a entraîné, excité, dirigé tous les autres; celui pour qui l'attentat avait été commis, celui qui devait en profiter. On déclare qu'il ne sera pas puni, qu'il ne peut être puni parce qu'il descend d'empereur et de rois, et on veut que vous punissiez ses complices, ses compagnons, les amis qu'il a entraînés ! Et vous pourriez hésiter ? mais il faudrait pour cela avoir étouffé ce sentiment de justice, ce sentiment qui anime jusqu'aux enfants ! Messieurs, vous tenez trop aux mœurs simples de notre province pour ne pas protester dans une pareille circonstance contre une supposition aussi injurieuse pour vous.

« Votre position l'exige d'autant plus que vous devez en même temps revendiquer et reprendre toute la dignité qui appartient au jury. C'est une injure, c'est un outrage envers vous que d'avoir enlevé le prince. On vous dit : A vous, roturiers, à juger vos égaux; mais un prince, quel qu'il soit, vous êtes indignes, vous n'êtes pas capables d'apprécier ses faits et ses actions; votre justice est bonne pour le peuple et non pas pour les grands.

« Après vous avoir ainsi abaissés, on vous demande de charger votre conscience d'une condamnation dans une procédure, dans des débats incomplets; dans un procès où les accusés ici présents ont été privés, par l'absence du prince, des avantages, de l'influence et de l'autorité que pouvaient donner à la défense les explications et les révélations du principal accusé. Non, messieurs, c'est ce qu'on n'obtiendra pas de vous; vous n'irez pas vous humilier jusque-là. Oh! soyez plus fiers et plus dignes, et la main sur la conscience, devant Dieu et les hommes, dites à l'Europe et au monde entier qu'il serait injuste de punir les complices, quand l'auteur principal est mis en liberté! Répondez NON à toutes les questions qui peuvent vous être posées, et votre décision sera respectée, sera admirée jusqu'au delà des mers! »

Après avoir démontré que cette solution est commandée et par notre droit positif et par ce sentiment de justice qui a été révélé à l'homme, M⁰ Martin prouve qu'elle l'est aussi par notre droit politique et constitutionnel :

« En effet, l'égalité est le fondement de tout notre droit public; l'égalité de tous devant la loi, cette conquête de 89, a passé dans toutes nos institutions, dans toutes nos lois; c'est la base de toutes nos libertés, la plus grande garantie de l'ordre. Dans le doute donc, il faut toujours revenir à ce principe, il faut toujours le prendre pour guide, il faut appliquer, interpréter toutes les lois dans le sens de l'égalité, car, encore une fois, toutes nos lois, quelles qu'elles soient, sont fondées sur ce principe et se réfèrent à ce principe.

« La France et l'Amérique sont les seules nations qui l'aient admis et proclamé. Honneur à elles! Ce principe d'égalité fait l'admiration et l'envie de tous les peuples; mais ce serait l'abdiquer que de prononcer une condamnation.

« L'égalité devant la loi est d'ailleurs écrite en toutes lettres dans la Charte. Or, la Charte est la loi des lois; vous avez tous juré obéissance à la Charte, et pour obéir à la Charte, pour la respecter, il faut ne jamais rien faire, rien permettre contre l'égalité. La Charte vous le défend.

« C'est déjà bien assez qu'on y ait porté atteinte par l'enlèvement du prince; et, en effet, pour lui et à son égard, on a suspendu les lois et dispensé de leur exécution, ce qui était défendu par l'art. 13; tandis que, d'un autre côté, on portait atteinte à la liberté individuelle, en l'arrêtant autrement que dans les cas et dans les formes voulus par la loi, ce qui était prohibé par l'art. 4.

« C'est déjà bien assez, disons-nous; et aujourd'hui on tente encore d'établir entre lui et les accusés une monstrueuse inégalité, quand l'art. 1er de la Charte dit que les Français sont tous égaux devant la loi, quels que soient d'ailleurs leurs titres et leurs rangs.

« Mais cette inégalité, contraire à la Charte, dépend de vous, messieurs les jurés; une condamnation la consommerait, et c'est vous qui deviendriez l'instrument de cette violation de notre constitution.

« En vain vous dit-on que vous n'êtes pas juges de cette question; que c'est aux chambres, au pouvoir législatif seul à l'apprécier. C'est une erreur; car la Charte et tous les droits qu'elle consacre sont confiés au patriotisme et au courage de tous les citoyens français. C'est le texte de l'art. 66 de la Charte.

« Chaque citoyen doit donc, dans sa sphère, veiller au maintien de la Charte, quelle que soit sa position et quelles que soient ses fonctions.

« Comme jurés, vous devez plus que tout autre faire preuve de patriotisme et de courage. Comme jurés, vous devez, avant tout, veiller à ce que votre décision ne puisse point blesser la Charte ; et dès que vous en avez l'occasion, vous devez, avant tout, protester contre une violation de nos droits, de quelque part qu'elle vienne.

« Or, entre l'acquittement d'un accusé ou la violation de la Charte, vous ne pouvez pas balancer ; car la violation de la Charte est le plus grand des crimes, mille fois plus coupable, mille fois plus punissable que tous les attentats.

« La Charte est le seul lien entre le souverain et le peuple, entre le peuple et le souverain ; et violer la Charte, c'est préparer pour tôt ou tard le déchirement de ce lien.

« La violation de la Charte est le plus grand des maux ; car si ce n'est là la cause première et la cause directe de tous les troubles, de toutes les tentatives de renversement, c'est du moins là le prétexte et la meilleure raison de tous les mécontents et surtout de tous les prétendants.

« Ainsi, messieurs, votre qualité de citoyens français, votre serment, vos fonctions de jurés et la saine raison vous font une loi de ne pas vous associer à une pareille mesure (profonde sensation).

« Ces raisons, sans doute, existaient déjà, et elles étaient du même poids pour tous les fonctionnaires et magistrats qui ont eu à s'occuper de cette procédure depuis l'enlèvement du prince. Tous aussi ils auraient pu, tous, suivant nous, ils auraient dû protester contre cet acte ; mais parce que tous ne l'ont pas fait, ce n'est pas un motif pour que vous ne le fassiez pas ; c'est au contraire un motif puissant pour que vous ne le négligiez point.

« Pour eux, ils sont tous plus ou moins dépendants du pouvoir ; vous seuls, vous êtes complètement indépendants.

« Pour eux, leurs fonctions et souvent leurs devoirs sont tracés et limités ; vous seuls, vous ne devez écouter que votre raison et votre conscience.

« Pour eux, ils pouvaient tarder ou hésiter, parce qu'ils savaient qu'il restait encore une dernière garantie dans l'institution du jury ; et après vous, messieurs, il ne reste plus rien. Oui, votre institution est la plus belle, la plus forte, mais aussi la dernière des garanties du peuple, et si vous fléchissez, tout est perdu.

« Et pourquoi fléchir ou pourquoi hésiter? votre marche est toute tracée par l'arrêt de la chambre d'accusation ; car la violation de la Charte y est montrée du doigt, et c'est à vous que la Cour paraît avoir voulu réserver l'honneur de la réparer.

« Un acquittement, en effet, réparerait et rétablirait l'égalité, et l'acquittement est le seul moyen de rentrer dans la constitution et dans le droit commun.

« Aujourd'hui on soutient, il est vrai, que l'enlèvement du prince était un acte entièrement légal ; mais le ministère public se met par là en contradiction et avec les organes du gouvernement et avec l'arrêt de mise en accusation ; et quand on le voit, en tâtonnant, chercher à qualifier cette mesure, on est porté à venir à son aide en le renvoyant à nos livres de jurisprudence. Qu'il ouvre en effet le *Répertoire* de Merlin, et il trouvera le caractère légal, le véritable caractère de l'ordre d'enlèvement, au mot : *Lettre de cachet*. Oui, messieurs, l'ordre d'enlèvement du prince n'était qu'une lettre de cachet, un renouvellement de cet horrible abus de l'ancien régime, aboli expressément par une loi du mois de mars 1790, et tellement aboli qu'on aurait rougi d'en parler encore lors des législations subséquentes. Et c'est à l'occasion d'une lettre de cachet que nous voyons jusqu'à des magistrats se courber devant l'arbitraire !

« Examinons, du reste, en droit les doctrines du ministère public.

« M. le procureur-général vous a dit que l'ordre d'enlèvement n'était que l'exercice du droit de grâce, et d'autant plus respectable qu'il a été appliqué avant la condamnation, ce qui, suivant ce magistrat, est beaucoup plus dans les convenances que la grâce accordée après jugement.

« Mais que devient cette singulière doctrine, quand, en ouvrant M. Legraverend, l'auteur que M. le procureur-général a lui-même cité de préférence, nous lisons que *la grâce est la remise que le souverain fait au coupable* DE LA PEINE *prononcée par les tribunaux qui l'ont* JUGÉ*?*

« M. le procureur-général ajoute, il est vrai, que si ce n'est pas une grâce, c'est, du moins, une amnistie, et il a rappelé à ce sujet la distinction faite par M. Legraverend entre les amnisties générales ou particulières, et les amnisties absolues ou conditionnelles.

« Mais, en s'attachant à ces distinctions secondaires, M. le procureur-général oubliait que le caractère essentiel et distinctif de l'amnistie est de s'appliquer au fait, abstraction faite de son auteur, tandis que la grâce ne s'applique qu'à la personne du coupable.

« Quand donc l'amnistie est particulière, cela veut dire particulière à tel ou tel fait, et non pas particulière à telle ou telle personne.

« En effet, et c'est encore M. Legraverend qui nous l'enseigne, l'amnistie est un acte du souverain qui couvre du voile éternel de l'oubli certains crimes, certains délits, certains attentats spécialement désignés, et qui ne permet plus aux tribunaux d'exercer aucune poursuite contre ceux qui s'en sont rendus coupables.

« Si donc l'acte d'enlèvement du prince était une amnistie, l'attentat reproché aux accusés devrait être couvert du voile de l'oubli, et il ne serait plus permis aux tribunaux d'exercer aucune poursuite contre eux ; car il n'est pas vrai que l'amnistie puisse être restreinte à l'auteur principal. L'exemple particulier à la ville de Strasbourg, et cité par M. le procureur-général, prouve même le contraire, puisque cette amnistie particulière a libéré à la fois les complices et l'auteur principal.

« Il est, d'ailleurs, de principe que l'amnistie profite toujours aux complices. C'est encore un point de jurisprudence attesté par M. Legraverend, et il a été consacré par plusieurs arrêts de la Cour de cassation.

« Tout est donc erroné dans les doctrines du ministère public. Mais, à côté des lettres de grâce et des lettres d'amnistie, on connaissait encore autrefois des lettres d'abolition. Oui, messieurs, c'est à une lettre d'abolition que ressemble l'ordre d'enlèvement du prince, mais pour cela il n'en est pas plus légal. Les lettres d'abolition, avant le jugement, étaient aussi un abus de l'ancien régime, et un abus tellement dangereux, que la restauration elle-même avait protesté qu'il ne se renouvellerait plus. Et n'est-il pas déplorable que nous soyons réduits aujourd'hui à opposer aux doctrines du ministère public des actes du beau temps de 1814? Car, en effet, c'est dans des lettres d'abolition du 10 août 1814, accordées *après jugement*, que nous lisons que « les lettres d'abolition
« avant le jugement, contre lesquelles les magistrats les plus
« distingués n'ont cessé de réclamer autrefois, sont contraires
« aux règles, entravent le cours de la justice, et nuisent à l'ac-
« tion des tribunaux ».

« Enfin, le ministère public a invoqué le précédent de la duchesse de Berry.

« Nous savons bien que c'est là ce qui a engagé le gouvernement à mettre en liberté le prince Louis. Mais le fait d'une première violation de la loi ne constitue pas un droit, et ce précédent même ne peut conduire qu'à un acquittement, car aucun des complices de la duchesse de Berry n'a été condamné. La mise en liberté de cette princesse a donc profité à ses complices, et dès lors la mise en liberté du prince Louis doit aussi assurer l'acquittement de nos accusés.

« Il existe d'ailleurs un motif d'acquittement bien puissant pour les hommes de toutes les opinions ; car, d'après les propres doctrines du ministère public, il est certain aujourd'hui que le roi est intervenu dans cette procédure. Or, il a toujours été de principe en France que le prince ne doit pas s'immiscer dans l'exercice de l'autorité judiciaire.

« Et l'acquittement est de droit dès que le souverain est intervenu ; car la main du roi, qui ne peut jamais faire le mal, ne doit provoquer que de la reconnaissance et des bénédictions ; la main du roi ne doit jamais s'exposer à être maudite. Et, cependant, si un seul des accusés était condamné, il aurait le droit de dire : *J'aurais peut-être été acquitté si le roi n'était pas intervenu.*

« Une condamnation serait même contraire au but que le gouvernement a cherché à atteindre par l'enlèvement du prince Louis ; car, rendu à la liberté par un acte tout dans l'intérêt de la considération princière, il se trouverait frappé de la plus indélébile des flétrissures par la condamnation de ses complices, de ses amis, de ceux qu'il a séduits et entraînés, de ceux qui se sont dévoués à lui. »

Le défenseur rappelle ensuite que les crimes politiques ne sont que des fautes amenées par les circonstances.

« Il ne doit y avoir de condamnation, dit-il, que dans les cas d'une absolue nécessité. Hors de là, une condamnation serait une réaction. Y a-t-il donc ici nécessité de condamner? Et dans quel intérêt? Dans l'intérêt de la société, de l'ordre et de la paix publique? Mais cet intérêt n'eût existé qu'à l'égard du prince, car l'attentat du 30 octobre n'était qu'un acte de prétendant ; et en mettant en liberté le principal coupable, le gouvernement a lui-même reconnu que la société n'était pas intéressée à sévir contre les auteurs de cet acte.

« Le pouvoir, d'ailleurs, avait lui-même encouru une grande responsabilité, car la faute et l'incurie de l'administration ne peuvent pas être regardées comme étrangères aux circonstances qui ont amené l'attentat. Le gouvernement, en effet, avait été averti de tout ce qui se passait. M. le capitaine Raindre avait prévenu le général Voirol; ce général avait fait part de cet utile avis au ministère et au préfet du département. Ces faits ont été constatés dans ces débats. Et on vous demande une condamnation, quand l'administration refuse de vous dire ce qu'à la suite de ces avertissements elle a fait ou ce qu'elle a négligé de faire. Non, non, une condamnation ne serait fondée ni en raison, ni en justice; une condamnation serait une réaction.

« Est-ce donc une réaction qu'on vous demande? Oh! ici je me rassure, car on se trompe encore. L'Alsace n'est point un pays de réaction; jamais cette province ne s'y est prêtée, et nous renierions comme Alsaciens les hommes qui seraient arrivés dans cette enceinte avec de tels sentiments.

« Depuis six ans vous seriez, messieurs, les premiers jurés alsaciens qui prononceraient une condamnation politique! Et n'est-ce donc rien pour vous que de conserver intact le renom patriotique de notre province?

« Ce n'est pas que nous prétendions que l'opinion politique doive aveugler ou empêcher la justice; bien au contraire, c'est la justice que nous invoquons et que nous venons réclamer, mais c'est une justice libre et éclairée, c'est une justice pure et complète; ce n'est point une justice boiteuse et privilégiée, ce n'est pas la justice des grands, la justice des cours, c'est la justice populaire, c'est la justice qui est égale pour tous.

« Ah! nous aussi nous nous élevons contre cette corruption qui menace le temps présent et qui s'infiltre partout.

« Nous aussi nous sommes réduit à nous écrier comme

M. le procureur-général : système représentatif ! système corrupteur ! Mais nous ajoutons que si chez nous le système représentatif, tel qu'il est, est essentiellement corrupteur, c'est que tout d'abord ce système est corrompu ; car si nous avions un système représentatif sincère et véritable, le gouvernement du pays par le pays, tel que le voulait et tel que le promettait la révolution de juillet, nous n'aurions pas tous ensemble à gémir sur cet état de dépravation.

« Mais d'où vient-elle donc cette corruption ? Vous n'oseriez pas alléguer qu'elle surgit d'en bas, que sa source est dans le peuple. Car, si vous l'osiez, je vous dirais que vous le calomniez.

« Ce n'est pas le peuple qui est corrompu, ce n'est pas le peuple qui est corrupteur. Non, non, la corruption vient d'en haut, c'est du pouvoir même qu'elle s'écoule.....»

M. le président : Je ne puis, maître Martin, vous laisser égarer dans de pareilles attaques contre le pouvoir.

Me Martin : Je n'attaque pas le pouvoir, je réponds à une assertion de M. le procureur-général.

M. le procureur-général : Vous attaquez le pouvoir, vous attaquez l'administration, vous attaquez la magistrature. Je vais vous rappeler vos propres paroles. Vous avez dit que l'accusation était passionnée et malveillante ; qu'il y avait eu incurie de la part de l'administration ; vous venez de dire que la corruption descend du pouvoir, et auparavant vous aviez dit que les magistrats se courbaient devant l'arbitraire. Ce sont là des écarts qu'il est impossible de tolérer.

Me Martin : Je ne crois pas....

M. le président : Il est douloureux pour moi d'avoir à vous rappeler l'exemple de haute convenance que nous avons tous admiré hier.

Me Martin : Je voulais seulement dire, en terminant, que la corruption, de quelque côté qu'elle vienne, ne peut trouver de remède que dans les principes de la morale, et qu'une condamnation contraire à la morale ne serait point un remède à ce mal.

« Une condamnation serait d'ailleurs une honte pour la France, car elle annoncerait au monde entier qui nous contemple dans ce moment, que nous ne savons pas garder intact le principe de notre égalité.

« Une condamnation serait une tache pour l'Alsace; et songez-y bien, messieurs les jurés, c'est un intérêt grand, un intérêt puissant que l'honneur de l'Alsace, et c'est pour vous un devoir de le transmettre à vos enfants, pur et sans tache. »

Me Martin se rassied au milieu d'un murmure approbateur. Sa discussion, pressante et serrée, ses inspirations locales en quelque sorte, et qui montrent qu'il connaissait bien son terrain et les hommes qu'il avait en face, ont paru produire une forte impression sur le jury, dont l'attention constante a surtout été vivement excitée par les arguments tirés du respect dû à la Charte, et de l'atteinte que lui porterait un verdict de condamnation.

L'interprète traduit.

XII. DISCOURS DE Me CHAUVIN.

M. le président : La parole est au défenseur de l'accusé de Gricourt.

Me Chauvin-Belliard :

« MESSIEURS LES JURÉS,

« Mon jeune client a voulu vous dire tout son crime, que l'accusation pourtant ne connaissait pas encore ou connaissait fort mal, et moi, messieurs, je n'ai pu me refuser à une tâche si nouvelle pour mon ministère, tandis qu'une autre voie nous était ouverte, moins périlleuse sans doute !

« Car nous pouvions bien, après tout, accepter cette jeunesse aventureuse et dissipée que M. le procureur-général nous a faite si PERDUE DE MOEURS. Il semble même qu'une défense bien aisée et bien sûre nous fût offerte, précisément par le mauvais langage et les injures de l'acte d'accusation.

« PERDU DE MOEURS A VINGT-TROIS ANS ! Imprudentes paroles qui vont plus loin et plus haut que vous n'avez cru, monsieur le procureur-général ! Elles s'adressent à tout ce qu'il y a de plus distingué dans la jeunesse de France. Et si vous saviez jusqu'où je les pourrais faire monter, si vous saviez les noms propres que je pourrais citer ici, malgré l'éloignement des situations et la divergence des intérêts politiques, oh! j'en suis sûr..... »

M. le procureur-général : Est-donc un parti pris d'insulter le ministère public? Nous prendrions alors des réquisitions.

*M*e *Chauvin* : S'il plaît au ministère public de prendre des réquisitions, qu'il les prenne ; que, s'il veut retirer ses paroles, je n'ai plus rien à dire sur ce point.

M. le procureur-général : Je ne retire rien.

M. le président : Vous faites des insinuations personnelles qui ne sont pas tolérables entre gens de bonne éducation et qui doivent se respecter.

*M*e *Chauvin-Beillard* : Je n'ai pas l'honneur de comprendre monsieur le président. Est-ce à M. le procureur général ou à moi qu'il entend s'adresser? Tout à l'heure je relevais des injures parties du ministère public, mais je ne disais rien contre personne. Je continue donc :

« ... J'en suis sûr, cela seul vengerait bien Raphaël de Gricourt d'injures si gratuites, et si odieuses, parce qu'elles sont gratuites!

« PERDU DE MOEURS A VINGT-TROIS ANS ! Qu'est-ce donc à dire? Que le jeune comte de Gricourt est l'homme de tous les plaisirs; que, dans ses moments de gêne, il a souscrit à des juifs pour quelque 10,000 francs de lettres de change. Mais d'abord il sera certainement en état de les payer un jour ou l'autre, et, malheureusement, dans un temps trop rapproché. Et puis, savez-vous ce qu'il y a à payer dans ces lettres de change? savez-vous ce qui a été reçu en échange de ces traites usuraires? et croyez-vous que, pour des *chameaux*, des *serinettes* et des *briquets phosphoriques*, cotés au centuple de leur valeur, enflés de cent pour cent d'intérêts, il faille de toute nécessité payer à l'échéance, ou ne plus compter parmi les gens d'honneur ?

« Vous ne le croyez pas ; personne ici ne l'oserait dire, et si quelqu'un le disait partout ailleurs qu'ici, il n'y aurait jamais assez de sifflets pour faire justice d'une si misérable hypocrisie.

« Voilà pourtant, messieurs les jurés, tout le mystère de ces mœurs perdues du jeune comte de Gricourt ! Vous le voyez bien, j'aurais pu tirer de l'injure même une justification éclatante.

« Eh bien ! oui, c'eût été ce jeune gentilhomme ardent, fou, dissipé, mais généreux, ayant sucé le lait de la branche aînée et détestant cordialement les nouveaux Bourbons, quoiqu'en conscience ils ressemblent bien aux anciens. Gentilhomme de l'autre siècle, lui aussi, mettant sa gloire à changer de maîtresse et à rouer ses créanciers, se jetant à l'étourdie partout où il y a des coups à donner et à recevoir, tirant l'épée, dans l'Ouest, pour une princesse de race ointe et sacrée, et arborant, en Alsace, le drapeau d'une famille élevée dès long-temps sur le pavois populaire de quatre millions de suffrages.

« N'est-ce pas, messieurs les jurés, que je vous eusse aisément intéressé à ce type devenu si rare aujourd'hui, et pourtant si français, si long-temps français du moins, qu'en vérité il ne faudrait pas le perdre tout-à-fait ?

« Mais, cette voie de salut, messieurs, nous nous refusons à y entrer, et les moyens de défense qu'on a cru mettre à notre portée, nous les dédaignons.

« Non, messieurs les jurés, Raphaël de Gricourt n'est pas ce qu'on a dit en ce libellé judiciaire que vous avez entendu. C'est un jeune citoyen de fortune et de loisirs sans doute, mais, par là même, d'étude et de capacité ; et prenez garde que, sous ces cheveux blonds et cette figure de vingt-trois ans, il n'y ait plus de sérieux et de portée qu'en bien des têtes grises ! Vous en pourrez juger, messieurs, car mon jeune client entend bien vous expliquer, à vous ses pairs, ses concitoyens de Strasbourg, tout le concours qu'il a donné à l'affaire du 30 octobre; et je n'ai pas, moi-même, d'autre défense à vous présenter.

« Par son origine, son éducation, tout ce qui avait entouré et dirigé son enfance, Raphaël de Gricourt aboutissait naturellement au parti légitimiste ; et c'est là ce que l'acte d'accusation a exploité jusqu'à faire d'un enfant de dix-huit ans un chevalier armé de toutes pièces, et chevauchant vers *Quimper*, au soutien des droits de Mme la duchesse de Berry. Mais, en ceci du moins, M. le procureur-général n'aura montré qu'un zèle d'invention bien mal habile pour l'honneur de la monarchie nouvelle; car un légitimiste de naissance qui remonte vers l'*empire*, en passant sur le corps au juste-milieu, fait, en cela même, regretter amèrement la glorieuse politique de l'empereur, où les grandes familles s'associaient si loyalement aux masses nationales. Et ces belles paroles de Napoléon nous auront été remises en mémoire, bien involontairement sans doute, par M. le procureur-général lui-même :

« Ce ne sont pas les *nobles* et les *émigrés* qui ont amené la
« restauration ; c'est bien plutôt la restauration qui a ressus-
« cité les nobles et les émigrés. Fouché n'était point un noble ;
« Talleyrand n'était point un émigré ; Augereau et Marmont
« n'étaient ni l'un ni l'autre. J'ai été trahi par Murat, que de
« soldat j'avais fait roi ; par Berthier, espèce d'oison dont j'a-
« vais fait un aigle. Et les Macdonald, les Valence, les Mon-
« tesquiou me sont restés fidèles jusqu'au dernier moment. Et
« il n'y avait pas d'autre politique à suivre (ajoutait-il). L'on
« avait tout corrompu, tout empoisonné. Les tripoteurs obs-
« truaient toutes les voies du gouvernement ; ils avaient avili
« le directoire, et comptaient bien faire leur proie du con-
« sulat ; mais je fis rentrer dans le néant tout ce clinquant
« doré de l'usure et de la fraude. De toutes les aristocraties,
« celle-là m'avait toujours semblé la pire. »

« Et combien il avait raison, messieurs ! C'est à tous les gens d'honneur d'à présent, c'est à nous tous Français d'en tenir compte à sa glorieuse mémoire. Nous n'avons que trop éprouvé, depuis, quel service il avait rendu là à sa patrie, notre grand empereur.

« Je m'arrête, messieurs les jurés. Il ne faut pas que des fictions outrageantes ou des équivoques perfides m'éloignent de la cause, qui, en elle-même, ne présente malheureusement que trop de gravité. Et maintenant que vous savez quel est Raphaël de Gricourt, je me sens plus assuré de votre bienveillance et de votre attention.

« L'acte d'accusation, messieurs, saisit mon jeune client, le 28 juillet 1835, au château d'Arenenberg en Suisse, en compagnie du prince Louis Napoléon, et dans l'attente du régicide qui se devait commettre, ce jour-là, sur le boulevart du Temple, à Paris. Du 28 juillet 1835 au 30 octobre 1836, M. le procureur-général ne lui fait plus grâce d'un moment. Tous les attentats, tous les complots, tous les crimes de ces quinze mois, Raphaël de Gricourt y est initié.

« Si donc l'abominable Fieschi a construit dans l'ombre sa machine infernale, de Gricourt le savait !

« Et quand Alibaud se procurait, avec tant de précautions et de peines, la canne à fusil de M. Devismes, de Gricourt ne l'ignorait pas !

« Et cette trame souterraine, inexpliquée encore aujourd'hui, dans le mystère de laquelle Paris même a vu méconnaître ses légions, de Gricourt la connaissait aussi !

« Messieurs les jurés, je vous le demande : faut-il répondre sérieusement à cette partie de l'accusation? faut-il apprendre à M. le procureur-général ce qui s'est réellement passé à Arenenberg, après l'horrible attentat du 28 juillet? et devons-nous lui affirmer ces paroles du jeune prince, prononcées devant quelques intimes, quelques complices, si l'on veut : « Messieurs, ceci nous recule d'un an » ?

« Eh! qu'ai-je donc besoin, moi, de remontrer au parquet ce qu'il devrait savoir, ce qu'il ne peut ignorer que par la faute de la police la plus inepte du continent? Puis, vous ne me pardonneriez pas, messieurs les jurés, d'employer vos moments à confondre de si monstrueuses absurdités. En vérité, il y a de ces choses, graves pourtant, qui ne sont justiciables que de puissances exclues de cette enceinte ; et, sur cette partie de l'accusation, je dois m'en remettre absolument au crayon déjà si exercé de M. de Querelles.

« Qu'il me soit permis toutefois de m'expliquer nettement sur ces haines mortelles que l'on met incessamment au cœur des accusés politiques. Ces haines-là, messieurs, sont de la même valeur que les amours éternels des fonctionnaires. Tout cela est ridicule ; tous ces sentiments-là ne sont plus de notre temps.

« Napoléon est le dernier représentant couronné de l'amour des peuples. Aussi Napoléon n'était-il pas uniquement l'homme de son temps : c'était encore l'homme du passé et de l'avenir ; c'était le lien des temps anciens à une ère nouvelle qu'il venait ouvrir, et que la France a vu se fermer pour des siècles peut-être.

« A vrai dire, aujourd'hui, l'on adhère à un gouvernement, on le soutient par son vote, par ses paroles, par son influence, par les ressources de sa position, en un mot ; ou bien on lui est opposé, on le combat par son suffrage, par son crédit, par toutes ces hostilités qui constituent la liberté politique et constitutionnelle ; mais, encore une fois, on n'a pour lui ni amour brûlant ni haine mortelle. Et mon jeune client, au cœur de qui l'on place, cinq ans durant, une de ces haines mortelles-là ; mon jeune client, en 1832, suivait paisiblement un cours d'études pour entrer à Saint-Cyr, et servir dans l'armée comme un bon et loyal officier. Dans sa famille, messieurs, on a toujours placé le pays au-dessus des gouvernants ; et son père, malgré son nom et ses titres, malgré de légitimes affections, son père cite toujours avec orgueil sa belle conduite au siége de Gênes, comme officier de la république.

« Que si pourtant, au delà des masses indifférentes, il s'élance encore aujourd'hui quelques imprudents, des cœurs chauds et des têtes ardentes ! croyez-le bien, messieur les jurés, il ne saurait entrer de la haine dans cette pure exaltation. C'est un avenir plus fécond et plus glorieux qu'ont rêvé ces nobles jeunes gens. Il n'y a qu'à les voir pour juger qu'ils ne haïssent personne, et surtout qu'il y a un abîme entre de tels hommes et les infâmes sectaires du régicide, la honte de notre patrie et de l'humanité !

« C'est pourquoi, messieurs les jurés, il faut tout d'abord rabattre beaucoup de l'indignation solennelle qui poursuit trop souvent les entreprises de cette nature. Et l'on ne parviendra pas à vous passionner davantage, au spectacle de l'action toute militaire et point du tout populaire du 30 octobre au matin.

« Toutes les images de *gardes prétoriennes*, toutes les évocations du bas-empire ne sont ici qu'une phraséologie bien innocente, bien mal à-propos dépensée. Qu'est-ce en effet que l'armée d'aujourd'hui, sinon la cité en armes ? Les soldats de notre temps; mais ce sont nos concitoyens et nos frères.

« Quand les Césars de la Rome avilie recrutaient l'armée de l'empire, d'étrangers, d'esclaves et de barbares, il y avait là sans doute un instrument d'oppression pour la liberté, de dégradation pour l'état social. Mais avec notre armée française, recrutée de citoyens libres qui ont respiré le même air de progrès et de civilisation que nous, il n'y a plus de bas-empire possible; et attribuer aux accusés je ne sais quel plan de gouvernement militaire et prévôtal, qui allait enserrer et opprimer la France, c'est en vérité les faire plus fous qu'ils ne sont, plus fous qu'eux-mêmes ne se peuvent dire ; c'est manquer le but de l'accusation en le dépassant.

« J'entends bien que ce *plan* a été trouvé dans un habit de M. Persigny, la forte tête du complot, à ce qu'on dit. Mais d'abord je pourrais nier l'importance même donnée par M. le procureur-général à cet accusé en fuite; et tout ce qu'il faudrait conclure du plan trouvé dans la poche de M. Persigny, c'est que M. Persigny, lui, voudrait superposer à la société française de 1336 l'organisation des cours prévôtales, de bienheureuse mémoire. Cela ne conclurait rien autre chose, si ce n'est que M. Persigny est un conspirateur bien inoffensif pour le gouvernement, et que si la nouvelle monarchie ne doit périr que par les coups de ce terrible conjuré, elle est assurée de vivre encore long-temps.

« Et d'ailleurs, quel est donc ce conjuré important, qui sait tout, qui est partout, qui dirige tout, et qui, en définitive, au grand jour du 30 octobre, est chargé d'arrêter M. le préfet de Strasbourg, le plus inoffensif des préfets !

« En vérité, c'est là une mission bien singulière pour un chef de conjurés qui avait à sa disposition tant de braves officiers et déjà tout un régiment ! Au moins n'est-il pas permis de dire que cette élucubration absurde et sinistre fût le gouvernement destiné à la France par un prince du sang impérial, par un héritier de ce grand empereur qui a tant aimé et si bien connu notre patrie.

« Bien au contraire ; l'action toute militaire du 30 octobre vous est la meilleure garantie qu'aucune conquête du nouvel état social n'était remise en question. Regardez seulement autour de vous ; depuis moins de six mois, trois ou quatre révolutions purement militaires se sont accomplies dans les deux péninsules d'Espagne et de Portugal ; eh bien ! l'état social en a-t-il été changé ou seulement atteint ? les citoyens se sont-ils armés les uns contre les autres ? y a-t-il eu seulement à Madrid ou à Lisbonne un semblant de guerre civile ! Le général Quesada a été assassiné à cinq lieues de Madrid par des hommes qui ont vengé cruellement, abominablement, mais qui ont vengé leurs injures personnelles, et non pas par les promoteurs de la constitution de Cadix. Il y a eu, je crois, à Lisbonne aussi, un homme tué par la garde nationale ; c'est là tout, messieurs.

« Verrez-vous là toute une nation compromise et la société bouleversée ? Et cependant l'état social nouveau est à peine assis dans ces contrées ; c'est une conquête à peine faite, à peine écrite dans les lois du pays ; tandis que la société, en France, repose sur des bases qu'il est bien inutile de défendre, car elles sont inébranlables.

« En France, donc, où la monarchie est à la fois une conquête et un progrès de l'état social, la monarchie n'avait rien à craindre des conjurés militaires; le gouvernement même, à proprement dire, n'eût pas été changé, si ce n'est dans le personnel des gouvernants. Un empereur de plus, un roi de moins; c'était tout l'objet, comme c'était le résultat nécessaire de la conjuration, à l'intérieur du pays, et en ce qui concerne l'état social, bien entendu.

« C'est qu'il ne se fait de conspiration militaire, dans le sein d'une armée nationale, qu'en vue de délivrer le pays; c'est qu'il ne s'agit, dans la pensée des conjurés, que de renverser par un coup de main une autorité contre laquelle tout le monde est décidé. Il n'y a dès lors ni troubles ni guerres civiles à craindre. Après le succès, l'armée, qui est du pays, rentre sous la loi du pays. Que si les conjurés se trompent, ils sont vaincus et désarmés par un gouvernement toujours plus fort qu'eux. Dans ce cas encore, nulle possibilité d'armer les citoyens les uns contre les autres.

« Et j'omets à dessein, messieurs les jurés, tous les intermédiaires d'appel au peuple, de *congrès national*, dont un accusé a pu se préoccuper. La France, consultée ou non, eût maintenu la monarchie libre, à supposer que le prince ne s'en fût pas chargé pour elle.

« Sans doute il se peut que tel ou tel officier, dont je respecte les opinions, eût dans le cœur des vœux bien différents; ces vœux-là ne manquaient pas non plus au 18 brumaire, n'ont pas même manqué beaucoup plus tard; mais le premier magistrat temporaire n'en est pas moins devenu consul à vie, puis empereur héréditaire, parce que l'hérédité et la monarchie sont au cœur de ce pays-ci, et qu'après tout, il faut être avec son pays.

« Vous voilà donc, j'espère, bien rassurés sur ce qu'on appelle l'*ordre public*, et même le *gouvernement*. Vous comprenez maintenant qu'une conjuration militaire, en France surtout, ne saurait avoir un autre objet que tel ou tel changement dans le personnel gouvernemental. Eh ! comment une poignée de soldats et d'officiers, quelque braves qu'ils soient, auraient-ils la prétention d'imposer à un grand peuple comme nous, soit un nouvel état social, soit un principe nouveau de gouvernement ?

« Regardez-y bien, messieurs les jurés ; les révolutions véritables procèdent autrement. Quand on a voulu s'attaquer à vos dogmes politiques, renverser votre état social, l'émeute de la rue a été lancée contre l'industrie, et le *babouvisme* de l'école a poursuivi la propriété même. Tout était remis en question, comme vous voyez. Les assaillants ne voulaient pas moins qu'une nouvelle société ; et pour cela, il fallait bien tuer l'ancienne. La lutte seulement était donc une guerre d'extermination. Oh ! là sans doute se trouvaient bien tous les caractères criminels de l'*attentat*. Mais, au contraire, admettez le succès du 30 octobre, et chacun était respecté dans son droit, le propriétaire dans sa propriété, l'ouvrier dans son travail, le magistrat sur son siége, tout le monde à sa place, enfin.

« Et le nom seul de Napoléon n'eût-il pas rassuré tous les gens de bon sens ? Qui donc a mis la France en possession de son nouvel état social ; qui lui a donné le repos et les prospérités de la monarchie, si ce n'est l'empereur ?

« Je sais bien, messieurs les jurés, que depuis vingt ans on n'a cessé de vous redire, sous toutes les formes, que les progrès de la France sont dus à ses assemblées, aux décrets de la constituante et de la convention, inscrits au *Bulletin des lois*. Mais, je vous le demande, que fût-il arrivé, à supposer le succès très-admissible de Brunswick dans les plaines de Champagne, ou de la majorité réactionnaire au conseil des cinq-cents, ou enfin, d'une des coalitions européennes qui ont suivi ? Il n'y avait qu'à jeter au feu le *Bulletin des lois*, et tout était dit. C'est donc que la révolution n'était pas faite vraiment. Mais après l'empire, quand le progrès est fondu dans les mœurs, implanté dans le sol, passé dans l'industrie, Blücher a beau camper à Saint-Cloud, le progrès ne périra pas; c'est donc que la révolution est faite à ce moment-là; c'est qu'en réalité le progrès de la France moderne est tout entier dans l'œuvre impériale, dans l'idée napoléonienne faite homme et empereur. C'est que Napoléon a lavé dans les flots de sa gloire impériale les vérités souillées de la révolution de 1789; et les principes de la civilisation française, entrelacés de tant de lustre, de monuments et de prodiges, sont maintenant immortels. Cimentés du sang des batailles, décorés des lauriers de la victoire, salués des acclamations des peuples, sanctionnés par les traités et les alliances des souverains, devenus familiers aux oreilles comme à la bouche des rois, nos progrès ont été définitivement acquis à l'Europe et au monde.

« Maintenant donc, messieurs les jurés, qu'est-ce vraiment que l'entreprise du 30 octobre, le *complot* et *l'attentat de l'acte d'accusation*; y pouvez-vous voir les *crimes* prévus et punis par le Code pénal, définis et expliqués par M. le procureur-général, au commencement de ces débats?

« La cité, à peine troublée et ne pouvant pas l'être davantage, que la conjuration réussît ou fût défaite, comme je l'ai prouvé tout à l'heure; y a-t-il là possibilité d'un crime contre la sûreté de l'état. Souvenez-vous seulement, messieurs, des termes dans lesquels vous avez juré de faire bonne justice. C'est la défense qui les invoque pour l'heure solennelle de votre *verdict*; qu'ils soient la mesure et la loi de vos délibérations, je n'en demande pas davantage. Et, sans entrer ici en de subtiles discussions de droit pénal, vous avez juré de ne point trahir les intérêts de la société qui accuse Raphaël de Gricourt. Eh bien! ne les trahissez, pas, messieurs les jurés. Si la société a été mise en péril, menacée seulement par l'accusé, condamnez-le sans pitié, c'est votre devoir. Mais si la société n'a pas dû, n'a pas pu se troubler, si ses intérêts n'ont pas été mis en péril ni menacés; acquittez alors, acquittez absolument; c'est votre devoir tout aussi rigoureux, et qui vous sera plus doux à remplir, n'est-ce pas, messieurs les jurés?

« Mais je comprends vos sollicitudes, messieurs, sinon pour la société, au moins pour le gouvernement de juillet, pour la dynastie qui règne, à l'heure qu'il est, sur notre pays. Vous vous demandez, avec un intérêt fort légitime sans doute, ce qui arriverait du roi des Français, à la face duquel une dynastie rivale pourrait ainsi jeter la provocation et tirer l'épée.

« C'est là, messieurs les jurés, le plus difficile de ma tâche, et j'ai besoin de toute votre attention.

« Il y a long-temps que ce vieux royaume de France est fait, et vous pouvez voir que les grands politiques qui ont voulu le défaire n'y ont guère réussi; presque tous se sont usés à la peine. On ne change pas plus la nature gouvernementale d'un pays qu'on ne change son climat et son sol. A quoi est venue aboutir la subversion politique de 1792? A un empereur héréditaire. Glorieuse et bonne conclusion, selon nous, mais conclusion éminemment *dynastique*. Après les trois jours, que demandaient, qu'ont poursuivi et voulu les hommes de juillet? Une royauté toute nouvelle, qui ne fût pas, autant que l'ancienne, à la tête des affaires, qui ne fût pas indépendante de l'opinion et à l'abri de toute responsabilité; enfin, une royauté républicaine, comme l'on disait alors. Eh bien! qu'a fait le pays? Il a refait une royauté plus forte, plus gouvernementale, plus *dynastique*, en un mot.

« C'est donc que nous sommes en une terre de monarchie; et, en effet, jamais la France n'a avancé d'un pas que par un homme, l'homme de son siècle, l'homme de l'œuvre présente. De loin en loin, il apparaît un de ces rares génies à qui il est donné de voir plus haut que le monde de son temps, et la nation progresse de tout ce qu'il peut découvrir. Comme ceux qui l'entourent ne le comprennent pas toujours, il marche en avant, si l'on refuse de le suivre, et il impose à tous son autorité politique. Que si, à défaut des vieux rois du pays, cette haute mission est remplie par un homme nouveau, par un chef élu, sa dynastie est fondée par là même.

« Mais où en serions-nous, s'il fallait qu'à chaque phase de notre état social ou politique, il surgît une famille nouvelle pour marcher à la tête du pays? C'est chose difficile et rare qu'une dynastie qui se fonde. Il n'y a pas besoin de remonter bien haut dans notre propre histoire pour savoir ce que coûtent les dynasties nouvelles, par cela seul qu'elles sont nouvelles. Il est donc nécessaire que la dynastie, une fois fondée, le soit pour toujours.

« C'est pourquoi, messieurs les jurés, je comprends une dynastie découronnée, dépouillée de son droit même au gouvernement, proscrite loin de la patrie; mais je ne la comprends pas étrangère et sans avenir national. Ah! messieurs les jurés, il faut réserver avec scrupule l'avenir des dynasties tombées, c'est le patrimoine de la France.

« Qui parut jamais plus dépourvu d'avenir, plus éloigné de régner sur nous autres Français, que la famille des Bourbons en 1812? Eh bien! en 1814, un vieillard, parti d'Hartwell, posait son pied goutteux sur la jetée de Calais : c'était le fils de saint Louis et de Henri IV qui venait régner sur la France. Il y eut sans nul doute de l'hésitation et de l'effroi à l'aspect de nos ennemis en armes. Oh! tout enfant, je frémissais au hennissement des chevaux de l'étranger. Mais qui ne comprend aujourd'hui que la France, au milieu de ses malheurs, fut heureuse de retrouver cette ancienne dynastie, si maltraitée pourtant?

« Et il ne s'agit pas ici d'opinion; je connais la vôtre, et je ne cache pas la mienne, messieurs les jurés; mais je m'adresse à vos loyales consciences, à vos consciences d'honnêtes gens : que fussions-nous devenus en 1814 sans les Bourbons?

« D'où il suit qu'une dynastie même découronnée et dans l'exil, même hors la loi et loin de la patrie, peut encore être bonne à quelque chose. Ce qui ne veut pas dire, sans doute, que la dynastie couronnée et régnant à l'heure qu'il est ne soit bonne à rien : tout au contraire, j'ai foi à la durée du règne actuel et de l'ordre de successibilité établi. Et je le dirai nettement, dégagé que je suis de toutes les passions, de tous les intérêts de parti : la dynastie d'Orléans me paraît avoir bien gagné sa couronne. Son chef a préservé la France des plus grands malheurs, et peut-être le monde d'une jacquerie universelle, d'une subversion totale. C'est là, sans nul doute, un assez beau titre dynastique, et peut-être le plus solide de tous, au temps où nous vivons.

« Je suis, par conséquent, bien loin d'émettre ni une opinion ni un vœu contraires à l'établissement politique de 1830.

« Mais, enfin, il est permis de dire que l'établissement impérial aussi a été fondé. Et qui fut jamais plus aimé que le chef de la dynastie napoléonienne? qui, dans l'histoire, eut plus de partisans? qui laissa jamais des regrets plus vifs et plus ardents? La plupart de ceux qui l'ont abandonné n'eussent jamais soupçonné seulement la possibilité d'une défection, s'il eût vaincu à Moscou. Tout le monde l'a aimé, depuis Sièyes jusqu'au duc de Bourbon ; et, parmi ceux que les coteries appelaient alors des victimes, il n'en est pas un qui ne soit resté flétri dans l'opinion nationale. Oh! messieurs, c'est la gloire de la France d'avoir été identifiée à l'empereur. S'il était jamais dit que ce fut sans nous et malgré nous que Napoléon accomplit tant de choses, il serait trop grand, et la France trop petite.

« Ceci bien entendu, il se comprend de reste qu'une dynastie unique ne soit pas toujours propre à tout. Il se comprend même que l'une soit plus propre que l'autre à telle époque et à telle œuvre. Et, par exemple, n'est-il pas vrai, messieurs les jurés, que tel génie rare et vraiment dynastique qui aura dompté à l'intérieur d'un pays les factions en révolte, pourra bien n'être pas également propre à imposer la suprématie de ce pays-là aux rivalités de l'étranger?

« Or, il est certain que, à tort ou à raison, la mission spéciale de la nouvelle dynastie paraît se résumer dans *l'ordre et la tranquillité* à l'intérieur du royaume, comme la mission bourbonienne de 1814 était expressément dans la paix et la sécurité du pays à l'encontre des armées étrangères. Que si donc vous admettez dans l'avenir toutes les catastrophes possibles d'une grande guerre européenne, et la dynastie d'Orléans venant à faillir de manière ou d'autre aux besoins de cette lutte immense, oserez-vous bien répondre que jamais, dans un avenir quelconque, dans aucune catastrophe nationale, le nom de Napoléon ne puisse être utile à la France? Non pas, encore une fois, que je dise telle dynastie pacifique, insuffisante à telle œuvre de guerre; mais il y a loin, bien loin, messieurs les jurés, d'un Napoléon de la paix au Napoléon de la guerre. Chaque dynastie n'a-t-elle pas ses traditions? Et si la France doit être un jour sauvée par la politique européenne de l'empereur, des crises parlementaires, des détresses économiques qui nous pressent et nous envahissent de toutes parts, qu'y aurait-il d'étonnant à voir la dynastie impériale rapporter parmi nous les hautes traditions de cette politique-là?

« De tout ceci résulte, il est vrai, la nécessité pour un prétendant de se tenir prêt au premier appel. Il en résulte encore, pour tout pays monarchique qui a eu plusieurs dynasties, une candidature permanente à la couronne. Mais d'abord il n'y a point d'intimidation capable d'empêcher ce résultat, qui sort de la nature même des choses. L'histoire est là qui en porte témoignage. Et puis, quel malheur y a-t-il donc à ce qu'une grande nation ait aujourd'hui des dynasties de rechange, chacune pour son temps et pour son œuvre? Prenez-y garde, messieurs, ceci peut-être convient surtout à une époque et dans un pays où l'on cherche à modifier l'hérédité nécessaire des races royales. Car je ne vous ferai pas l'injure, messieurs les jurés, de relever seulement ce que vous avez pu lire partout, depuis trois mois, sur les luttes princières qui allaient déchirer la France, comme au moyen-âge. Les guerres civiles de princes à notre époque! Cela fait vraiment pitié, à l'égal de la *peur des prêtres* et du *despotisme des Bourbons*.

« Non pas que j'entende nier tous les inconvénients dynastiques; mais ils m'ont paru peu de chose auprès des avantages de l'hérédité royale; et je ne crains pas d'en dire nettement mon avis dans la province la plus démocratique du royaume.

« Oui, nous pourrons avoir ainsi de petites collisions de dynastie à dynastie, comme celle du 30 octobre; et je ne vois point de loi, point de juge pour les réprimer. Mais croyez-vous donc, messieurs les jurés, croyez-vous qu'en un tel conflit, en un débat purement politique, il ne vaille pas mieux faire appel à la force que fourvoyer la justice? Pour se défendre contre des hommes qui l'attaquent l'épée à la main, par la force ouverte et militairement, une dynastie n'a besoin ni de réquisitoires, ni de Cours d'assises, mais de soldats et de coups de fusil. Pour mon compte, je trouve cela plus sûr et plus vite fait.

« En d'autres termes, la dynastie régnante ne sera pas désarmée, livrée à la provocation et à l'insulte de perpétuels assaillants. Pour défendre sa place et sa mission, elle aura toujours un budget, un gouvernement et une armée. Cela doit lui suffire, messieurs les jurés, ou votre concours même ne lui suffirait pas long-temps.

« C'est pourquoi j'admets pleinement qu'au 30 octobre le prince Napoléon et son officier d'ordonnance, le comte de Gricourt, étaient à la discrétion du roi des Français; vaincus, désarmés, prisonniers de guerre, ils n'avaient qu'à subir le droit de la guerre. Et ce droit terrible n'est écrit ni limité nulle part; c'est le caprice du vainqueur. Qu'on les eût passés par les armes, ils n'avaient pas droit de se plaindre, car ils avaient mis leur tête pour enjeu dans cette partie qu'ils venaient de perdre; on pouvait la prendre et tout était dit. La mesure sans doute eût paru cruelle et sauvage, au temps où nous vivons et dans les circonstances présentes. Mais, encore une fois, elle était dans le droit du vainqueur, qui peut conséquemment se donner toutes les satisfactions moins sanglantes que d'ordinaire l'on exige des vaincus.

« Eh bien! messieurs, ce que le vainqueur n'a pas osé

faire par lui-même et tout de suite, on voudrait que vous le fissiez, vous, et long-temps après le combat. On veut plus encore ; on vous demande de prostituer les formes de la justice aux vengeances de la victoire, car il n'y a pas au fond de ce procès, messieurs les jurés, il n'y a pas autre chose que des vainqueurs et des vaincus.

« Et prenez garde que je ne fais pas ici, pour le besoin de la cause, une de ces théories politiques contre lesquelles on a cherché à vous préventionner. Si je n'ai pas l'honneur de me rencontrer avec le ministère public de Strasbourg, je suis tout-à-fait d'accord avec la propre doctrine du gouvernement central.

« Et, sans nul doute, il faut attribuer aux préoccupations d'affaires d'un ordre purement civil, peut-être aussi à l'éloignement où se trouve le parquet de Colmar du centre politique, tout ce que l'acte d'accusation et M. le procureur-général ont dit sur la mesure relative au prince Napoléon.

« Le discours de la couronne était pourtant bien instructif, bien significatif à cet égard ! En parlant des prisonniers de Ham et de Doullens, le gouvernement n'a pas manqué de rappeler les grâces qu'il avait faites, la clémence manifestée par le prince régnant à cette occasion ; mais quand il a fallu s'expliquer sur le prince Louis-Napoléon, voyez si un mot pareil a été prononcé. S'il ne l'a pas été, c'est qu'il ne pouvait pas l'être, messieurs les jurés. Le gouvernement se borne à annoncer le fait de la translation du prince Napoléon par-delà l'Atlantique ; c'est qu'à ce fait ne pouvait s'attacher aucune qualification strictement légale : ce n'était ni plus ni moins qu'une mesure de sûreté dynastique.

« Il en fut de même pour Mme la duchesse de Berry. Une Cour pourtant s'était rencontrée qui avait décrété d'accusation cette princesse de sang royal. L'arrêt était rendu. Eh bien ! un ministre du roi, du haut de la tribune nationale, fit publiquement la leçon à cette cour de justice. Il proclama que la princesse n'était ni accusable ni jugeable, à cause de son origine souveraine et de son titre dynastique.

« Elle fut jetée dans une citadelle, et le prince Napoléon a été porté par-delà les mers ; tout cela sans forme de procès. Messieurs les jurés, tel est le caprice ou plutôt l'utilité du vainqueur ; c'est que tout cela même ne se fait pas sans des stipulations secrètes où le vainqueur prend ses sûretés contre le vaincu, véritable traité de puissance à puissance où le vainqueur écrit les conditions à la pointe de son épée !

« Et ceci n'est pas un reproche de ma part, messieurs ; je rends, au contraire, toute sorte d'hommages à cette noble entente de la monarchie, qui ne permet point que la fille des rois ni l'héritier de l'empereur soient justiciables de la Cour d'assises.

« Mais, entendez-le bien, c'est qu'ils portent en eux un *droit souverain*, c'est qu'ils représentent une *dynastie*, c'est qu'à ce titre ils ont droit de faire la guerre, d'appeler à eux des sujets et des soldats. Et ces soldats, non plus que leur chef, ne sauraient s'envoyer au bourreau, de par la justice, à moins de nous placer au-dessous des peuplades barbares qui tuent, sans phrases, leurs prisonniers.

« Et ici encore, il faut rendre justice à ce gouvernement que l'on accuse de ne jamais faire les choses qu'à moitié. Sur ce point-là du moins, il s'est assez bien exécuté. Ce n'est pas qu'il ait logiquement, absolument rétracté les arrêts de renvoi rendus, par exemple, contre les soldats ou officiers de la duchesse de Berry. Mais en vérité ce n'est qu'un peu de fausse honte de la part d'un gouvernement moins avancé que sa dynastie. Et vous le pouvez bien voir.

« Par toute la France, le ministère public a renoncé depuis long-temps à soutenir des accusations de cette sorte ; et le jury acquitte, sans délibérer seulement quelque peu pour la forme. C'est d'ailleurs chose convenue d'avance, entre les accusés qui se présentent volontairement, et l'autorité qui fait purger leur coutumace. Il n'en a pas été autrement pour les aides-de-camp même de Mme la duchesse de Berry, dans cette courte mais réelle expédition de Vendée. Et il n'y a aucun danger à citer ici des noms propres. Tout le monde sait que ni M. de Larochejacquelin, ni M. de Menars n'ont été condamnés pour leur campagne de 1832 contre la dynastie d'Orléans.

« Il y a plus de colère à présent contre les soldats du prince Louis que contre les soldats de la duchesse de Berry ; d'abord parce que la lutte est plus récente, et puis parce que le nom de l'empereur est encore bien puissant, messieurs les jurés, et qu'il remuera toujours la fibre militaire comme les entrailles du peuple. Mais vous êtes les juges du pays, messieurs les jurés, et non pas les instruments passionnés d'une dynastie.

« Qu'on ne vienne pas nous dire que nous professons ici précisément une théorie des temps barbares ; qu'au sein des sociétés modernes, la loi, la loi souveraine régit et qualifie tous les actes ; que les coupables même obtiennent la protection des formes judiciaires, au lieu d'être livrés à la merci d'un ressentiment particulier. Cela n'est pas même vrai, messieurs. Quand les gouvernements attaqués par la force appellent à leur aide les sentences de la justice, c'est que le danger est passé. Dans les circonstances graves, quand le péril est menaçant, une dynastie en appelle tout d'abord à son épée, et fait bien d'en appeler ainsi. C'est donc quand il n'y a plus rien à craindre, quand les assaillants sont désarmés et vaincus, qu'on les traînerait du champ de bataille devant un jury chargé de les achever, sans doute ! Ah ! messieurs, ce serait là plus qu'un crime, ce serait une lâcheté.

« Et maintenant, c'est assez de paroles pour Raphaël de Gricourt, qui ne défend point sa tête. N'attendez pas de moi que j'aille disputer le plus ou le moins de préméditation que ce jeune parent de l'empereur aura pu mettre à l'entreprise du 30 octobre. N'attendez pas, messieurs les jurés, que j'aille excuser mon jeune ami sur la présence ou l'absence du prince Napoléon. Raphaël de Gricourt n'a pas subi d'autre influence que celle de sa conviction et de son devoir. Il n'entend d'ailleurs opposer à la justice de son pays, aucune fin de non-recevoir, aucun argument de palais. Son concours à l'entreprise napoléonienne n'a pas été partiel, mesuré, restreint ; il a été entier, absolu, dévoué. Si mon jeune client avait pu, s'il pouvait encore, la couronne de France serait remise au front de la dynastie impériale ; c'est sa pensée, son but, l'objet de toute sa vie depuis deux ans, et il n'hésite point à le dire devant nous. Pour mon compte personnel, messieurs les jurés, je n'accepterais pas à d'autres conditions la défense d'un accusé politique.

« Officier au service du prince Napoléon, Raphaël de Gricourt a quitté avec lui la résidence étrangère d'Arenenberg. Sauf les services et la gloire, il est venu à Strasbourg, comme Drouot, comme Bertrand est venu à Cannes. Les conseils de guerre de 1816 n'ont rien trouvé là à condamner. Puis-je donc m'inquiéter du verdict de l'Alsace ?

« Mais quelque chose nous a profondément contristés, mon client et moi, dans ce long et obscur débat, c'est le perpétuel reproche d'ambition guerrière adressé au parti impérialiste, à peu près dans les mêmes termes où l'on pouvait le formuler, il y a vingt ans. Est-il donc possible que quelques esprits en soient encore là, quand de son rocher, où d'aveugles rois l'avaient attaché pour mourir, Napoléon s'est révélé tout entier au monde qui l'avait méconnu !

« Comme d'insolentes oligarchies n'avaient vu en lui qu'un Robespierre à cheval, des factieux imbécilles ont bien pu dire qu'il avait cessé de représenter la révolution et ses progrès. Mais ce n'est pas d'aujourd'hui que la guerre est providentielle, et que les vaincus, peuples ou rois, se révoltent contre leur destinée. Toutes les phrases dépensées en l'honneur de la paix ne feront pas que l'humanité ne doive encore s'avancer à travers le feu des batailles.

« Si Napoléon n'était qu'un conquérant, l'histoire le placerait au-dessous d'Attila, car l'Europe est arrivée à l'époque du commerce, qui doit remplacer partout celle de la guerre. Parler à la France et à l'Europe, de la gloire militaire comme but, aurait donc été aujourd'hui un anachronisme de plusieurs siècles. Ce n'est pas la faute de l'empereur si les *lettrés* du temps se sont obstinés à rapporter ses immortelles batailles à pur esprit de conquête. Il n'est pas une grande victoire, après laquelle Napoléon n'ait offert la paix à ses ennemis vaincus. Après ses premiers triomphes dans les Italies, il traite à Campo-Formio. Après Marengo, il signe la paix à Lunéville. Après Austerlitz, il traite encore à Presbourg. Après Iéna et Friedland, il pardonne à la maison de Brandebourg, et conclut avec Alexandre le généreux traité de Tilsitt. Après Wagram enfin, il donne une nouvelle paix de Vienne, qui doit durer jusqu'à la prochaine et dernière coalition soldée par l'Angleterre.

« Mais la paix de l'empereur, c'est le gouvernement du monde européen où aspire son génie. Aussi, entendez-le bien : Dieu nous garde de défendre Napoléon du reproche banal d'ambition. Bien au contraire, il fut plus ambitieux encore que vous n'avez dit. L'empire où il a prétendu monter est bien par delà tout ce qu'ont imaginé jamais les mirmidons qui l'accusent. Ah ! sans doute, il eut beaucoup d'ambition, de la plus haute et de la plus grande qui se fût encore vue. Ce n'est pas seulement nos armes qu'il voulut porter triomphantes par toutes les routes de l'univers ; c'est notre civilisation française qu'il entreprit d'implanter dans l'Europe arriérée. Ce qu'il voulut, ce n'est pas l'autorité matérielle qui trône à Berlin, à Vienne, à Pétersbourg. C'est bien plus ; c'est, avec la dictature universelle, l'empire moral qui le fit maître de consacrer sur cet immense continent le plein exercice de l'intelligence humaine, l'entière jouissance de toutes les facultés de la création. Et si la terre d'Europe éprouve, à l'heure qu'il est, un sentiment commun, universel, c'est le regret qu'une telle ambition n'ait pas été satisfaite !

« J'en appelle à l'Alsace, messieurs les jurés ; j'en appelle à vos loyales consciences ! »

XIII. DÉFENSE DE MADAME GORDON.

M° Liechtemberger, dans un plaidoyer prononcé pour la défense de Mme Gordon, provoque les applaudissements qui ne manquent jamais à cet éloquent orateur. On a surtout applaudi le passage où il a vengé cette dame de la défaveur que le ministère public avait cru jeter sur sa profession de cantatrice. Déjà MM^{es} F. Barrot et Thiériet s'étaient récriés contre cette étrange flétrissure.

« Vous savez, avait dit M° Thieriet, combien l'accusation a été prodigue d'excursions dans la vie privée. Sans égard pour le malheur, elle aime à dire que les uns sont perdus de mœurs, les autres perdus de dettes, intrigants, vains, ambitieux. Enfin, chose plus horrible! l'un de ces affreux conspirateurs est une cantatrice. Messieurs, autrefois il existait en Grèce une république qui, dans l'austérité de ses mœurs, hélas! bien loin des nôtres, redoutait l'influence des chanteurs et des musiciens, comme pouvant amollir les âmes. Eh bien! on les reconduisait à la frontière en les couronnant de fleurs, mais on ne les flétrissait pas. »

« Sommes-nous donc en Béotie, s'écrie à son tour M° Liechtemberger, pour que l'on ose croire que le culte des arts soit une flétrissure? Ne sait-on pas que le grand Frédéric, ce favori des muses et de la victoire, était aussi flatté des applaudissements que lui attirait l'exécution d'un concerto de flûte, que des félicitations qu'il recevait après le gain d'une bataille? Et sans citer ici de nouveau l'exemple si heureusement produit à l'audience d'avant-hier par un éloquent confrère, M° Barrot, ne sait-on pas qu'au sortir d'un concert, le grand-duc de Saxe-Weimar fit présenter les armes par son régiment des gardes à cette même cantatrice, l'illustre Malibran? Ne sait-on pas que le chanteur Rubini, en descendant du théâtre, recevait les honneurs militaires? Ah! messieurs, ce mot, s'il a dû être une invective, est bien malheureux. Il n'est ni de notre époque, ni de notre pays ; en France, dans notre province surtout, on respecte les arts, on honore les personnes qui les cultivent avec distinction et avec succès, on plaint ceux qui les méprisent et qui cherchent à les avilir ! » (Profonde sensation.)

(Audience du 17 janvier.)

Demain va finir cette affaire qui, malgré la lenteur de ses développements et de sa conduite, n'a pas cessé jusqu'à ce moment d'exciter l'intérêt et la sympathie publique ; l'auditoire est toujours aussi nombreux, la curiosité toujours la même.

C'est M. Devaux qui se charge, ainsi qu'on l'a annoncé, de répliquer aux divers plaidoyers de la défense. M° Parquin a reçu de l'honorable confiance de ses collègues la mission de répondre seul en leur nom. Il a pris place à cet effet en tête du banc de la défense, à la place jusqu'alors occupée par M° F. Barrot.

XIV. PLAIDOYER DE M° LIECHTEMBERGER.

M° Liechtemberger, défenseur de M. de Bruc, a la parole, et s'exprime en ces termes :

« MESSIEURS LES JURÉS,

« Vous approchez enfin du terme de ces longs et fatigants débats : c'est pour la dernière fois que la voix de la défense va se faire entendre. Ah! ici encore sa tâche sera bien facile.

« Je vais vous parler de M. le comte de Bruc.

« D'où vient-il donc, messieurs, que, dans cette cause, tous les défenseurs, avant d'aborder l'examen des questions capitales du procès, se soient trouvés réduits à discuter devant vous des questions de personnes ? Cette nécessité ne révèle-t-elle pas quelque chose d'extraordinaire et d'heureusement insolite dans les débats judiciaires ? Oui, sans doute, c'est que l'accusation, avec une ardeur, avec une obstination que je n'hésite pas de nommer immorales, s'est efforcée, s'est complue à déverser sur tous les accusés le fiel des plus cruelles imputations ; c'est qu'avant d'essayer de les livrer au glaive ou à la vindicte des lois, elle a tout tenté, tout imaginé pour les déshonorer, pour les perdre devant le tribunal de l'opinion publique.

« Et qui, de tous les accusés, plus que M. de Bruc, est en droit de se plaindre des attaques du ministère public, de ses incursions dans la vie privée, de ses tentatives pour trouver, en dehors des faits du procès, un étai aux frêles indices de culpabilité que lui fournissait l'information ? Pour lui, rien n'a été omis, tout a été calculé pour le noircir, pour tracer de lui le portrait hideux que la presse a répandu sur tous les points de la France.

« La première mention que le réquisitoire fait de M. de Bruc, est en lui donnant le titre de légitimiste. Cette dénomination n'est sans doute pas une injure, même dans la bouche du ministère public ; mais elle n'a pas été placée ici pour qu'elle dût demeurer sans portée. Sommes-nous donc devant vous pour répondre de nos opinions ? Les opinions ne sont-elles pas le patrimoine de l'homme, ne sont-elles plus dans le domaine exclusif de la conscience ? Si celle que l'accusation suppose à mon client est en effet la sienne, l'abîme de deux grandes révolutions la sépare de la mienne, et néanmoins, je le déclare, je la respecte, parce que je sais qu'elle est consciencieuse ; je sais qu'elle se fonde sur de profondes convictions ; M. le procureur-général devait la respecter aussi. Y aurait-il d'ailleurs quelque loyauté à poser la question sur ce terrain brûlant, sur un terrain où le ministère public savait que l'accusé ne pourrait point se placer, sans attirer sur lui les foudres d'un nouveau réquisitoire ? Les lois de septembre n'existent-elles donc plus ? Ah ! messieurs, le procureur-général les a oubliées ! Je lui en rends grâces : il a pensé sans doute, comme moi, que, pour la gloire et l'avenir de la France, elles ne prendront pas racine dans le pays !

« M. de Bruc, continue l'acte d'accusation, a pris en 1815 un commandement dans la Vendée ! Il n'était donc pas sans mérite et sans distinction, le jeune officier de hussards (il avait alors à peine dix-huit ans), à qui l'on confia le commandement important de la cavalerie dans le 3ᵉ corps des armées royales de l'Ouest !

« M. de Bruc a été gentilhomme de la chambre de Charles X !

« Il est trop vrai que, pour son malheur, Charles X, comme on l'a vu sous des rois qui l'ont précédé, comme on l'a vu depuis, n'a pas appelé dans ses conseils des hommes nationaux ; mais pour entourer la personne du roi, mais pour la distribution des grades et des emplois honorifiques de la cour, la restauration a-t-elle jamais choisi des hommes dont les noms ou les personnes eussent pu blesser les susceptibilités les plus chatouilleuses?

« Et cependant, à entendre l'accusation, M. de Bruc est un aventurier, un de ces loups-cerviers qui s'élancent à la piste des grandes affaires ou des commotions politiques, pour les exploiter, et pour prendre leur part au butin !

« Est-il donc un aventurier, ce rejeton de l'une des plus nobles et des plus illustres familles de la Bretagne, de cette famille qui fournissait des lieutenants-généraux à nos armées, déjà sous le grand règne de Louis XIV? Est-il un aventurier cet accusé qui compte parmi ses alliances, non-seulement la famille de Beauharnais, qui, depuis un demi-siècle surtout, a reçu tant d'éclat et d'illustration, mais qui peut nommer encore, parmi ses proches, tant de familles historiques dont les noms glorieux parent nos annales, les Montmorency, les Mortemart, les Clermont-Tonnerre, les Cossé-Brissac! Ah! certes, si le comte de Bruc est un aventurier, il est un aventurier de haute lignée; car j'apprendrai à l'accusation qu'il est même l'allié de Louis-Philippe : Mme la duchesse de Cossé-Brissac, sa sœur, a pour belle-mère une demoiselle de Rothelin d'Orléans, proche parente de la branche cadette de Bourbon qui occupe en ce moment le trône de France.

« Je vous ai dit, messieurs, quelle était l'illustration de la famille de mon client; j'aurais pu ajouter qu'à ces titres elle alliait les avantages d'une grande fortune, et cependant l'acte d'accusation n'a pas craint de déclarer que l'accusé que je défends agissait dans un intérêt d'argent, que sa position était gênée, et qu'il pressurait la conspiration. Une telle accusation, sans aucune base, sans aucun fait, sans aucun indice qui la justifie, n'est-elle pas odieuse? Je ne viendrai pas prétendre ici que la fortune personnelle de mon client soit demeurée intacte. Une jeunesse orageuse, quelques passions peut-être, de ces folies que l'on excuse dans un jeune officier de hussards, et qui certes ne rendent un homme justiciable ni des lois de la morale, ni des Cours d'assises, ont pu diminuer son patrimoine; mais il est riche encore, et pour justifier tout ce qu'il y a de contraire aux lois de la justice, aux premiers devoirs de la société, dans cette inculpation, dans cette invective sanglante du ministère public, je n'en appellerai qu'à l'indignation générale que la lecture de l'acte d'accusation a soulevée à Nantes, dans la ville natale de M. de Bruc, et dont les journaux de cette cité se sont rendus les échos! Non, se disait-on de toutes parts, non, ce n'est pas là le comte de Bruc que nous connaissons! Frédéric de Bruc, noble, généreux, prodigue quelquefois, a ouvert souvent, trop souvent peut-être, sa main, mais il ne l'a jamais tendue !

« Mais telle était, messieurs, la tendance de l'accusation, tel était le penchant qui l'entraînait, que, pour parvenir au but qu'elle s'était proposé, elle ne s'inquiétait pas même des plus étranges contradictions.

« En effet, vous avez entendu l'un des orateurs du parquet, s'adressant à M. de Querelles, lui dire : Dans ce journal où jour par jour vous insériez vos pensées les plus intimes, nous avons surpris, nous avons reconnu un généreux, un beau mouvement ; un instant vous avez entrevu l'abîme vers lequel vous marchiez, un instant vous avez paru hésiter. Ah ! que n'avez-vous suivi cette grande, cette noble inspiration ! Que ne vous êtes-vous présenté devant vos complices, que ne leur avez-vous déclaré que votre résolution était prise , que vous alliez vous séparer d'eux ! Ces paroles auraient neutralisé peut-être les projets des conspirateurs, vous eussiez été un héros ! Tel a été, messieurs, le langage du ministère public : il s'agissait alors d'accuser M. de Querelles. Eh bien ! la même accusation qui s'obstine à interpréter toutes les démarches, toutes les paroles de mon client dans le sens du complot qu'elle recherche et qu'elle poursuit, l'accusation soutient, et, malgré les dénégations de l'accusé, elle ose déclarer que le 29 octobre M. de Bruc a tenu le langage qui, dans la bouche de M. de Querelles, aurait été, selon elle, un acte de noble héroïsme ! Quelle est la conséquence logique qu'elle en tire ? Sans doute que mon client a bien mérité de la patrie ! Non, messieurs, détrompez-vous : en effet, il s'agit bien ici de logique ! il s'agit maintenant d'accuser M. de Bruc ; c'en est assez pour que dans la bouche du même accusateur les mêmes faits, les mêmes paroles prennent une signification tout opposée. Non, M. de Bruc n'est plus qu'un homme dont la prudence s'allie difficilement avec les habitudes de la vie militaire ; c'est-à-dire, en d'autres termes, qu'il est un lâche !

« Un lâche... ! ah ! que ne puis-je, messieurs, déchirant devant vous les vêtements de l'accusé, découvrir à vos yeux sa poitrine, vous montrer les nombreuses cicatrices qui la sillonnent ! Les unes, traces honorables des blessures qu'il a reçues au champ d'honneur, d'autres qui lui furent portées sur un autre terrain, mais qui, pour être moins glorieuses, parce que le sang qui en a jailli n'a pas été versé pour la patrie, n'en sont pas moins une éloquente protestation contre cette abominable accusation de lâcheté.

« Examinons donc les états de service du comte de Bruc.

Élevé aux écoles militaires de la Flèche et de Saint-Germain, l'accusé en sortit le 1ᵉʳ janvier 1813 pour entrer comme sous-lieutenant au 13ᵉ régiment de hussards. Dirigé immédiatement sur l'armée, il fut, à l'âge de seize ans, blessé de deux coups de lance à la bataille de Buntzlaw, en Silésie ; à Hanau, une balle vint lui traverser le cou ; en 1814, dans cette glorieuse campagne où l'on vit une poignée de braves disputer pied à pied le sol français aux hordes cosaques, à la bataille de Montereau, le jeune officier de dix-sept ans s'élança sur un escadron de houlans, tua de sa main un colonel russe, s'empara de son cheval et de ses armes, action éclatante qui lui attira les éloges de l'armée, et qui le fit nommer chevalier de la Légion-d'Honneur sur le champ de bataille. Voilà quel est, messieurs, le bouillant et valeureux officier qu'un réquisitoire prétend vous présenter comme un lâche !

« Lors des événements de juillet (je passe ici sur la campagne d'Espagne, où M. de Bruc servit avec la même distinction), lors des événements de juillet, l'accusé était chef d'escadron au 5ᵉ régiment de chasseurs à cheval. On lui offrit alors le grade de lieutenant-colonel. M. de Bruc, cet ambitieux, cet homme qui sacrifie tout, jusqu'à l'honneur, à un vil intérêt d'argent, M. de Bruc refusa ; il demanda sa mise en disponibilité ; il ne voulut pas prêter un serment qui n'était pas dans ses convictions.

« Le ministère public a prodigué aux autres accusés les titres d'*ingrats*, de *félons*, de *parjures* ; il a été obligé de s'arrêter devant le comte de Bruc. Pour lui, pût-on le convaincre de complot, il ne doit rien à la monarchie de juillet, que les trois mois de prison préventive qu'il vient de subir, et le triste honneur de figurer dans cette accusation ! Pût-on le convaincre de complot, il n'a rien trahi, car il n'a rien promis ! »

Ici le défenseur entre dans la discussion des faits ; il examine successivement les diverses accusations portées contre son client ; il démontre que, dans le système même de la poursuite, la participation de M. de Bruc au complot ne résulterait que du reçu daté du 15 avril 1836 et délivré par lui à M. de Persigny, et de la lettre que le 29 octobre il a écrite de Fribourg à ce même accusé. Quant au reçu, il invite les jurés à en remarquer soigneusement la date ; à cette époque, au mois d'avril, des idées, des espérances de complot pouvaient exister peut-être ; mais l'accusation a pris soin elle-même de constater que ce n'est qu'à la fin de juillet, et pendant le séjour du prince aux eaux de Bade, que le complot s'est formé, qu'il a pris quelque consistance. L'accusé explique d'ailleurs les causes de cette quittance, et si le ministère public les taxe d'invraisemblables, M. de Bruc en appelle à la notoriété publique : les journaux du temps ont annoncé en effet que l'accusé avait obtenu le commandement des troupes du pacha de Tripoli, et un acte authentique, déposé dans un notariat de Paris, pourrait attester la réalité du traité passé avec le chargé d'affaires du pacha. Le ministère public se méprend au surplus sur ses droits et sur les obligations qui sont imposées à un accusé : celui-ci n'a rien à prouver ; toutes les preuves doivent émaner de l'accusation.

« Il est donc impossible, dit le défenseur, de produire ce reçu comme une preuve ou comme un indice de complot ; une remise d'argent, dans ce but, au mois d'avril, est invraisemblable. Aussi le ministère public, pressé d'assigner une cause raisonnable à une semblable négociation, a-t-il eu l'ingénuité de prétendre que c'était sans doute dans la prévision du voyage qu'au mois d'octobre, c'est-à-dire plus de six mois après, M. de Bruc devait offrir de faire avec le général Excelmans ! Cependant, ajoute le défenseur, et pour aider d'autant mieux à l'interprétation, l'acte d'accusation, dans le seul passage où il cite ce reçu, lui a donné la date du 15 août. On comprendra facilement toute l'importance, toute la portée de ce changement de date. Ce qui, d'après tous les faits produits par l'accusation, d'après les différentes phases qu'elle assigne elle-même à la formation et aux progrès du complot, aurait été insignifiant, invraisemblable, ridicule même, le 15 avril, à la date véritable de l'écrit, deviendra sérieux, grave, accablant, le 15 août, c'est-à-dire à la date supposée.

« Je crois, je veux croire que c'est là une erreur involontaire ; mais elle est bien déplorable, elle a été fatale à l'accusé ; c'est à elle, à elle seule sans doute qu'il doit sa mise en accusation. Il est pénible déjà de se voir convaincu d'erreur, même dans les actes les plus simples, dans les relations les plus indifférentes de la société : alors cependant on n'encourt que le reproche d'ignorance ou de légèreté ! Mais quel nom mérite une telle erreur, alors qu'elle devient un argument pour flétrir la vie d'un homme de loyauté et d'honneur, alors qu'on s'en autorise pour assigner à un brave officier un rôle déshonorant, pour lui prêter une intention infâme, celle de pressurer ses amis ? Quel nom méritera une telle erreur, lorsqu'elle aura pour conséquence de provoquer et de faire soutenir une accusation, lorsqu'elle vous amènera à demander, au nom de la justice, la tête d'un accusé. »

Passant ensuite à l'examen de la lettre du 29 octobre, l'avocat, après avoir, dans une discussion serrée et lumineuse, expliqué ce que c'est que le complot, et indiqué les conditions requises par la loi pour que l'existence d'un complot puisse être établie et qu'un accusé puisse être convaincu d'y avoir trempé, s'empare des arguments mêmes du ministère public ; il adopte, en leur entier, et dans le sens, qu'au moyen d'une subtile interprétation, leur donne l'accusation, les passages incriminés dans cette lettre, et il en déduit la conséquence rigoureusement légale que de ces passages mêmes, et des moyens que l'accusation croit y puiser à l'appui de son système, résulte la preuve qu'aucune participation à un complot ne peut être reprochée à son client.

Il répond enfin aux charges que le ministère public veut tirer de la présence de l'accusé à Strasbourg, dans la journée du 31 octobre, et de son prompt départ de cette ville, dans la soirée du même jour.

« Le 30 octobre, dit le défenseur, et le 31 au matin, M. de Bruc se trouvait à Kehl; il était sur un terrain neutre, sur une terre de liberté où nulle accusation ne pouvait l'atteindre. Le complot, l'échec qui avait terminé la tentative d'exécution lui étaient connus alors : pensera-t-on que M. de Bruc, complice des personnes arrêtées, eût voulu échanger la sûreté qu'il trouvait sur la terre étrangère contre les dangers inutiles que lui faisait courir son entrée en France, son arrivée à Strasbourg? Il ignorait si bien les détails de cette conspiration et les fils secrets qui en avaient formé la trame, que, sans crainte, sans hésitation, dès son arrivée dans cette cité, il se rend au domicile de M. de Persigny, dans cette maison qui devait être l'objet d'une si inquiète surveillance. C'est là, un témoin en a déposé, qu'il apprend que M. de Persigny, compromis dans les événements de la veille, avait pris la fuite. Il se rappela alors, et il se rappela avec terreur, que, dans le cours de cet automne, il avait fait un voyage de plaisir avec M. de Persigny ; il se souvint qu'au mois d'octobre le prince Louis-Napoléon lui avait remis, à Aarau, une lettre pour le général Excelmans, et qu'il avait rempli la mission qui lui avait été confiée. Ces souvenirs agirent vivement sur sa détermination, et il se hâta de quitter une ville où des dangers pouvaient l'atteindre. Qui de nous, messieurs, n'eût pas agi de même? Chacun ne sait-il pas quelle est la précipitation avec laquelle agit la police politique? quel est le saint respect qu'elle porte à la liberté individuelle? Ne connaissons-nous pas, M. de Bruc n'avait-il pas lu dans les journaux ces effrayantes statistiques qui constatent que, dans le cours d'une seule année, dans une seule ville, dans la capitale de la France, vingt mille personnes ont passé sous les guichets de la préfecture de police, ce qui fait par jour environ soixante arrestations, dont plus de la moitié ont été motivées sur des faits ou sur des soupçons d'opinion politique. »

Passant au second chef d'accusation, celui de proposition

non agréée de complot, le défenseur explique la rencontre fortuite de son client et du prince Louis-Napoléon à Aarau. Sa visite au général Excelmans ne peut avoir aucun caractère douteux.

« Vainement le ministère public, en argumentant sur ce chef d'accusation, a-t-il dit que la loi n'expliquait pas à quels caractères la proposition de complot pouvait se reconnaître, que la loi laissait à cet égard au jury une latitude indéfinie; vainement a-t-il ajouté que, dans de certains cas, une proposition de complot n'avait pas besoin d'être faite en termes clairs et formels, que l'on pouvait voiler son intention et la couvrir d'expressions qui ne permettraient pas d'en pénétrer le sens! Cette dernière proposition, dit l'avocat, placée en tout autre lieu, ne serait qu'une naïveté; dans la bouche d'un magistrat qui accuse, elle devient effrayante. Où s'arrêterait-on, grand Dieu! dans un semblable système! Ne voit-on pas que promptement, car la pente du mal est rapide, il nous ramènerait vers ces temps de douleur et de deuil où le simple échange de quelques paroles, un coup d'œil de l'amitié, un sourire de l'amour, un serrement de mains, suffisaient pour créer des conspirateurs, pour peupler les prisons et alimenter les échafauds! La loi n'a pas défini ce qu'elle entendait par une proposition de complot! Non, messieurs, et cela était inutile, car avant tout, la loi parle français, et chacun sait que, selon les lois du langage et la valeur qu'elles donnent aux expressions, proposer une affaire veut dire annoncer à quelqu'un qu'une affaire existe ou qu'elle va être entreprise. La proposition de complot ne peut donc être faite qu'à la condition formelle de l'annonce d'un complot existant déjà, ou d'un complot que l'on désire nouer. La loi laisse au jury une latitude indéfinie! N'est-il pas inouï de voir attribuer un tel sens au texte d'une loi, d'une loi répressive? d'entendre dans une discussion solennelle et grave professer une telle monstruosité, que le juge ou le juré puisse, négligeant le texte clair et précis d'une loi, s'attacher au sens qu'ils croirait entrevoir, ou à celui qu'il voudrait créer? Non, messieurs, c'est dans les termes de la loi et non dans les laborieuses argumentations d'une accusation, que le juré probe et éclairé peut trouver la règle qui doit diriger sa conscience. Les lois politiques, pas plus que les autres lois pénales, ne sont pas des lacets élastiques que l'on puisse étendre à volonté, afin de prendre au piége d'une accusation quiconque déplaît au pouvoir! Maintenant, appliquez ces principes à l'accusation. Vous avez entendu la déposition du général Excelmans, cet illustre guerrier, dont la haute probité politique est connue et admirée de tous; lui, et il l'a prouvé plus d'une fois, qui ne recula jamais devant la nécessité ou le droit de dire une vérité utile, il a protesté contre les allégations de l'accusation, il a déclaré que M. de Bruc n'avait fait auprès de lui ni mention d'un complot existant, ni même allusion à un complot éventuel, et nous ne pouvons plus dès lors que nous étonner de voir que le ministère public ait encore le triste courage de persister dans son accusation. »

M⁰ *Liechtenberger* termine en ces mots sa plaidoirie noble et chaleureuse que l'auditoire a constamment écoutée dans un silence religieux.

« Ici, messieurs, ma tâche s'achève, la vôtre va commencer. Pourrait-on concevoir quelque doute sur le but auquel elle vous conduira? Non, messieurs, d'autres vous l'ont dit; et je me sens heureux de ce que, par la position particulière de mes deux clients dans ce procès, je n'aie pas été réduit au désespoir de vous répéter ce qui vous a été dit par mes confrères avec tant d'âme, tant de conviction, et avec une si haute supériorité de talent.

Vous montrerez, vous apprendrez à la France entière ce que c'est que notre vieille, notre franche Alsace; combien l'on y aime la loi, combien l'on y respecte la morale, combien l'on y est jaloux de conserver la justice, la véritable justice, celle qui se rend sans acception de personnes; vous apprendrez que dans ce pays aucune magistrature citoyenne, aucun jury ne consentira à admettre, à sanctionner ce principe corrupteur qui a fait naître souvent tant de coupables pensées, qui a poussé souvent à tant d'actions criminelles : que les lois, impuissantes contre les grands, ne gardent leur sévère efficacité que contre les faibles ; vous rendrez impossible désormais le retour d'une de ces flagrantes illégalités que ce procès a malheureusement signalées. Vous rendrez un éclatant hommage au principe écrit en tête de notre droit constitutionnel, vous ferez justice de ces traditions surannées de féodalité et de privilége, que l'on voudrait faire revivre. Hommes d'égalité, citoyens, vous démontrerez que l'égalité de tous devant la loi, que la Charte a proclamée, n'est pas une lettre stérile, mais un principe vivifiant, un droit et une égide pour tous. »

Lorsque l'honorable défenseur se rasseoit, des marques bruyantes d'approbation, des applaudissements éclatent au fond de l'auditoire.

XV. RÉPLIQUE DU MINISTÈRE PUBLIC.

M. Devaux, avocat-général, prend ensuite la parole pour la réplique.

Il commence par repousser tous les blâmes dont l'acte d'accusation a été l'objet de la part des défenseurs des accusés. Tous les faits, tous les jugements qui y sont consignés reposent sur les pièces de cette volumineuse procédure.

Il examine ensuite la question de la mise en liberté du prince Louis : cette mesure a été légale. Dans l'ancienne monarchie existait à la fois le droit de grâce, d'amnistie et d'abolition. Pendant le cours de la révolution, ce droit de grâce, dans toute sa généralité, fut enlevé à la couronne ; mais, après la tempête révolutionnaire, quand l'ordre commença à se rétablir en France, ce droit de grâce fut rendu aux souverains, et M. l'avocat-général pense que ce droit fut rendu dans toute son ancienne extension. Les Chartes de 1814 et de 1830 ne firent que confirmer les dispositions du sénatus-consulte de l'an X, qui rétablissait ce droit. Ainsi, dans notre droit constitutionnel, le roi a le droit de faire grâce et d'amnistier. Ce principe n'est pas détruit par l'art. 1er de la Charte, qui reconnaît et proclame l'égalité de tous devant la loi. C'est là le droit général, commun ; mais à côté de lui il y a de nombreuses exceptions particulières. Ainsi le militaire a ses tribunaux spéciaux ; ainsi les fonctionnaires, les magistrats ne peuvent être poursuivis qu'en vertu de certaines formalités indispensables.

La mesure dont le prince Louis a été l'objet rentre dans le pouvoir royal, et c'est si bien un acte de la prérogative royale, s'exerçant dans toute sa latitude, que le *Moniteur* a annoncé que le prince avait été mis en liberté par ordre du roi.

Dira-t-on que l'absence du prince Louis met les accusés dans une fausse position et leur enlève leurs moyens de défense ? On serait mal venu à le dire ; car la seule chose qui puisse les excuser, sinon les justifier, c'est la question d'entraînement. Or, le prince Louis était incapable d'exercer sur eux cette espèce de fascination, derrière laquelle ils se retranchent si complaisamment, et cette fascination fût-elle admise, par impossible, les accusés n'en sont pas moins coupables, car ils ont agi volontairement, librement ; quelques-uns même ont violé leurs serments. L'absence ou la présence du prince Louis ne changerait donc rien à leur position.

M. l'avocat-général passe ensuite à l'examen des faits particuliers à chaque accusé, et il maintient toutes les charges de l'accusation.

XVI. RÉPLIQUE DE Me PARQUIN.

Après la traduction du discours de M. l'avocat-général, pendant lequel Me Parquin a pris beaucoup de notes, l'audience est suspendue pour un quart d'heure. Dans l'intervalle, l'affluence des spectateurs augmente considérablement; car on sait, dit le *Courrier du Bas-Rhin* en rendant compte de cette audience, que c'est M° Parquin qui est chargé de la réplique au nom de tous ses confrères.

Le même journal ajoute ensuite :

« Nous allons tâcher de rendre par l'analyse, cette brillante improvisation dont la péroraison surtout, prononcée d'une voix qui trahissait une vive et douloureuse émotion, a produit un effet magique sur l'auditoire. Un profond attendrissement a saisi toute l'assemblée. A ces accents touchants, pas un cœur n'est resté insensible, pas un œil n'est resté sec. Avocats et accusés, militaires et bourgeois, vieillards et jeunes gens ne pouvaient retenir leurs larmes, et l'on voyait des pleurs couler des yeux de vieux soldats qui étaient restés calmes au milieu des horreurs du champ de bataille et en présence de la mort. Quand l'honorable avocat s'est assis, il régnait dans l'assemblée un morne silence, interrompu tout-à-coup par un élan d'applaudissements que rien n'a pu comprimer. »

M° Parquin, se levant au milieu du plus profond silence, s'exprime en ces termes :

« Messieurs,

« J'étais venu défendre un frère.... Mon cœur ne m'avait pas trop mal inspiré. J'avais trouvé quelques-uns de ces accents qui vont à l'âme.... Vous les aviez accueillis avec une indulgente bonté.... Je croyais ma tâche remplie.

« Mais voilà que tout-à-coup le vœu de mes confrères de Strasbourg et de Paris m'impose l'obligation de rentrer dans la lice, en me conférant l'honneur de répondre, pour tous, aux derniers arguments du ministère public. Cet honneur est insigne sans doute, mais il est dangereux. En même temps que je l'apprécie comme je dois le faire, je ne puis pas ne point en sentir le poids.... Que mon zèle supplée à mes forces.. Que, saisi au dépourvu, surpris, sans le temps nécessaire pour préparer et aiguiser mes armes, par la seule force de mon droit, par la seule bonté de ma cause, je sorte encore victorieux de ce nouveau combat!

« *Par la seule force de mon droit, par la seule bonté de ma cause!* Messieurs, il n'est permis à personne de se méprendre sur le sens de ces paroles... Moi, du nombre de ceux à qui l'un des substituts de M. le procureur-général reprochait de vouloir trouver à tout prix les accusés innocents!.... Non, non; leur faute, je la blâme, je la condamne autant et plus sévèrement que qui que ce puisse être... Mais la question n'est pas cela... Si le prince Louis avait pû être compris dans la poursuite dirigée contre les complices de son attentat; si l'honneur national, qui m'est cher, comme à tout Français, l'avait souffert; si une pensée que j'ai appelée de haute convenance, de belle et grande portée politique, n'avait pas voulu, impérieusement voulu, qu'à l'exemple de la duchesse de Berry, le neveu de Napoléon venant disputer le trône de France, les armes à la main, ne relevât, après sa capture, que de la générosité royale....; s'il était enfin assis sur ce banc, devant vous, confondu avec ses coaccusés... je n'aurais pas la moindre chose à dire... Ce qui me donne le pouvoir de parler haut, de réclamer, comme un droit, l'acquittement absolu, complet de gens à mes yeux coupables, je ne m'en cache pas, et ma franchise sera la même pour tous; c'est l'enlèvement du prince Louis.

« Ici, messieurs, je rentre dans une question légale... Ce n'est plus le cœur du frère qui vous parlera, c'est la voix austère du jurisconsulte. Je vais suivre le ministère public dans ses arguments les plus décisifs en apparence. Je n'en éluderai aucun. Je tiens trop à les réduire tous au néant.

« La mesure prise, de confier à un seul de nous le soin de combattre pour l'intérêt commun, a deux inconvénients, et je les signale : l'un, de ne pas permettre la réfutation des attaques personnelles dirigées contre chacun des accusés; l'autre, de vous priver d'un nouveau développement de ces thèses brillantes, si habilement présentées, mais qui ne sont pas les miennes.... Messieurs, tout a été sacrifié au besoin de vous libérer, après quinze jours, de ces fatigants débats... Les attaques personnelles! Vous n'aurez pas oublié (nous l'espérons du moins) comme elles ont été toutes repoussées par l'éloquente voix des défenseurs.... Les thèses politiques! Oh! messieurs, je respecte l'opinion des autres, mais je demande aussi qu'on respecte la mienne.... Ma langue se sècherait plutôt que d'abjurer les croyances que je me suis faites.... Je l'ai dit, je l'ai répété à mes honorables confrères.... « Nous allons au même « but par des voies différentes, m'ont-ils répondu.... Parlez, « parlez. Salut des accusés, sois notre suprême loi! »

« Ce que j'attendais le plus volontiers de M. l'avocat-général, c'est la reconnaissance des nombreuses erreurs que j'ai signalées dans l'acte d'accusation. Ministère public et défenseurs, nous sommes tous faillibles; mais tous nous nous honorons, en confessant que nous nous étions trompés. La loyauté de l'adversaire que je combats n'est pas pour moi l'objet d'un doute. Pourquoi donc n'a-t-il pas reconnu d'autre erreur que celle qui consistait dans l'altération d'un mot, dans la substitution de la date du 15 août à celle du 15 avril? Pourquoi n'a-t-il pas reconnu et l'erreur qui suppose que les deux princes avaient choisi le séjour d'Arenenberg pour attendre les événements politiques, et l'erreur qui prête aux accusés l'affreuse espérance du succès d'un régicide, et l'erreur commise sur l'ignoble propos attribué au commandant Parquin, propos que tous les témoins entendus à cette audience ont énergiquement démenti?

« Je croyais aussi que M. l'avocat-général me suivrait sur le véritable terrain où la cause se trouve placée. Je l'ai déjà fait observer : que les esprits soient divisés sur le plus ou moins d'opportunité de la mesure prise à l'égard du prince Louis; que quelques-uns estiment que le prince aurait dû être livré aux tribunaux; que d'autres croient qu'avec le précédent de la duchesse de Berry, les plus rigoureuses convenances ne permettaient pas au gouvernement d'agir autrement qu'il n'a jugé à propos de faire : du moins sur le caractère de l'acte en soi, il ne me paraît pas possible que l'on diffère d'opinion. Le ministère public pourtant se complaît dans sa pensée première ; il veut toujours que cet acte dérive du droit qu'a le souverain de faire grâce. Une thèse si fausse, qui pourrait obtenir quelque crédit précisément parce qu'elle a été développée par un honorable organe, ne doit pas rester sans réfutation.

« M. l'avocat-général, allant chercher jusque dans les constitutions de la vieille monarchie française l'origine du droit de grâce, a cru remarquer qu'autrefois ce droit était complexe, qu'il comprenait aussi et le droit d'amnistie et le droit d'abolition. Puis, des termes soit du sénatus-consulte de floréal an X, soit de la Charte de 1814 et de celle de 1830, il a conclu que le droit de grâce n'avait pas été modifié, qu'il existait aujourd'hui tel qu'auparavant... Mais le ministère public a confondu trois choses essentiellement distinctes. Il n'est pas vrai que sous l'antique monarchie le droit de grâce comprît et le droit d'amnistie et le droit d'abolition. Ces droits, de nature différente, s'exerçaient différemment. Tantôt le monarque exerçait le droit de grâce, tantôt il exerçait le droit d'amnistie, tantôt il exerçait le droit d'abolition. Maintenant je rétorque contre M. l'avocat-général l'argument dont il s'est servi. Si les droits de grâce, d'amnistie et d'abolition étaient des droits distincts, des droits qui ne se confondaient pas, des droits qui s'exerçaient indépendamment l'un de l'autre, le sénatus-consulte de l'an X, les Chartes de 1814 et de 1830 n'ayant rétabli pour le souverain que le droit de grâce, on arrive à cette conclusion nécessaire qu'ils n'ont entendu rétablir ni le droit d'amnistie, ni le droit d'abolition.

« Mais on m'arrête : ce droit d'amnistie que vous contestez

au souverain, il l'a quelquefois exercé ; donc il lui appartient. Singulier mode de trancher la question! Messieurs, après la rentrée des Bourbons, une amnistie (cruelle dans ses exclusions) fut prononcée. Par qui? par le roi? Non : par les chambres. Qui ne se souvient de la loi de juillet 1815? A cette époque, le monarque ne croyait donc pas pouvoir prendre sur lui d'amnistier....

« M. l'avocat-général vous a rappelé le caractère énergique, la volonté absolue de l'homme qui a proposé, qui a fait rendre le sénatus-consulte de floréal an X ; et il s'est demandé si cet homme de fer aurait été disposé à accepter le droit de grâce modifié, mutilé, restreint... J'ai deux réponses ; elles sont péremptoires. La première, je la puise dans la date du sénatus-consulte : *floréal an X*. Alors le chef du gouvernement n'avait pas cette autorité étendue et arbitraire qu'il s'est arrogée depuis. La seconde, le ministère public me l'a fournie lui-même, en faisant ressortir la différence qui existe entre les termes du sénatus-consulte de l'an X et ceux de l'une et de l'autre Charte. Le sénatus-consulte de l'an X subordonnait le droit de grâce à l'accomplissement de certaines conditions. Ni la Charte de 1814 ni la Charte de 1830 n'ont laissé subsister l'embarras qu'éprouvait le souverain dans l'usage de l'une de ses plus belles prérogatives. Comment serait-il possible d'admettre qu'en l'an X le chef du gouvernement aurait refusé le droit de grâce moins étendu qu'il ne l'était avant la révolution, quand on voit qu'il consentait à se soumettre, pour l'exercer, à des conditions qui aujourd'hui ne sont plus imposées au souverain?

« J'avais raisonné ainsi : C'est l'application du droit de grâce, selon vous ; mais toute grâce émane du roi, elle est constatée par des lettres-patentes signées de sa main ; ces lettres doivent être entérinées dans une cour de justice... Y a-t-il rien eu de pareil ici? Que répond le ministère public? Les lettres-patentes du roi, leur entérinement dans une cour de justice, ne sont que des choses d'usage, et on a pu y déroger. Oh! la théorie est nouvelle, et je serais tenté d'engager M. l'avocat-général à prendre ses instructions à la chancellerie. Au bas de toutes les lettres de grâce accordées par le roi, ne lit-on pas cette mention : « *Mandons et ordonnons à la Cour royale de... d'entériner les présentes lettres.* »

« Veut-on avoir la preuve que la Cour royale de Colmar elle-même n'a pas considéré la mesure relative à l'enlèvement du prince comme émanant du droit de grâce?... Ce sont ses réserves et ses protestations... Est-ce qu'une Cour royale à l'audience de laquelle sont présentées des lettres de grâce et qui doit les entériner, se permettrait de protester contre l'exercice légitime de la prérogative du souverain? Vous parliez *de trahison*, *de félonie*; quel nom mériterait l'acte par lequel des magistrats, qui doivent donner les premiers l'exemple de la soumission aux lois, s'immisceraient dans l'usage du droit de grâce, se réserveraient de juger son utilité, son opportunité!... Le système de M. l'avocat-général tend à constituer la Cour royale de Colmar en état d'insurrection et de révolte. Croyons, croyons plutôt qu'elle est restée sur la ligne de ses devoirs.

« D'ailleurs, qui a le contre-seing des lettres de grâce? Le garde-des-sceaux. A qui est confié le soin de les faire exécuter? Au procureur-général. Or, quels sont les ministres dont les signatures se trouvent au bas des ordres qui ont fait sortir le prince? Le ministre de la guerre, le ministre de l'intérieur. Quels fonctionnaires ont été chargés de leur exécution? Le préfet, le lieutenant-général. Le garde-des-sceaux, on ne le voit nulle part; le procureur-général, pas davantage; ce dernier n'est pas même prévenu. On s'isole de lui, ainsi que du conseiller instructeur; tous les deux n'apprennent l'extraction du prince que lorsqu'il n'est plus en leur pouvoir de s'y opposer... Dites, dites donc encore que, dans cette circonstance, le souverain a usé seulement de son droit de faire grâce.

« Revenons à la vérité. Le gouvernement a voulu se montrer indulgent, généreux, en faveur du prince Louis. Il a pris une mesure qui le sert, qui lui profite. Le caractère de cette mesure est essentiellement politique. Ainsi que l'a exprimé la Cour royale de Colmar, c'est aux deux chambres à la juger.

« Quand je confesse que c'est aux deux chambres à la juger, je réponds suffisamment à ce reproche de M. l'avocat-général que la défense voudrait traduire l'acte du gouvernement devant le jury, et le soumettre à son appréciation... Du tout, du tout. Le jury n'a, pas plus que la Cour royale de Colmar, le droit d'apprécier cet acte... Mais ce qui est au pouvoir du jury, ce qui est même dans son devoir, c'est d'examiner jusqu'à quel point l'absence du prince peut influer sur le sort des accusés... Je ne veux pas reproduire tout ce que j'ai dit à cet égard; la matière est épuisée. Un mot néanmoins en réponse à quelques objections nouvelles.

« M. l'avocat-général a déclaré que les explications, de quelque part qu'elles vinssent, ne changeraient en rien le sentiment qu'il s'était formé sur chacun des accusés; que, le prince présent, comme le prince absent, sa façon de voir serait toujours la même. J'en doute : je crois que le ministère public se fait illusion. Quel est donc l'homme de bonne foi (et, je le répète, je crois surtout à la bonne foi de M. l'avocat-général) qui pourrait affirmer que des explications données de certaine manière, présentées avec un certain accent, n'agiraient jamais sur son esprit? C'est impossible. Au surplus, en supposant que la conviction du ministère public soit forte et inébranlable comme il le déclare, ce n'est pas lui qui juge, heureusement ! (rires universels) et la conviction du jury, est-ce qu'il peut en répondre comme de la sienne?

« M. l'avocat-général ne veut pas que le prince ait séduit, ait égaré, ait entraîné les accusés... Quelle raison en donne-t-il? Le prince est incapable d'exercer le moindre ascendant ; c'est un homme vulgaire, que ses relations ne recommandaient pas, digne de peu de faveur et d'intérêt... Y avez-vous réfléchi, monsieur l'avocat-général? Pensez-vous qu'il soit bien séant, bien convenable, de s'étendre, comme vous le faites, sur les faiblesses, sur les défauts, sur le caractère peu méritoire du prince, quand il est absent? Faut-il que ce soit des accusés que vous preniez, non pas leçon, mais exemple de délicatesse dans les procédés? Et, si la presse, l'inexorable presse, qui recueille tout, vous le savez, ne laissait point tomber vos étranges paroles, si elle les portait au-delà de l'Océan, si elle les transmettait à l'oreille du prince, quelles plaintes celui-ci ne serait-il pas en droit d'exhaler !.... Votre gouvernement ne veut pas souffrir que je comparaisse devant ses tribunaux. Il m'en interdit l'accès ; et, lorsque, cédant à une contrainte, honorable dans son principe, mais à laquelle j'aurais voulu ne pas être soumis, je me suis expatrié, moi au loin, il permet aux organes de la loi de m'injurier, de me diffamer ! On veut me perdre dans l'esprit de ces Français dont je porte la confiance et l'estime si haut !... Une clémence qui se reconnaît à de pareils traits, qu'on la reprenne ; je n'en veux pas. La vie avec l'opprobre ! La mort plutôt, mille fois la mort...

« Et ce généreux langage, quel cœur généreux pourrait ne pas l'accueillir!... Ah ! monsieur l'avocat-général, je vous rends assez de justice pour croire qu'il vous toucherait vous-même. (Murmures d'approbation dans tout l'auditoire).

« Eh bien ! je suis heureux de pouvoir donner à la France une meilleure, une plus favorable opinion du prince... A défaut de sa personne, apprenez, messieurs, à le connaître par ses écrits... Il est enlevé rapidement de sa prison. On le dirige vers la capitale. Là, il lui est permis de passer deux ou trois heures à la préfecture de police, pour se remettre des fatigues du voyage qui finit, pour se préparer aux fatigues du voyage qui va commencer. Quel emploi fera-t-il, ce noble jeune homme, d'un temps consacré au repos ? Il n'avait pas pu perdre le souvenir de ses coaccusés qu'il laisse seuls, malgré lui, sous le poids d'une accusation terrible. Il veut faire servir du moins à leur salut cette halte de quelques instants.... Une lettre est commencée. En tête elle porte : *Paris, ce* 11 *novembre* 1836 : à la fin, *Lorient, ce* 15 *novembre* 1836. Le temps lui avait manqué à Paris pour la terminer ; mais il ne mettra pas le pied sur le bâtiment qui va l'emporter loin des côtes de France, sans avoir complété la défense de ceux dont il a causé la perte.

« Paris, 11 novembre 1836.

« Monsieur,

« Malgré mon désir de rester avec mes compagnons d'infor-
« tune et de partager leur sort, malgré mes réclamations à ce
« sujet, le roi, dans sa clémence, a ordonné que je fusse con-
« duit à Lorient, pour passer de là en Amérique. Quoique
vivement touché de la générosité du roi, » (Ici M. Parquin, s'adressant à l'avocat-général : Vous voyez, monsieur, que parmi ses nombreux défauts il ne faut pas compter l'ingratitude) (hilarité) « je suis profondément affligé de quitter mes
« coaccusés, dans l'idée que ma présence à la barre, que mes
« dépositions en leur faveur auraient pu influencer le jury et
« l'éclairer sur plusieurs faits importants. Privé de la consola-
« tion d'être utile à des hommes que j'ai entraînés à leur perte,
« je suis obligé de confier à un avocat ce que je ne puis plus
« dire moi-même devant le jury...

« .... Certes, nous sommes tous coupables envers le gouver-
« nement d'avoir pris les armes contre lui ; mais le plus coupa-
« ble, c'est moi, c'est celui qui, méditant depuis long-temps
« une révolution, est venu tout-à-coup arracher des hommes
« à une position sociale honorable, pour les livrer à tous les
« hasards d'un mouvement populaire....

« .... Vous voyez donc que c'est moi qui les ai séduits, en leur
« parlant de tout ce qui était capable de toucher un cœur fran-
« çais. Ils me parlaient de leurs serments ; je leur rappelai qu'en
« 1815 ils avaient juré fidélité à Napoléon II et à sa dynastie.
« L'invasion étrangère, leur dis-je, vous a délié de vos serments;
« la force peut rétablir ce que la force seule a brisé. Pour leur
« ôter même tout scrupule, je leur dis qu'on parlait de la
« mort presque subite du roi et que la nouvelle paraissait cer-
« taine. On verra par là combien j'étais coupable envers le

« gouvernement. Or, le gouvernement a été généreux envers
« moi; il a trouvé que ma position d'exilé, que mon amour
« pour la France, que ma parenté avec l'empereur étaient des
« causes atténuantes. Le jury restera-t-il en arrière de la mar-
« che indiquée par le gouvernement?.... »

« Messieurs, vous l'entendez : le prince ne partage pas, lui, le sentiment de M. l'avocat-général. Il ne juge pas sa présence inutile. Il croit qu'elle eût été d'une grande importance, et surtout il ne s'explique pas qu'absous par le gouvernement contre lequel il s'était armé, ceux qu'il avoue avoir égarés puissent être sérieusement poursuivis.

« Ceci, messieurs, me suggère une observation qui n'est pas indigne de vous être présentée. Parmi les causes de l'enlèvement du prince, on a pu naturellement placer la crainte qu'un jury français ne voulût jamais consentir à dégrader d'une peine afflictive et infamante le neveu de Napoléon. Dans cette hypothèse, si des jurés avaient renvoyé le prince, ne répugne-t-il pas au simple bon sens qu'ils eussent condamné ses complices? Évidemment, les accusés aussi eussent été absous. Le prince n'aurait pas voulu être acquitté à un autre prix. Or, ces accusés que vous auriez acquittés avec le prince, seront-ils condamnés, parce que le gouvernement a pris les devants, parce qu'il a fait ce qu'il a présumé que vous feriez vous-mêmes, parce que le prince tient son acquittement de lui et non de vous ? Poser la question de cette manière, messieurs, c'est la résoudre. » (Assentiment.)

Me Parquin développe plusieurs autres considérations accessoires, et il ajoute :

« Messieurs, j'ai réfuté avec le peu d'ordre qu'une réplique instantanée permet, et cependant, je crois, avec un véritable avantage, les objections du ministère public. Mes devoirs sont accomplis; maintenant vont commencer les vôtres. Ils sont grands...... La France tout entière a les yeux sur vous. Répondez noblement à son attente. Quand depuis six ans vous vous êtes abstenus avec soin de toute condamnation politique, ce n'est pas par celle-ci, apparemment, que vous voudriez commencer. Un procès où l'égarement des accusés se montre, et non pas leur perversité ; un procès où la condamnation viendrait flétrir moins les complices que le principal auteur de l'attentat ; un procès entaché, dès son origine, par la violation du grand principe constitutionnel : Égalité devant la loi !... un tel procès : oh ! quel triste honneur pour vous, messieurs, si le premier, le premier de tous, il ne se terminait pas par un acquittement !

« Je ne tarderai pas à quitter cette belle contrée. Dans peu de jours, j'aurai regagné Paris. J'y rentrerai, le cœur plein du bienveillant intérêt qu'on m'a témoigné ici. Magistrature, administration, armée, barreau (barreau où j'ai rencontré des confrères que la capitale serait fière de posséder dans son sein), personnages de tous rangs, de toutes nuances, de toutes convictions politiques, partout on a compris ma position ; partout j'ai recueilli de précieux témoignages : ma mémoire reconnaissante ne l'oubliera jamais. Ah ! messieurs les jurés, ayez, prenez aussi votre part de ces heureux souvenirs... Faites qu'à côté d'eux ne vienne pas se placer un amer, un poignant regret ; faites que tout me soit doux dans les pensées qu'il m'arrivera souvent de reporter vers l'Alsace...

« Et toi, ma vénérable mère, toi qui, à quatre-vingt-deux ans, as retrouvé des jours sans repos et des nuits sans sommeil ; toi qui reproches à la Providence de ne t'avoir pas enlevée plus tôt de cette terre, où ton passage fut marqué par la pratique de toutes les vertus ; toi dont les mains suppliantes, sans cesse élevées vers le ciel, redemandent un fils, tu m'attends ; je te vois ; je t'aborde ; tes yeux interrogent les miens ; j'entends ton cri : *Parquin, qu'as-tu fait de ton frère ?...* Ma mère, ma bonne mère, sois tranquille ; sèche tes larmes ; ton fils, ton Charles, un jury alsacien te le rendra ! (1) »

(1) A Strasbourg on a traduit, en vers allemands, la dernière partie de cette péroraison ; nous avons trouvé quelque intérêt à faire le même essai

« Cette admirable réplique, dit le même journal que nous avons déjà cité, dans laquelle Me Parquin a surpassé son éclatant succès de dimanche dernier, sa touchante péroraison, dé-

dans notre langue, en nous servant directement de la prose de l'orateur, et en n'empruntant à l'auteur allemand que le mot à mot du premier vers :

PÉRORAISON DE Me PARQUIN,

DANS LA DÉFENSE DE SON FRÈRE.

De l'illustre orateur aux cheveux argentés
On dirait que les mots arrivent enchantés,
Tant leur charme est puissant ! Chaleur, force, noblesse,
Art qui toujours combat et qui jamais ne blesse,
Tout enchaînait les cœurs à cet heureux discours,
Quand soudain ces accents en achèvent le cours :

« Et toi, ma tendre mère, à qui les destinées
« Ont apporté déjà quatre-vingt-deux années ;
« Qui viens de retrouver, fruits d'un affreux réveil,
« Et des jours sans repos et des nuits sans sommeil ;
« Toi, pieuse envers Dieu, ma vénérable mère,
« Toi qui bénis son nom, mais dont la plainte amère
« Reproche à sa rigueur ton séjour ici-bas,
« Où toutes les vertus avaient marqué tes pas ;
« Toi dont cent fois le ciel voit les mains suppliantes
« Se lever pour un fils vers ses voûtes brillantes ;
« Tu m'attends, je te vois, ton cœur bat..... je reviens,
« J'approche, tes regards interrogent les miens.....,
« J'entends ton cri : « *Parquin, qu'as-tu fait de ton frère ?* »
« Ton fils ! ton Charle !... Eh bien ! sois tranquille, ma mère,
« Sèche tes pleurs, tes yeux en ont trop répandu.....
« Par un jury d'Alsace il te sera rendu ! »

L'orateur se rassied... Partout, partout des larmes !
Contre un pouvoir si doux Thémis reste sans armes.
L'éloquence a vaincu..... ! Cet éclatant succès,
Le jury l'inscrira dans les fastes français.

Eugène ROCH.

bités d'un ton, avec une âme qu'il nous est impossible de rendre, produisent sur les esprits la plus déchirante impression. Dans l'auditoire, au barreau, sur le banc des accusés, au siège même de la Cour, une entraînante émotion se manifeste par des sanglots et par des larmes. Des applaudissements nombreux et involontaires couvrent les dernières paroles de Me Parquin qui se rassied sous le poids d'une profonde émotion. Jamais triomphe d'éloquence n'avait été si beau et si électrique. »

(*Audience du 18 janvier.*)

Plusieurs heures avant l'ouverture de l'audience, une foule immense encombre les abords de la salle des assises. C'est aujourd'hui que doivent se terminer ces débats, dont les féconds incidents ont, depuis près de quinze jours, préoccupé l'attention publique. Avec l'issue prochaine du procès semble s'être accru aussi l'intérêt qu'inspirent les accusés ; la foule est plus compacte, plus animée que jamais.

L'autorité, de son côté, a redoublé de précautions et de vigilance ; une force armée plus considérable que les jours précédents est déployée au Palais-de-Justice ; une compagnie de voltigeurs du 46e de ligne et une compagnie de grenadiers du 14e régiment d'infanterie légère, une escouade de gendarmes, des agents de police, surveillent et gardent les issues de la salle.

Les curieux privilégiés, les dames et les membres du barreau se sont rendus de bonne heure à leur poste ; la tribune réservée est remplie de dames élégantes qui semblent attendre avec impatience l'issue de ces graves débats.

Le bruit s'est répandu que M. le procureur-général Rossée doit prendre la parole pour répondre à la belle réplique de Me Parquin, qui a fait hier tant d'impression. Cette circonstance prolongerait encore ces discussions, qui déjà ne s'étaient avancées qu'avec une lenteur extrême.

A neuf heures, la Cour entre en audience.

Les accusés sont introduits et prennent leurs places ordi-

…naires au banc de la prévention, avec cette calme assurance, cette dignité qu'ils n'ont pas cessé un instant de conserver pendant le cours des débats.

M. le président : Aucun des accusés n'a-t-il plus rien à dire pour sa défense ? (Signes de dénégation au banc des accusés et des défenseurs.)

M. le président : Les débats sont clos.

XVII. RÉSUMÉ DE M. LE PRÉSIDENT GLOXIN.

M. le président fait le résumé des débats. Il le commence à peu près en ces termes :

« MESSIEURS LES JURÉS,

« Si un accusé manque à votre jugement, si un prince d'illustre naissance a été soustrait à l'accusation, c'est qu'au cœur de la France vit le culte des grandes choses ; c'est que la politique a des exceptions forcées et légitimes ; c'est que dans leur malheur la France a des égards pour ceux qui ont géré et gardé le dépôt de la dignité nationale. Vous vous féliciterez donc, comme nous, d'avoir un coupable de moins à rechercher et à punir, car elle est douloureuse votre mission. Flétrir, châtier son semblable, c'est un triste devoir ; mais les crimes ne sauraient rester impunis, et la sûreté du pays exige que, dans une circonstance aussi grave, vous fassiez votre devoir sans écouter d'autres suggestions que celles de votre conscience et de la vérité. Que seraient devenues la France et l'Alsace, si l'attentat dénoncé par le ministère public avait eu quelques instants de succès ? L'anarchie hideuse, en haillons, populacière, le meurtre et le sang, la guerre intérieure et la guerre étrangère, tous ces fléaux seraient venus envahir notre pays et s'asseoir sur notre sol de prospérité. Le cliquetis des armes, le fléau des réquisitions, les cours prévôtales remplaceraient le calme, producteur des travaux utiles, et la liberté aurait péri sous le sabre avec l'égalité même, autre colonne de notre vie politique. Mais le bon sens français a fait avorter à leur naissance ces coupables projets, et l'attitude du pays, morne, froide, dédaigneuse, a prouvé que l'abîme des révolutions était à jamais fermé, et que la séduction ne pouvait prévaloir sur la fidélité aux lois. Mais jetons un dernier regard sur ces longs débats, et dans une analyse aussi succincte que possible, ramenons les faits à leur simplicité originelle, et d'éloquents discours à leur juste proportion. Voyons s'il y a eu complot, quelles personnes s'y sont affiliées ; voyons comment il s'est traduit en attentat. »

Ici M. le président résume les différentes charges qui pèsent sur chaque accusé, et les différents moyens de justification qui ont été allégués en leur faveur. Il reproduit, avec une impartialité scrupuleuse, tous les différents incidents de ce long procès. Ce résumé, écrit avec élégance et simplicité, a produit un vif effet sur le public. M. Gloxin termine ainsi :

« Ma tâche est arrivée à son terme, la vôtre va commencer. Vous l'accomplirez avec cette loyauté qui convient à des hommes d'honneur, avec ce consciencieux discernement qui, seul, honore votre mission. Vous vous montrerez les gardiens fidèles du repos, de la sécurité, de l'existence de tous les bons citoyens, et vous répudierez les illusions d'un faux patriotisme et d'une fausse pitié. Le droit de grâce appartient à la seule couronne, et notre souverain s'est toujours montré aussi jaloux de l'exercice de la clémence que des prérogatives de la liberté, et cette liberté n'existe qu'au prix de la justice ; sans la justice elle est une amère dérision. La France vous demande donc justice, au nom de son présent et de son avenir ; elle vous la demande, au nom de la dignité nationale, au nom du serment auquel vous avez juré de rester fidèle. Elle ne vous la demandera pas en vain, car la conscience du jury n'a jamais fait défaut à son serment. »

Après ce résumé, qui a duré plus d'une heure, M. le président fait faire la traduction par l'interprète.

Conformément à la loi, il donne lecture à MM. les jurés de vingt-quatre questions qu'ils ont à résoudre, et lit les instructions voulues par la loi.

Au moment où le jury se lève pour quitter la salle et entrer dans la chambre des délibérations, un violent tumulte éclate au fond de l'auditoire : « *Acquittez-les ! acquittez-les !* » s'écrient plusieurs voix.

M. le président : Gendarmes ! faites retirer les interrupteurs.

« Vous faites tort aux accusés », dit d'une voix émue Mᵉ Parquin, en se tournant vers l'auditoire.

XVIII. VERDICT ET ARRÊT.

Il est onze heures et demie lorsque le jury se retire au milieu du mouvement d'étonnement excité par cet incident.

Durant la délibération, des conversations animées et bruyantes s'engagent dans toutes les parties de la salle. Les défenseurs sont entourés des membres du barreau et des personnes admises dans l'intérieur du prétoire.

Après vingt minutes, l'huissier annonce le jury. La Cour entre aussitôt en audience, et M. Weis de Truchtersheim, chef du jury, dit, au milieu du silence le plus profond :

« Devant Dieu et devant les hommes, sur mon âme et ma conscience, la déclaration du jury, sur toutes les questions, est, NON, les accusés ne sont pas coupables. »

M. le président rend aussitôt son ordonnance de mise en liberté.

Au même instant, de bruyants applaudissements retentissent dans la salle ; l'allégresse, l'enthousiasme est universel ; les accusés acquittés remercient et embrassent leurs défenseurs avec une émotion visible ; les membres du barreau et les amis des honorables avocats en font de même, et les félicitent du beau succès qui a couronné leurs efforts.

La foule se retire lentement de la salle d'audience pour attendre dans la cour du Palais la sortie des prévenus. Ici les témoignages de satisfaction recommencent. Les portes d'entrée de la salle sont fermées, et la foule, sans se laisser rebuter par le froid, attend avec impatience l'arrivée des accusés; mais, sa curiosité a été trompée, on les avait fait sortir par une porte de derrière.

La foule se porte alors dans la rue du Fil, contigüe au Palais, et sur laquelle donne la porte de la prison; les accusés, pour se soustraire à ces manifestations, montent en voiture, mais ils sont suivis par le peuple, qui les salue des acclamations les plus vives.

A leur sortie, les jurés sont reçus par des vivat. Long-temps après l'issue du procès, une foule immense encombrait encore la cour et les avenues du Palais-de-Justice.

Pendant l'après-midi, Strasbourg a eu un air de fête, et la garnison elle-même a partagé cette satisfaction générale.

XIX. IMPRESSION PRODUITE PAR L'ACQUITTEMENT.

Ce verdict a produit un effet immense à Paris et dans toute la France. Parmi les organes de la presse, les uns l'ont regardé comme l'utile et légitime conservation du principe de l'égalité devant la loi; les feuilles ministérielles au contraire l'ont appelé un scandale, et cette appellation a été renouvelée dans un autre procès par un avocat-général (M. Plougoulm) près la Cour royale de Paris.

Le gouvernement a vu dans cet arrêt le germe d'un danger qu'il importait de prévenir par une mesure législative, et a proposé la loi de *disjonction* en matière de procédure criminelle à l'égard de prévenus civils et de prévenus militaires; mais, après une magnifique discussion, le principe de l'indivisibilité a prévalu, et le projet de loi a été rejeté.

APPENDICE AU PROCÈS DE STRASBOURG.

I. PROCLAMATIONS DU PRINCE LOUIS BONAPARTE.

Au peuple français.

« FRANÇAIS !

« On vous trahit ! Vos intérêts politiques, vos intérêts
« commerciaux, votre honneur, votre gloire, sont vendus à
« l'étranger.

« Et par qui ? par les hommes qui ont profité de votre belle
« révolution et qui en violent tous les principes. Est-ce donc
« pour un gouvernement sans parole, sans honneur, sans gé-
« nérosité, des institutions sans force, des lois sans liberté,
« une paix sans prospérité et sans calme, pour un présent
« sans avenir, enfin, que nous avons combattu depuis qua-
« rante ans ?

« En 1830, on imposa à la France un gouvernement, sans
« consulter ni le peuple de Paris, ni la nationalité des provin-
« ces, ni la forte voix de l'armée. Français, tout ce qui a été
« fait l'a été sans vous, et, par cela seul, est illégitime.

« Un congrès national, élu par tous les citoyens, peut
« seul avoir le droit de choisir ce qui convient le mieux à la
« France.

« Fier de mon origine populaire, fort de quatre millions de
« votes qui me destinaient au trône, je m'avance devant vous
« comme représentant de la souveraineté du peuple.

« Il est temps qu'au milieu du chaos des partis une voix na-
« tionale se fasse entendre ; il est temps qu'aux cris de la liberté
« trahie vous renversiez le joug honteux qui pèse sur notre

« belle France. Ne voyez-vous pas que les hommes qui règlent
« nos destinées sont encore les traîtres de 1814 et 1815, les bour-
« reaux du maréchal Ney ?

« Pouvez-vous avoir confiance en eux ?

« Ils font tout pour complaire à la sainte-alliance ; pour lui
« obéir, ils ont abandonné les peuples nos alliés ; pour se sou-
« tenir, ils ont armé le frère contre le frère, ils ont ensan-
« glanté nos villes, ils ont foulé aux pieds nos sympathies, nos
« droits.

« Les ingrats ! ils ne se souviennent des barricades que pour
« préparer les forts détachés ; méconnaissant la grande nation,
« ils rampent devant les rois et les faibles. Votre vieux drapeau
« tricolore s'indigne d'être dans leurs mains.

« Français, que le souvenir du grand homme qui fit tant
« pour la gloire et la prospérité de la patrie vous ranime ! Con-
« fiant dans la sainteté de ma cause, je me présente à vous, le
« testament de l'empereur Napoléon d'une main, son épée
« d'Austerlitz de l'autre. Lorsqu'à Rome le peuple vit les dé-
« pouilles ensanglantés de César, il renversa ses hypocrites op-
« presseurs. Français, Napoléon fut plus grand que César, il
« est l'emblème de la civilisation du XIXe siècle.

« Fidèle aux maximes de l'empereur, je ne connais d'inté-
« rêts que les vôtres, d'autre gloire que celle d'être utile à la
« France et à l'humanité. Sans haines, sans rancune, exempt
« d'esprit de parti, j'appelle sous l'aigle de l'empire tous ceux
« qui sentent un cœur français battre dans leur poitrine.

« J'ai voué mon existence à l'accomplissement d'une grande
« mission. Du rocher de Sainte-Hélène, un regard du soleil
« mourant a passé sur mon âme : je saurai garder ce feu
« sacré ; je saurai vaincre ou mourir pour la cause des
« peuples.

« Hommes de 1789, hommes du 20 mars 1815, hommes
« de 1830, levez-vous ? Voyez qui vous gouverne : voyez l'aigle
« emblème de gloire, symbole de liberté, et choisissez !

« *Signé* Napoléon. »

« *A l'armée.*

« Soldats !

« Le moment est venu de recouvrer votre ancienne splen-
« deur ! Faits pour la gloire, vous pouvez moins que d'autres
« supporter plus long-temps le rôle honteux qu'on vous fait
« jouer. Le gouvernement qui trahit nos intérêts voudrait aussi
« ternir notre gloire. L'insensé ! croit-il que la race des héros
« d'Arcole, d'Austerlitz, de Wagram, soit éteinte ?

« Voyez le lion de Waterloo encore debout sur nos frontiè-
« res ; voyez Huningue privé de ses défenses, voyez les grades
« de 1815 méconnus, voyez la Légion-d'Honneur prodiguée aux
« intrigants et refusée aux braves ; voyez notre drapeau, il ne
« flotte nulle part où nos armes ont triomphé ; voyez encore
« partout trahison, lâcheté, influence étrangère, et écriez-vous
« avec moi : Chassons les barbares du Capitole !

« Soldats, reprenez les aigles que vous aviez dans nos grandes
« journées : les ennemis de la France ne peuvent en soutenir
« les regards ; ceux qui nous gouvernent ont déjà fui devant
« elles ! Délivrez la patrie des traîtres et des oppresseurs, pro-
« tégez les droits du peuple, défendez la France et ses alliés
« contre l'invasion. Voilà la route où l'honneur vous appelle ;
« voilà quelle est votre sublime mission !

« Soldats français, quels que soient vos antécédents, venez
« tous vous ranger sous le drapeau tricolore régénéré ; il est
« l'emblème de vos intérêts et de notre gloire. La patrie divi-
« sée, la liberté trahie, l'humanité souffrante, la gloire en deuil
« comptent sur vous : vous serez à la hauteur des destinées
« qui vous attendent.

« Soldats de la république, soldats de l'empire, que mon
« nom réveille en vous votre ancienne ardeur ! et vous, jeunes
« soldats, qui êtes nés comme moi au bruit du canon de Wa-
« gram, souvenez-vous que vous êtes les enfants de la grande
« armée. Le soleil de victoire a éclairé notre berceau ; que nos

« hauts faits ou notre trépas soient dignes de notre naissance.
« Du haut du ciel la grande ombre de Napoléon guidera
« nos bras, et, contente de nos efforts, elle s'écriera : Ils
« étaient dignes de leurs pères! Vive la France! vive la li-
« berté! »

« *Signé* Napoléon. »

« *Aux habitants de Strasbourg.* »

« Alsaciens!

« A vous l'honneur d'avoir les premiers renversé une au-
« torité qui, esclave de la sainte-alliance, compromettait
« chaque jour davantage votre avenir de peuple civilisé! Le
« gouvernement de Louis-Philippe vous détestait particuliè-
« rement, braves Strasbourgeois, parce qu'il déteste tout ce qui
« est grand, généreux, national. Il a blessé votre honneur en
« cassant vos légions; il a froissé vos intérêts en conservant les
« droits d'entrée, et en permettant l'établissement de douanes
« étrangères qui paralysent votre commerce.

« Strasbourgeois, vous avez mis les mains sur vos blessures,
« et vous m'avez appelé au milieu de vous pour qu'ensemble
« nous vainquions ou mourions pour la cause du peuple.
« Aidé par vous et par les soldats, je touche enfin, après un
« long exil, le sol sacré de la patrie. Grâces vous en soient
« rendues! Alsaciens, mon nom est un drapeau qui doit vous
« rappeler de grands souvenirs, et ce drapeau, vous le savez,
« inflexible devant les partis et l'étranger, ne s'incline que de-
« vant la majesté du peuple.

« Honneur, patrie, liberté, voilà notre mobile et notre but.
« Paris, en 1830, nous a montré comment on renverse un
« gouvement impie, montrons-lui à notre tour comment on
« consolide les libertés d'un grand peuple.

« Strasbourgeois, demain nous marchons sur Paris pour
« délivrer la capitale des traîtres et des oppresseurs. Reformez
« vos bataillons nationaux qui effrayaient un gouvernement

« impopulaire, gardez pendant notre absence votre ville, ce
« boulevart de l'indépendance de la France, aujourd'hui son
« berceau régénérateur. Que l'ordre et la liberté règnent dans
« vos murs, et que le génie de la France veille avec vous sur
« vos remparts alsaciens.

« Avec un grand peuple, on fait de grandes choses ; j'ai une
« foi entière dans le peuple français. »

« *Signé* Napoléon. »

II. RELATION DE L'ENTREPRISE DU PRINCE NAPOLÉON-LOUIS.

Tel est le titre d'une brochure publiée à Londres par M. F. de Persigny, se qualifiant *aide-de-camp du prince pendant la journée du 30*. Cet écrit ne sera pas quelque jour sans importance historique, et c'est en le rapprochant des débats qu'il peut être convenablement apprécié. Nous le reproduisons presque en entier.

Motifs déterminants du prince Napoléon-Louis.

« Le prince Napoléon-Louis Bonaparte, en commençant son entreprise, avait l'âme préparée à tous les coups de la fortune. Bien convaincu que sa vie servait d'enjeu à ses projets, il en avait fait le sacrifice. Un malheur plus grand lui était réservé. Par une résolution du pouvoir, qu'il était facile d'apprécier, il devait être enlevé à ses compagnons d'infortune. Sous le prétexte de sa naissance princière, on devait lui ravir l'unique occasion de rendre compte à ses concitoyens de sa conduite et de ses projets. Il lui a fallu partir pour une région lointaine, laissant derrière lui ses actes dénaturés, ses intentions méconnues et calomniées, ses amis privés, dans les débats, de l'appui de ses dépositions et de la consolation de sa présence. La mort n'est rien auprès de pareilles douleurs.

« Le prince Napoléon avait la conviction profonde que, tant qu'un vote général n'aurait pas sanctionné un gouvernement quelconque, les diverses factions agiteraient constamment la France, tandis que des institutions passées à la sanction populaire, choisies et créées volontairement par le peuple, pouvaient seules amener la résignation des partis et la paix véritable qu'il souhaitait à sa patrie.

« Cependant le prince Napoléon hésitait encore. Il se demandait si cinq ans de possession n'avaient pas donné quelques racines au pouvoir, si les partis, de guerre lasse, n'avaient pas abdiqué leurs prétentions, et si le repos n'était pas devenu le seul désir de la nation, lorsqu'un nouvel attentat, celui d'Alibaud, vint tout-à-coup révéler l'état précaire de la France. Les premiers corps de l'état déclarèrent eux-mêmes qu'à la seule vie du roi tenait la tranquillité dont on jouissait, et que sa mort eût été le signal des plus affreux désordres ; preuve qu'une dynastie ne s'établit et ne se consolide jamais quand elle ne possède qu'une force matérielle. La conduite des souverains de l'Europe contribuait aussi à fortifier cette opinion. Puissamment intéressés à soutenir le cabinet des Tuileries, comment expliquer ce refus constant de se prêter à une alliance de famille si nécessaire à cette politique ? L'attentat d'Alibaud fut une occasion solennelle où se montrèrent à nu toutes les plaies du pays. Dès ce moment la résolution du prince fut arrêtée, il fut décidé à tout entreprendre pour sauver la France de grands malheurs, et, convaincu de la haute moralité de ses projets, il n'hésita plus à dévouer sa vie à cette grande mission.

Dispositions de l'armée.

« D'ailleurs, le prince se rappelait très-bien qu'en 1832 toute l'armée était prête à proclamer le duc de Reichstadt, s'il se présentait à la frontière, et que, sur l'impossibilité où se trouvait ce jeune prince d'y arriver, les chefs devaient accueillir son cousin, Napoléon-Louis, s'il était muni d'une simple lettre de la main de Napoléon II. La mort du duc de Reichstadt fit avorter ce grand projet; mais comment douter, après cela, des sentiments de l'armée? Cependant il fallait connaître ses nouvelles dispositions. Un grand nombre d'officiers de tous grades et de toutes armes furent consultés; tous furent séduits de l'idée de voir à la tête de l'armée un jeune Bonaparte, résumant en sa personne les souvenirs de la république et de l'empire. Mais si un grand nombre d'entre eux croyaient à la réussite d'une entreprise de ce genre, un grand nombre aussi s'effrayaient des difficultés qu'elle présentait. Quoique persuadés, pour la plupart, que le soulèvement d'une grande garnison disposerait l'armée à un soulèvement général, ils reconnaissaient aussi que rien n'était possible, si le peuple ne prenait pas, en faveur du mouvement, une attitude très-énergique. Ce qui frappa, dans toutes les conférences, ce fut le petit nombre de ceux qui parlèrent de leur fidélité à leurs serments; et cela se conçoit: depuis quarante ans plus de dix gouvernements se sont succédé en France.

« Quoi qu'il en soit, le résultat de ces investigations fut que toute l'armée verrait avec joie et enthousiasme le retour de l'aigle, mais que la plupart des chefs de corps et autres officiers attendraient, pour se déclarer, des chances suffisantes de succès, et qu'il n'y aurait qu'un petit nombre d'officiers très-énergiques capables de se mettre en avant. C'était tout ce qu'on pouvait attendre et raisonnablement espérer. »

Lien commun entre les partis.

« Il ne restait plus qu'à s'assurer des dispositions des différents partis. Le prince eut, à ce sujet, des conférences avec plusieurs hommes influents. Il lui fut démontré que les opinions les plus extrêmes, quoique dans des intérêts contraires, s'entendraient toutes sur le principe fondamental de la souveraineté nationale; que l'appel au peuple des républicains, la réforme électorale de l'opposition parlementaire, le vote universel des royalistes accusaient une foi commune à tous les partis.

Attitude du parti républicain.

« Quant à l'attitude que prendrait le parti républicain à la nouvelle des premiers succès de l'entreprise, il était important d'en être bien informé. Le prince voulut connaître d'une manière précise quelles pouvaient être les espérances et les intentions de ce parti. Un illustre écrivain, qu'une mort funeste a enlevé si jeune à la France, était alors, par sa position, son caractère et ses talents, l'homme le plus capable de bien juger de la situation des choses. Un ami du prince lui fut envoyé. C'était une mission délicate et qui demandait les plus grands ménagements. On prit pour prétexte l'envoi du *Manuel d'artillerie* du prince. M. Carrel se montra républicain pur et désintéressé, plein de cette noble ambition qui n'a que la patrie pour objet. Il parut avoir peu de confiance dans une réalisation prochaine de ses idées.

« Le parti républicain, dit M. Carrel, renferme les éléments
« les plus actifs et les plus généreux de la société, mais il est
« miné par deux causes qui paralyseront long-temps ses efforts.
« La première est la faute commise par une jeunesse imprudente
« en exhumant des souvenirs d'une époque dont la moralité
« politique ne peut être appréciée par la foule ; la se-
« conde et la plus grande, c'est le manque d'un chef et
« l'impossibilité d'en improviser un dans les circonstances pré-
« sentes. — Mais, répliqua l'envoyé du prince, vos travaux,
« vos talents, votre caractère, ne vous ont-ils pas déjà placé
« dans cette position ? — La mort de Lafayette, reprit
« M. Carrel avec une modestie pleine des plus nobles senti-
« ments, a fait jeter les yeux sur moi, mais croyez qu'il faut,
« pour jouer un tel rôle, le prestige de travaux plus grands,
« plus brillants surtout que les miens. Quand je ne puis parve-
« nir à rallier un parti, comment me serait-il possible de les

« rallier tous ? » Il fut alors question du prince. « Les ouvrages
« politiques et militaires de Louis Bonaparte, dit l'écrivain ré-
« publicain, annoncent une forte tête et un noble caractère. Le
« nom qu'il porte est le plus grand des temps modernes ; c'est le
« seul qui puisse exciter fortement les sympathies du peuple
« français. Si ce jeune homme sait comprendre les nouveaux
« intérêts de la France, s'il sait oublier ses droits de légitimité
« impériale pour ne se rappeler que la souveraineté du peuple,
« il peut être appelé à jouer un grand rôle. »

« Cette conversation, fidèlement rapportée au prince, fut décisive. Le neveu de Napoléon avait désormais sa conviction formée sur tout ce qui intéressait sa mission. Il ne s'occupa plus qu'à préparer son entreprise.

Plan général de l'insurrection.

« Le plan du prince consistait à se jeter inopinément au milieu d'une grande place de guerre, à y rallier le peuple et la garnison par le prestige de son nom, l'ascendant de son audace, et à se porter aussitôt à marches forcées sur Paris avec toutes les forces disponibles, entraînant sur sa route troupes et gardes nationales, peuple des villes, des campagnes, et tout ce qui serait électrisé par la magie d'un grand spectacle et le triomphe d'une grande cause. La ville de Strasbourg lui parut la plus favorable à l'exécution de ce projet. Une population patriote, ennemie du gouvernement, qui s'est vu contraint de licencier sa garde nationale ; une garnison de huit à dix mille hommes, une artillerie considérable, un arsenal immense, des ressources de toute espèce, faisaient de cette place importante une base d'opération qui, une fois acquise à la cause populaire, pouvait amener les plus grands résultats. La nouvelle d'une révolution faite à Strasbourg par le neveu de l'empereur, au nom de la liberté et de la souveraineté du peuple, eût embrasé toutes les têtes. Si on se rendait maître de Strasbourg, la garde nationale était immédiatement organisée pour faire elle seule le service de la place, et veiller à la garde de ses remparts. La jeunesse de la ville et des écoles, formée en corps de volontaires, se réunissait à la garnison. Le jour même où cette grande révolution s'accomplissait, tout s'organisait de manière à partir le lendemain pour marcher sur Paris, avec plus de douze mille hommes, près de cent pièces de canon, dix à douze millions de numéraire, et un convoi d'armes considérable pour armer les populations sur la route. L'exemple de Strasbourg entraînait toute l'Alsace et ses garnisons. La ligne à parcourir traverse les Vosges, la Lorraine, la Champagne. Que de grands souvenirs réveillés !

Résistance du gouvernement.

« Cependant, dans ces grandes circonstances, que ferait le gouvernement ? Dégarnirait-il Paris des cinquante mille hommes qui, en temps ordinaires, suffisent à peine pour maintenir dans l'obéissance le peuple de cette grande cité ? En lui supposant le temps de rallier les garnisons de Lille et d'une partie des frontières du Nord, pouvait-il tout à la fois contenir la capitale, et arrêter un mouvement aussi énergiquement commencé ? A cette armée de citoyens et de soldats enthousiastes de gloire et de liberté, il n'aurait à opposer que des régiments ébranlés par l'exemple contagieux de l'insurrection.

« Pendant son séjour à Bade, le prince reçut la visite d'un grand nombre d'officiers des garnisons d'Alsace et de Lorraine ; tous lui exprimaient des sentiments qui devaient puissamment fortifier sa conviction.

Départ d'Arenenberg. — Premier malentendu.

« De Bade, le prince retourna en Suisse, laissant à quelques amis dévoués le soin de terminer des préparatifs de détails indispensables. Vers le 15 octobre, plusieurs généraux, sur lesquels on croyait pouvoir compter, furent prévenus que le prince avait une communication importante à leur faire. Un rendez-vous leur fut assigné ; des uniformes furent préparés pour eux et pour d'autres officiers de différents grades. Tout cela était disposé pour agir dans les *derniers jours* d'octobre.

« Le 25, le prince Napoléon-Louis partit seul du château d'Arenenberg, sous le prétexte d'aller chasser dans la principauté d'Hechingen. Il se rendit d'abord dans le grand-duché de Bade, aux rendez-vous indiqués ; mais, par un commencement de fatalité, il ne trouva personne. Un malentendu, qui parut d'abord inexplicable, empêcha qu'on pût se rencontrer. *Le prince attendit trois jours* inutilement. Le temps était précieux ; l'autorité pouvait être prévenue de son départ d'Arenenberg, et faire observer ses démarches. Dans une entreprise où la première condition de succès était le secret, l'inattendu, un jour, une heure de retard pouvait tout perdre. La présence de généraux connus dans l'armée eût été très-utile sous plus d'un rapport, mais, en définitive, elle n'était pas indispensable. Le prince, *forcé par les circonstances*, se décida à se passer de leur concours. Il partit donc le 28 au matin, et arriva, à dix heures du soir, à Strasbourg.

« Le soir, à huit heures, le prince convoqua chez lui les principaux officiers pour délibérer sur ce qu'on aurait à faire dans la journée du 30 octobre, afin de rallier le peuple et la garnison. Il fut d'abord convenu dans cette réunion qu'il fallait entraîner avant tout une force militaire imposante, pour que les dispositions des habitants ne pussent être comprimées par les mesures de l'autorité. Il s'agissait donc pour première condition de succès d'enlever un régiment.

Plan du soulèvement militaire.

« Or, devant quel régiment se présenterait le prince ? Le colonel Vaudrey ajouta que son rôle devait donc se borner à présenter le prince à un des trois régiments d'artillerie sous ses ordres ; que l'un n'était pas mieux disposé que les autres, mais que, si un premier régiment suivait le prince, il était sûr de toute l'artillerie. Il fit observer alors que le bataillon des pontonniers, par suite de différentes circonstances, était très-populaire dans la ville ; qu'il entraînerait tout le peuple, mais qu'il avait le grand inconvénient d'être partagé en deux casernes ; que le 4ᵉ d'artillerie avait le désavantage d'avoir les écuries éloignées du quartier, mais que le 3ᵉ réunissait toutes les conditions désirables : qu'il avait les chevaux et son parc d'artillerie sous la main ; qu'il était plus nombreux, et comptait beaucoup plus de vieux soldats dans ses rangs. Il fut donc question d'abord de commencer le mouvement au 3ᵉ d'artillerie, tant le colonel était convaincu que son influence personnelle devenait nulle dans une circonstance aussi grave. Cependant, par suite du plan général qui fut adopté et qui rendait l'emploi du matériel de l'artillerie inutile, on revint à l'idée de se présenter au 4ᵉ d'artillerie. D'ailleurs, de grands souvenirs se rattachaient à ce régiment.

« Mais, une fois ce premier régiment enlevé, se porterait-on sur l'artillerie ou bien sur l'infanterie ? Rallierait-on de suite toute l'artillerie, ou tenterait-on d'abord de mêler les deux armes ? Profiterait-on du premier moment de succès pour arriver à la caserne d'un régiment d'infanterie, avant qu'aucune mesure ne pût être prise pour soustraire ce régiment à notre influence ? Cette question, en apparence toute militaire, se compliquait de considérations bien autrement graves.

« Le premier parti consistait donc à rallier d'abord les trois régiments d'artillerie. Dans l'hypothèse d'un premier succès au quartier d'Austerlitz, ce résultat était immanquable. Le prince se trouvait maître de cent cinquante pièces de canon, sans compter un arsenal immense. S'il ne se fût agi que d'une opération militaire, dès ce moment, la ville entière était en son pouvoir. Il n'avait qu'à se rendre sur la place d'armes, donner ses ordres, et tout le monde eût obéi. Mais que de conséquences funestes pouvait entraîner ce parti ! Pendant le temps nécessaire pour enlever l'artillerie, et prendre les dispositions énergiques qu'exigeait cette résolution, l'infanterie pouvait être entraînée dans un sens contraire ; on pouvait lui faire prendre une attitude hostile, en la trompant sur l'identité ou les intentions du prince, ou tout au moins la faire sortir de la ville. Mais, ce qui était bien plus grave, il était à craindre que la population ne s'effrayât de ce déploiement de forces militaires. En voyant les batteries d'artillerie traverser la ville et se former sur la place d'armes, on eût pu croire que le prince ne se présentait au peuple qu'escorté seulement des souvenirs militaires de l'empire, et cette prévention pouvait tout perdre. Maître de Strasbourg par la force purement militaire et sans le concours des habitants, on n'était maître que des murailles d'une ville ; ce n'était qu'un fait isolé, sans conséquences, sans résultats ultérieurs, tandis que cette conquête accomplie par le prestige du nom, l'entraînement populaire, l'enthousiasme patriotique du peuple et des soldats réunis, c'était une grande révolution commencée.

« Le second parti consistait à se porter du quartier d'Austerlitz au quartier Finkmatt, occupé par le 46e de ligne. On y arrivait avant que le mouvement pût y être prévenu, et qu'aucune disposition hostile fût prise. Si l'on enlevait ce régiment, les difficultés militaires étaient terminées. Les deux armes, artillerie et infanterie, étaient mêlées, ce qui entraînait le reste de la garnison. Les autorités étaient arrêtées, les proclamations imprimées et affichées dans les rues et les places publiques ; rien ne pouvait plus comprimer ce mouvement tout moral, tout populaire. Si l'on ne réussissait pas à entraîner le 46e, toutes les précautions étaient prises pour assurer la retraite. On se portait alors à tir d'aile sur les parcs et les deux autres régiments d'artillerie, on recourait à des moyens plus énergiques ; on rentrait enfin dans l'exécution du premier plan, mais avec des avantages nouveaux que l'on n'aurait pas eus si l'on s'était porté de suite du quartier d'Austerlitz aux deux autres régiments d'artillerie. En effet, le temps perdu à cette tentative sur l'infanterie eût été employé, par des officiers dévoués, à faire monter le 3ᵉ d'artillerie à cheval, et à mettre les pontonniers sous les armes. Quand le prince arriverait devant eux, ces régiments seraient prêts à marcher ; il se trouverait alors maître d'une force supérieure à tout ce qu'on pouvait lui opposer. En outre, pendant ces mouvements, les proclamations avaient le temps d'être publiées et affichées, et, quand le prince arriverait sur la place d'armes, la population, déjà initiée au secret de ses intentions, comprendrait la nécessité de ce déploiement de forces, et elle y applaudirait la première. Ainsi, malgré un échec malheureux, immanquablement soutenu par le peuple, la réussite paraissait encore certaine.

Direction à suivre pour arriver à la Finkmatt.

« Le quartier Finkmatt est un long bâtiment, situé parallèlement au rempart dont il n'est séparé que par une cour très-étroite, fermée dans toute sa longueur par le rempart et à chaque extrémité par un mur élevé. Cette cour, qui n'est qu'un long boyau, sert aux troupes de lieu de rassemblement. Pour arriver de la ville à la caserne il n'y a que deux issues, l'une par le chemin du rempart qui aboutit à l'une des extrémités de la cour où se trouve une grille en fer ; l'autre dans une direction opposée par une ruelle étroite qui, partant du faubourg de Pierre, arrive perpendiculairement à la grille principale du quartier, au centre du bâtiment. Ce faubourg de Pierre est une large rue percée parallèlement au quartier, mais séparée de celui-ci par un massif de maisons de cinquante à soixante pas de profondeur, et n'ayant d'autre communication avec lui que par la ruelle dont il est parlé, ruelle si étroite, qu'il ne peut y passer que deux hommes de front.

« Si le pirnce arrivait par la rue du faubourg de Pierre, il était obligé de laisser le régiment en bataille dans cette rue, et d'aller par la petite ruelle se présenter presque seul à la caserne sans pouvoir montrer aux soldats d'infanterie, pour garantie de son identité, l'exemple entraînant de tout un régiment d'artillerie enlevé à sa cause.

« Si, au contraire, en arrivant par l'autre chemin se placer sur le rempart en face de la caserne, le prince apparaissait à l'infanterie escorté de tout un régiment d'artillerie, musique en tête, au chant de *la Marseillaise*, un tel spectacle attirait l'attention de tout le régiment. Du rempart au bâtiment il n'y a que vingt à vingt-cinq pas ; le prince pouvait haranguer les soldats réunis et s'en faire reconnaître. Plusieurs batteries du quatrième d'artillerie avaient leurs chevaux dans la caserne Finkmatt ; les soldats de ces batteries étaient connus des soldats du 46e, ils avaient l'habitude de se voir et de causer ensemble aux heures du pansage. Ils se reconnaîtraient et s'annonceraient la grande nouvelle ; personne ne douterait donc que ce ne fût un neveu de l'empereur. En présence de l'héritier du nom de Napoléon, de l'aigle de la grande armée et de tout un régiment enthousiaste, l'entraînement général devait être contagieux.

« Néanmoins, s'il en était autrement, si l'infanterie résistait à cette puissance morale ; si même elle voulait entreprendre d'arrêter ce mouvement, rien ne pouvait empêcher le prince de se retirer par le rempart. Un piquet de soixante chevaux suffirait pour empêcher pendant le temps nécessaire l'infanterie de déboucher par la grille, et le prince, en longeant le rempart, arriverait par la ligne la plus courte aux parcs et aux régiments qui l'attendaient.

« Toutes ces considérations furent présentées, posées et analysées par le prince avec une netteté de vues et une clarté d'expression, une profondeur de conviction qui frappèrent tous les membres du conseil et qui firent naître dans chacun d'eux de bien grandes espérances. Hélas ! pourquoi les idées du prince n'ont-elles pas eu leur complète exécution !

Sur le général Voirol.

« Quant au général Voirol, lieutenant-général de la division militaire, comme son hôtel se trouve dans la direction qu'on devait prendre, il fut décidé qu'on s'y arrêterait un instant, et que le prince monterait chez lui pour essayer de l'entraîner dans le mouvement.

« Le général Voirol est un de ces nobles caractères qui méritent l'estime de tous les partis. Vieux soldat de l'empire, son cœur a toujours battu aux idées d'honneur et de patrie. Plein d'enthousiasme pour la mémoire de l'empereur, il avait toujours montré un vif intérêt au neveu de son premier souverain. Tout portait à croire que la présence du prince réveillerait en lui ses anciennes sympathies, mais on ignorait alors que le général avait envers le roi des obligations personnelles.

Réunion d'officiers.

« Un appartement avait été retenu la veille, pour servir au rassemblement des officiers de la suite du prince, dans une maison particulière située à environ deux cents pas du quartier d'Austerlitz. On avait porté, dans la soirée, les uniformes, les armes, et tous les objets dont on pouvait avoir besoin. A onze heures, le prince s'y rendit, et expédia de là ses officiers auprès des officiers sur lesquels on pouvait compter dans les différents régiments de la garnison ; ils ne furent prévenus qu'alors de l'arrivée du prince et de sa résolution ; la plupart étaient déjà couchés ; ils se levèrent, et arrivèrent successivement vers trois heures du matin. L'appartement était rempli. Le prince leur fit part de ses projets, de ses moyens d'exécution, de tout ce qu'on aurait à faire dans la journée, et donna à chacun d'eux ses instructions particulières. Enfin, quand tous furent rassemblés, il leur lut ses proclamations, qui eurent l'assentiment général.

Moment du départ pour le soulèvement.

« Cependant cinq heures venaient de sonner : c'était l'heure où le colonel Vaudrey devait se rendre au quartier d'Austerlitz.

« En ce moment solennel, le prince pensa à sa mère. Il demanda de quoi écrire. « Ma pauvre mère, dit-il, qui s'in-
« quiète si facilement, je l'ai trompée ; elle me croit à la
« chasse ; il faut qu'elle apprenne par moi, bon ou mauvais,
« le sort qui m'attend. » Alors il écrivit deux lettres, l'une où il annonçait à la reine la réussite de son entreprise, et l'autre où il lui disait : « Ma mère, j'ai été vaincu ; je meurs pour une
« belle cause, pour la cause du peuple français, qui me re-
« grettera un jour. Ne me pleurez pas ; n'en veuillez à per-
« sonne : personne ne m'a entraîné ; c'est moi seul qui ai voulu
« essayer de rendre à la France sa gloire et ses libertés. En
« passant le Rhin, j'étais préparé à tout. » En remettant ces deux lettres, le prince était visiblement ému. « Si je suis ac-
« cueilli du régiment auquel je vais me présenter, dit-il, la
« réussite est certaine ; qu'on envoie tout de suite la première
« lettre à ma mère ; si je succombe, on lui portera la seconde :
« ce sera mon adieu. »

« Une larme se montra dans ses yeux (1) ; en ce moment les sons de la trompette se firent entendre, le prince comprima l'émotion que le souvenir de sa mère lui avait causé, et il reprit le calme et le sang-froid qui ne l'ont pas quitté un seul instant dans tous les événements qui vont suivre. « Voici, dit-
« il en se levant, un moment solennel ; dans peu d'instants
« nous allons commencer une grande entreprise. Si nous
« réussissons, les bénédictions du peuple seront notre récom-
« pense ; mais, si nous échouons, le vulgaire nous couvrira

---

(1) Aux bruits des vivats du 4ᵉ d'artillerie, la première lettre fut portée à la reine et la seconde fut déchirée.

« de boue. On ne trouvera pas assez d'expressions pour pein-
« dre la folie, le ridicule de notre entreprise : c'est là le
« martyre des temps modernes ; nous le supporterons avec
« calme et résignation. Nous nous rappellerons la longue ago-
« nie de l'empereur à Sainte-Hélène. Les hommes de cœur
« nous tiendront compte de nos efforts. Nous mourrons vic-
« mes d'une grande cause ; le peuple français nous plaindra. »

Insurrection du 4ᵉ régiment d'artillerie.

« Cependant le colonel Vaudrey faisait sonner l'assemblée au quartier d'Austerlitz. Cette sonnerie inaccoutumée à une pareille heure, une neige épaisse qui tombait en ce moment, l'attente de ce qui allait se passer, tout donnait au quartier d'Austerlitz un aspect imposant. Peu à peu, au silence de la nuit succédèrent des bruits confus qui couvrirent bientôt les éclats de la trompette. Les soldats se levaient, prenaient leurs armes, descendaient précipitamment de leurs chambres, se questionnaient mutuellement sur le but de cette prise d'armes. En peu de temps la vaste cour du quartier fut remplie. Le régiment fut formé sur deux lignes se faisant face, de manière que chaque soldat put voir ce qui allait se passer au centre de la cour.

« Prévenu que le régiment était sous les armes, le prince s'avança vers le quartier d'Austerlitz, suivi de tous ses oficiers. Il était vêtu de son uniforme d'artillerie, habit bleu (1) avec collet, revers et passe-poils rouges ; il portait des épaulettes de colonel et les insignes de la Légion-d'Honneur ; un chapeau d'état-major, et pour armes un sabre droit de grosse cavalerie.

« La neige avait cessé, et il commençait à faire grand jour quand le prince arriva par l'entrée principale du quartier. On put alors remarquer dans tout le régiment un mouvement de

---

(1) On y voyait pourtant bien clair, et chacun a répété que son habit était vert comme celui de l'empereur.

vive curiosité. Le colonel Vaudrey était seul au centre de la cour. Le prince s'avança vers lui avec assurance ; tous les regards étaient fixés sur cette scène inattendue. Le colonel alors, mettant le sabre à la main, s'écria d'une voix mâle et fière qui vibra dans tous les cœurs :

« Soldats du 4ᵉ régiment d'artillerie ! une grande révolu-
« tion commence en ce moment ; le neveu de l'empereur Na-
« poléon, le prince Napoléon-Louis Bonaparte, ici présent,
« vient se mettre à votre tête. Il arrive sur le sol français pour
« reconquérir les droits du peuple, et rendre à la France sa
« gloire et sa liberté. Il s'agit de vaincre ou de mourir pour
« une grande cause, pour la cause du peuple. Soldats du
« 4ᵉ régiment d'artillerie, le neveu de l'empereur Napoléon
« peut-il compter sur vous ? » — « Oui, mon colonel ! » s'écria chaque soldat avec un enthousiasme impossible à rendre, et les cris de « Vive la liberté ! vive Napoléon ! vive l'empe-
« reur (1) ! » partirent de toutes les bouches, et retentirent long-temps dans le quartier avec une espèce de délire. Les sabres, les schakos s'agitaient en l'air ; le prestige du nom obtenait un triomphe complet.

« Le prince, ému de l'unanimité des acclamations vraiment inespérées, se jeta dans les bras du colonel Vaudrey, et fit signe qu'il voulait parler. Le silence se rétablit.

« Soldats ! leur dit-il alors d'une voix fortement accentuée,
« résolu à vaincre ou à mourir pour la liberté du peuple fran-
« çais, c'est à vous les premiers que j'ai voulu me présenter,
« parce qu'entre vous et moi il existe de grands souvenirs.
« C'est dans votre régiment que l'empereur Napoléon, mon
« oncle, a fait ses premières armes, c'est avec vous qu'il s'est
« illustré au siége de Toulon, et c'est encore votre brave régi-
« ment qui lui ouvrit les portes de Grenoble, au retour de

(1) Quoique le prince ne se soit pas présenté comme empereur, les soldats dans leurs cris ne voulurent jamais séparer ce nom de celui de Napoléon.

« l'île d'Elbe. Soldats ! de nouvelles destinées vous sont ré-
« servées. A vous la gloire de commencer une grande entre-
« prise, à vous l'honneur de saluer les premiers l'aigle
« d'Austerlitz et de Wagram. » — Ici le prince saisit l'aigle que
portait un de ses officiers, et le présentant à tous les regards :
« Soldats, ajouta-t-il, voici le symbole de la gloire française,
« destiné à devenir aussi l'emblème de la liberté. Pendant
« quinze ans il a conduit nos pères à la victoire, il a brillé sur
« tous les champs de bataille, il a traversé toutes les capitales
« de l'Europe. Soldats, ralliez-vous à ce noble étendard. Je le
« confie à votre honneur, à votre courage. Marchons ensem-
« ble contre les traîtres et les oppresseurs de la patrie, aux
« cris de vive la France ! vive la liberté ! »

Marche vers la lieutenance-générale.

« Sur-le-champ on se mit en marche pour la lieutenance-
générale, musique en tête. Le régiment traversa la ville, toujours aux cris répétés de « *vive Napoléon ! vive l'empereur !* »
Quoiqu'il fût trop matin pour rencontrer beaucoup de monde,
cependant les habitants, attirés par le bruit, se réunirent en
foule au cortége, et mêlèrent leurs acclamations à celles des
soldats. *Vive Napoléon III ! Vive le président de la république !
Vive le premier consul ! Vive Napoléon ! Vive la liberté !* étaient
les cris qui se faisaient entendre. « C'est le neveu de l'empe-
« reur », disaient les soldats en montrant le prince ; « c'est
« aussi le neveu du prince Eugène et le petit-fils de l'impéra-
« trice Joséphine », répétait le peuple, et il l'entourait, se pres-
sait autour de lui et le séparait de la troupe. Chacun voulait le
voir, le toucher, lui parler. « Quel gouvernement aurons-
« nous ? » lui demandait-on. « Celui que la nation voudra »,
répondait le prince ; « le peuple en décidera », ajoutaient ses
officiers. Alors les cris de *vive Napoléon !* recommençaient avec
une nouvelle énergie. On voit que le prince ne s'était pas
trompé non plus sur les sentiments du peuple.

« Pendant ce temps, les officiers de la garnison qui formaient d'abord la suite du prince, se rendaient à leurs casernes afin de préparer les autres régiments à la grande nouvelle. Ceux de l'artillerie avaient ordre de faire monter à cheval le 3e et de faire prendre les armes aux pontonniers, et, dans le même moment, les détachements commandés pour arrêter le préfet, le maréchal-de-camp, le télégraphe, l'imprimerie, etc., etc., marchaient à leurs destinations.

« Arrivé à la lieutenance générale, le prince fit faire halte à sa troupe, et monta chez le général Voirol avec M. Parquin et le colonel Vaudrey. On ignore encore ce qui s'est passé réellement dans cette entrevue ; quoi qu'il en soit, le général refusa de suivre le prince, qui le fit alors arrêter et garder à vue dans son hôtel par un détachement d'artillerie. A en juger par la conduite du général Voirol après cette malheureuse journée, par les visites qu'il a faites au prince dans sa prison, par les larmes qu'il a versées sur le sort du neveu de Napoléon, il dut se passer dans son âme un pénible combat. Sans la reconnaissance qu'il devait au roi pour des bienfaits personnels, est-il bien sûr que le sentiment seul de ses engagements politiques eût pu comprimer ses secrètes sympathies ? Dans ces tristes circonstances, le général Voirol a eu l'âme navrée, et il a été peut-être plus malheureux que nous.

Fausse direction.

« Cependant on se mit en marche pour se rendre à la caserne Finkmatt ; mais par une fatalité inconcevable, dont il est impossible de bien se rendre compte, la colonne prit la direction du faubourg de Pierre, et le prince, persuadé qu'on le conduisait au chemin du rempart, suivit l'impulsion si malheureusement donnée. Il paraît qu'au milieu des cris d'enthousiasme des soldats et de la foule qui commençait à grossir, dans ce moment de tumulte inséparable d'un pareil événement, aucun officier ne pensa à expliquer à la tête de la colonne la direction qu'il fallait suivre. Par une circonstance funeste, l'aide-de-camp du prince, qui connaissait parfaitement les localités, et qui savait mieux que personne toute l'importance que le prince attachait aux détails du plan convenu, ne se trouvait pas auprès de lui. Il était en ce moment occupé à arrêter le préfet. Cette arrestation avait été d'abord confiée à un officier de la garnison ; mais le prince, craignant que le caractère énergique de ce fonctionnaire ne rendît cette mission difficile sous plus d'un rapport, avait fini par en charger son propre aide-de-camp. La colonne, sans guide, sans direction, continua sa marche et alla se masser dans le faubourg de Pierre. De là encore on pouvait se rendre sur le rempart en tournant le quartier Finkmatt ; mais un bandeau couvrait tous les yeux. Le prince fut conduit dans la cour de la caserne avec un petit groupe d'officiers. « Où suis-je donc ? » s'écria-t-il en arrivant dans cette cour ; et il comprit tout de suite la faute qui venait d'être faite. Mais il n'était plus temps de reculer.

Dénoûment à la Finkmatt.

« Ordre fut donné à l'officier commandant la garde du quartier de faire assembler le régiment ; mais cet officier fait des difficultés ; il ne voit aucun officier de son régiment ; il s'effraie de la responsabilité qu'il aurait à encourir.

« Quelques minutes se passent en pourparlers inutiles entre lui et la suite du prince. Mais bientôt les soldats d'infanterie entendent prononcer le nom de Napoléon, ils accourent, entourent le prince et témoignent le plus vif enthousiasme. On se presse autour du neveu de l'empereur. Ici encore chacun veut le voir, lui parler, le toucher. Un vieux sergent-major se précipite vers lui, s'empare de sa main qu'il baise en fondant en larmes. Il s'écrie qu'il a servi dans la garde impériale, et que ce jour est le plus beau de sa vie. Son exemple émeut tout le monde ; jeunes et vieux, tous les soldats qui arrivent montrent les mêmes dispositions. Les cris de vive Napoléon ! vive l'empereur! retentissent dans tout le quartier. Au milieu de ces manifestations des sentiments des soldats, les officiers du prince les font ranger en bataille, à mesure qu'ils descendent dans la cour. Déjà l'on a formé plusieurs compagnies ; encore un moment, et la cause populaire va triompher. Mais tout-à-coup, à une autre extrémité de la cour, un orage se forme et se grossit avec rapidité. Un officier a dit aux soldats que celui qui excite tant d'enthousiasme n'est qu'un aventurier, un imposteur, un charlatan, que ce n'est pas le neveu de l'empereur Napoléon. « C'est le neveu du colonel Vaudrey, s'é-« crie un autre, je le reconnais. » Quelque absurde que soit ce mensonge, il vole de bouche en bouche, et commence à changer les dispositions de ce régiment, tout-à-l'heure si fortement remué par la présence du prince.

« Un grand nombre de soldats, qui se croient dupes d'une indigne supercherie, deviennent furieux. Devant ce danger, le prince se décida à la retraite en entraînant avec lui les compagnies qu'il a formées et qui sont encore pleines de confiance. Il est près de la grille, il va sortir, quand un nouvel incident vient anéantir toutes ses espérances. Inquiet d'être si long-temps séparé du prince et du colonel Vaudrey, le 4e d'artillerie, massé au faubourg de Pierre, commençait à concevoir des craintes.

« Le bruit se répand parmi les braves soldats de ce régiment (4e d'artillerie) que le prince court des dangers. Ils se précipitent en foule vers la grille du quartier, et entrent dans la cour en poussant des cris de fureur contre le 46e, qu'ils refoulent aux deux extrémités de la cour. Malheureusement le prince se trouve entraîné par la foule et jeté vers la partie des soldats d'infanterie qui méconnaissaient son identité. Bientôt il est arrêté ainsi que le colonel Vaudrey, malgré les efforts désespérés des artilleurs qui ne peuvent plus rien pour leur défense ; car déjà l'infanterie a repris le dessus, déjà une triple rangée de baïonnettes fait face à l'artillerie qui n'est armée que d'un sabre et de petits mousquetons ; les grilles sont fermées et défendues par des soldats dont cette brusque entrée du 4e augmente la fureur. Aucune résistance n'est plus possible ; les soixante chevaux qui sont entrés pêle-mêle dans la cour augmentent le désordre, et ne permettent aucun mouvement aux braves artilleurs. Tout le régiment, acculé dans cet impasse sans issue, se trouve prisonnier. Pendant ce temps le brave Parquin, qui avait été chargé de la mission de faire arrêter le général Voirol, accourait à la caserne de Finkmatt. Là il vit ce qui se passait, mais, décidé à mourir avec le prince plutôt que de l'abandonner, il n'hésite pas à se jeter au milieu des soldats furieux.

« C'est alors que le lieutenant-colonel Taillandier, du 46e, parvint à la caserne ; sa présence contribua à éviter entre les deux armes une collision qui paraissait imminente et qui eût pu devenir bien funeste.

« En ce moment affreux où de si grandes espérances étaient renversées, le prince se montra calme et résigné : « Colonel
« Vaudrey, dit-il à cet officier en lui tendant la main, me
« pardonnez-vous de vous avoir entraîné dans une entreprise
« si malheureuse. » Le colonel ne répondit qu'en saisissant la main du prince qu'il serra avec effusion. Un instant après, un officier s'étant approché du prince et le regardant avec émotion, s'appitoyait tout haut sur l'horrible situation du neveu de l'empereur. « Au moins, lui dit le prince, je ne mourrai pas
« dans l'exil ! »

« Cependant les officiers d'artillerie avaient complètement réussi dans leurs tentatives dans les deux autres régiments de cette arme. Le 3e d'artillerie tout entier était monté à cheval. La nouvelle de ce qui s'était passé au quartier d'Austerlitz y avait été accueillie avec la plus grande joie. Il était rangé en bataille, les pièces attelées, et tout prêt à se mettre en mouvement, lorsque l'on apprit que le prince et le colonel étaient arrêtés. Cette nouvelle renversa toutes les espérances et abattit tous les courages. Il ne vint à l'idée de personne qu'il suffisait d'aller se présenter au quartier Finkmatt pour changer ce revers en triomphe. Dans de semblables moments, chacun ne songe plus qu'à la retraite. Il est des circonstances au-dessus des forces de la plupart des hommes. Vingt ans d'égoïsme et d'une vie sociale toute matérielle ont émoussé les caractères de notre époque.

« Ce n'est pas en une heure qu'on pouvait les retremper. Dans cette première journée il fallait, sous peine de succomber, réussir dans tous les plus minutieux détails. Il fallait au moins un jour entier de succès pour porter toutes les têtes au degré d'exaltation nécessaire à une si grande entreprise. Il ne faut donc pas s'étonner si le 3e d'artillerie subit tout entier la funeste influence qu'exerce la défaite. Les officiers s'éclipsèrent, le régiment se débanda et rentra bientôt dans son quartier.

« Il en fut de même des pontonniers. Comme ce régiment se trouva plus tôt près que le 3e, n'ayant ni chevaux à seller, ni pièces à atteler, la moitié de ce corps avait déjà quitté son quartier pour se porter sur la Finkmatt. Cette colonne n'avait pas trois cents pas à faire pour arriver à l'infanterie, et décider, peut-être par sa seule présence, du succès de la journée, lorsque la fatale nouvelle l'arrêta tout-à-coup. Comme au 3e d'artillerie, les officiers disparurent, et les soldats, sans chefs, sans direction, se retirèrent dans leur caserne. Il y avait là plutôt manque de présence d'esprit que de courage. Si un seul officier eût dit aux soldats du 3e et aux pontonniers que le 4e était prisonnier dans la Finkmatt et maltraité par l'infanterie, ils se fussent précipités en foule pour aller délivrer leurs braves camarades. Ainsi, nous avions un corps d'artillerie de trois régiments bien déterminés, et nous avons échoué devant un seul écueil. Pour se rendre bien compte de cet ascendant qu'exerce la défaite sur le moral des hommes de notre époque, il faut se rappeler 1815, où tout un grand empire, reformé magiquement par la présence d'un seul homme, se désorganisa et s'anéantit sous l'influence d'une seule bataille perdue. Les sociétés modernes ne pourront-elles jamais s'élever à la hauteur des Romains après la défaite de Cannes ?

« Quand l'aide-de-camp du prince eut terminé sa mission, il apprit tout à la fois et l'événement fatal du quartier Finkmatt et la désorganisation des deux autres régiments d'artillerie. Il arriva sur le rempart où le peuple faisait encore entendre le cri de *vive Napoléon !* Des ouvriers, témoins de la lutte, avaient été chercher des cordes qu'ils voulaient jeter du haut du rempart dans la cour de la caserne, espérant que si le prince s'en saisissait, ils l'enlèveraient à eux ; mais ils arrivèrent trop tard, le prince était déjà enfermé dans la prison de la caserne avec le colonel et ses officiers. Le peuple, sans armes, désespéré de son impuissance, lançait des pierres contre l'infanterie, qui parvint enfin à dissiper la foule en tirant des coups de fusil.

« Quel spectacle affligeant présentait en ce moment la cour de la caserne ! Deux régiments français étaient prêts à s'égorger : le 4e d'artillerie occupait une longue ligne acculée au rempart, les chevaux mêlés çà et là dans les rangs ; l'infanterie était en face, les baïonnettes à deux pieds tout au plus des poitrines des artilleurs ; mais ces derniers avaient chargé leurs mousquetons et se tenaient prêts à faire feu. Les deux partis opposés se regardaient avec fureur : « Vive l'empereur ! vive le « neveu de Napoléon ! » criait l'artillerie. — « Ce n'est pas lui, « ce n'est pas vrai ! » répondait l'infanterie.

« Au milieu de ce tumulte, le lieutenant-colonel Taillandier ne pouvait plus se faire obéir ; l'artillerie refusait de se retirer sans le prince et le colonel. Une seule goutte de sang versé amenait un massacre effroyable. Les moments étaient précieux. On courut chercher dans sa prison le colonel Vaudrey. Sa présence en imposa, sa voix seule fut écoutée, et avec le noble maintien qui inspire le respect et l'obéissance : — « Retirez-vous, « mes amis, leur dit-il, obéissez à votre colonel pour la der- « nière fois. »

« Aussitôt que la grille s'ouvrit pour laisser sortir les artilleurs de la caserne, l'auteur de cet écrit, seul en liberté, court au milieu d'eux, et veut les entraîner à leurs pièces pour revenir délivrer l'illustre prisonnier et venger leur défaite. Cet espoir ranime tous les courages, et l'on se précipite dans la direction du parc d'artillerie; mais, fatalité sans exemple ! d'après le plan général qu'on avait adopté, on avait cru pouvoir se passer de munitions; elles étaient à l'arsenal, et le colonel, prisonnier maintenant, avait seul la possibilité de s'en faire délivrer. Il fallut renoncer à ce dernier moyen de salut; car les chefs une fois pris, il n'y avait plus d'obéissance possible.

« Ce n'est donc ni un général, ni un aide-de-camp, ni un colonel, qui fit manquer cette expédition, c'est la fatalité, car c'est même le dévoûment du 4e d'artillerie qui perdit tout. Le préfet, le général étaient prisonniers, ils n'ont été délivrés qu'après la prise du prince : on n'avait aucun intérêt à s'en défaire; ils n'ont donc pu donner des ordres; le lieutenant-colonel du 46e n'a pu commander à son régiment de résister au prince, puisqu'il n'était pas encore à la caserne quand le prince fut pris, et lorsque, dans ce conflit de circonstances, chacun s'est empressé de ressaisir le pouvoir et de se parer de la gloire d'une résistance qui n'a pu avoir lieu, on n'avait plus rien à combattre, puisqu'un malentendu venait de détruire le prestige qui seul faisait notre force, force incalculable qui, bien appréciée, ôte à une entreprise hardie le caractère de folie qu'on a voulu y reconnaître.

III. LETTRE DU PRINCE NAPOLÉON-LOUIS A SA MÈRE.

Nous extrayons de cette lettre pleine d'intérêt, et écrite de Rio-Janeiro, le 10 janvier 1837, quelques passages sur les faits les moins bien connus :

« Vous savez quel est le prétexte que je donnai à mon dé-
« part d'Arenenberg ; mais ce que vous ne savez pas, c'est ce
« qui se passait alors dans mon cœur. Fort de ma conviction,
« qui me faisait envisager la cause napoléonienne comme la
« seule cause nationale en France, comme la seule cause civi-
« lisatrice en Europe, fier de la noblesse et de la pureté de mes

« intentions, j'étais bien décidé à relever l'aigle impériale ou
« à tomber victime de ma foi politique.

« Je partis, faisant dans ma voiture le même chemin que
« j'avais suivi il y avait trois mois pour me rendre à Un-
« kirch et à Baden ; tout était de même autour de moi. Mais
« quelle différence dans les impressions qui m'animaient ! J'é-
« tais alors gai et serein comme le jour qui m'éclairait ; au-
« jourd'hui, triste et rêveur, mon esprit avait pris la teinte de
« l'air brumeux et froid qui m'entourait. On me demandera
« ce qui me forçait d'abandonner une existence heureuse pour
« courir tous les risques d'une entreprise hasardeuse ? Je ré-
« pondrai qu'une voix secrète m'entraînait, et que, pour rien
« au monde, je n'aurais voulu remettre à une autre époque
« une tentative qui me semblait présenter tant de chances de
« succès.

« Et ce qu'il y a de plus pénible à penser pour moi, c'est
« qu'actuellement que la réalité est venue remplacer mes sup-
« positions, et qu'au lieu de ne faire qu'imaginer j'ai vu. Je
« puis juger, et je reste dans mes croyances, d'autant plus con-
« vaincu que si j'avais pu suivre le plan que je m'étais d'abord
« tracé, au lieu d'être maintenant sous l'équateur, je serais
« dans ma patrie. Que m'importent les cris du vulgaire qui
« m'appellera insensé parce que je n'aurai pas réussi, et qui
« aurait exagéré mon mérite si j'avais triomphé ? »

Après avoir décrit son arrivé à Strasbourg, les préparatifs,
les réunions, et ce qui se passa à la caserne d'Austerlitz, où
le 4e d'artillerie fut entraîné si rapidement, le prince continue :

« Nous nous mîmes alors en marche, musique en tête ; la
« joie et l'espérance brillaient sur tous les visages ; le plan
« était de courir chez le général, de lui mettre, non le pistolet
« sur la gorge, mais l'aigle devant les yeux pour l'entraîner.
« Il fallait, pour se rendre chez lui, traverser toute la ville ;
« chemin faisant, je dus envoyer un officier avec un peloton

« chez l'imprimeur pour publier mes proclamations, un autre
« chez le préfet pour l'arrêter ; enfin six reçurent des missions
« particulières; de sorte que, arrivé chez le général, je m'étais
« ainsi défait volontairement d'une portion de mes forces. Mais
« avais-je donc besoin de m'entourer de tant de soldats ? Ne
« comptais-je pas sur la participation du peuple ? Et en effet,
« quoi qu'on en ait dit, sur toute la route que j'ai parcourue,
« je reçus les témoignages les moins équivoques de la sym-
« pathie de la population ; je n'avais qu'à me débattre contre
« la véhémence des marques d'intérêt qui m'étaient prodi-
« guées, et la variété des cris qui m'accueillaient me montrait
« qu'il n'y avait pas un parti qui ne sympathisât avec mon
« nom.

« Arrivé dans la cour de l'hôtel du général, je monte, suivi
« de MM. Vaudrey, Parquin, et de deux officiers. Le général
« n'était pas encore habillé ; je lui dis : « Général, je viens vers
« vous en ami ; je serais désolé de relever notre vieux drapeau
« tricolore sans un brave militaire comme vous; la garnison est
« pour moi, décidez-vous et suivez-moi. » On lui montra l'ai-
« gle, il la repoussa en me disant : « Prince, on vous a trompé ;
« l'armée connaît ses devoirs, et je vais à l'instant vous le prou-
« ver. » Alors je m'éloignai, et donnai l'ordre de laisser un
« piquet pour le garder. Le général se présenta plus tard à ses
« soldats pour les faire rentrer dans l'obéissance; les artilleurs,
« sous les ordres de M. Parquin, méconnurent son autorité et
« ne lui répondirent que par les cris réitérés de *vive l'empe-*
« *reur!* Plus tard, le général parvint à s'échapper de son hôtel
« par une porte dérobée.

« Lorsque je sortis de chez le général, je fus accueilli par les
« mêmes acclamations de *vive Napoléon! vive l'empereur!!*
« Mais déjà ce premier échec m'avait péniblement affecté ; je
« n'y étais pas préparé, convaincu que la seule vue de l'aigle
« devait réveiller chez le général de vieux souvenirs de gloire,
« et l'entraîner.

« Nous nous remîmes en marche; nous quittâmes la grande

« rue, et entrâmes dans la caserne de Finkmatt par la ruelle
« qui y conduit du faubourg de Pierre. Cette caserne est un
« grand bâtiment construit dans une espèce d'impasse ; le ter-
« rain en avant est trop étroit pour qu'un régiment puisse s'y
« ranger en bataille : en me voyant ainsi resserré entre le rem-
« part et le quartier, je m'aperçus que le plan convenu n'avait
« pas été suivi. A notre arrivée, les soldats s'empressent autour
« de nous, je les harangue ; la plupart vont chercher leurs
« armes, et reviennent se rallier à moi en me témoignant leur
« sympathie par leurs acclamations. Cependant, voyant se ma-
« nifester parmi eux une hésitation soudaine causée par les
« bruits répandus par quelques officiers qui s'efforçaient de
« leur inspirer des doutes sur mon identité, et comme d'ail-
« leurs nous perdions un temps précieux dans une position dé-
« favorable, au lieu de courir sur-le-champ aux autres régi-
« ments qui nous attendaient, je dis au colonel de partir ; il
« m'engage à rester encore, je me rends à son avis : quelques
« minutes plus tard, il n'était plus temps. Des officiers d'infan-
« terie arrivent, font fermer les grilles et tancent fortement
« leurs soldats : ceux-ci hésitent encore ; je veux faire arrêter
« les officiers, leurs soldats les délivrent. Alors la confusion se
« met partout ; l'espace était tellement resserré que chacun
« de nous fut perdu dans la foule ; le peuple, qui était monté
« sur le mur, lançait déjà des pierres sur l'infanterie ; les ca-
« nonniers voulaient faire usage de leurs armes, mais nous les
« en empêchâmes : nous vîmes tout de suite que nous aurions
« fait tuer beaucoup de monde. Je vis le colonel tour à tour
« arrêté par l'infanterie et délivré par ses soldats ; moi-même
« j'allais succomber au milieu d'une multitude d'hommes qui,
« me méconnaissant, croisaient sur moi leurs baïonnettes ; je
« parais leurs coups avec mon sabre en tâchant de les apaiser,
« lorsque les canonniers vinrent me tirer d'entre leurs fusils
« et me placer au milieu d'eux. Je m'élançai alors avec quel-
« ques sous-officiers vers les canonniers montés pour me saisir
« d'un cheval ; toute l'infanterie me suivit : je me trouvai

« acculé entre les chevaux et le mur sans pouvoir bouger.
« Alors les soldats arrivèrent de toutes parts, se saisirent de moi
« et me conduisirent dans le corps-de-garde. En entrant, j'y
« trouvai M. Parquin; je lui tendis la main; il me dit, en m'a-
« bordant d'un air calme et résigné : « Prince, nous serons
« fusillés, *mais nous mourrons bien.* » — « Oui, lui répondis-je;
« nous avons échoué dans une belle et noble entreprise. »

« Bientôt après le général Voirol arrive ; il me dit en en-
« trant : « Prince, vous n'avez trouvé qu'un traître dans l'ar-
« mée française. » — « Dites plutôt, général, que j'avais trouvé
« un Labédoyère. » Des voitures furent amenées et nous trans-
« portèrent à la Prison-Neuve. Me voilà donc entre quatre
« murs, avec des barreaux à mes fenêtres, dans le séjour des
« criminels. Ah ! ceux qui savent ce que c'est que de passer
« tout-à-coup de l'excès du bonheur que procurent les plus
« nobles illusions, à l'excès de la misère qui ne laisse plus d'es-
« poir, et de franchir cet immense intervalle sans avoir un
« moment pour s'y préparer, comprendront ce qui se passait
« dans mon cœur.

« Au greffe nous nous revîmes tous. M. de Querelles, en me
« serrant la main, me dit à haute voix : « Prince, malgré notre
« défaite, je suis encore fier de ce que j'ai fait. »

. . . .

« Le général vint me voir et fut très-affectueux ; il me dit
« en entrant : « Prince, quand j'étais votre prisonnier, je n'ai
« trouvé que des paroles dures à vous dire ; maintenant que
« vous êtes le mien, je n'ai plus que des paroles de consola-
« tion à vous adresser. » Le colonel Vaudrey et moi nous fû-
« mes conduits à la citadelle, où (moi du moins) j'étais beau-
« coup mieux qu'en prison ; mais le pouvoir civil le réclama,
« et au bout de vingt-quatre heures on nous réintégra dans
« notre première demeure.

« Le geôlier et le directeur de la prison de Strasbourg fai-
« saient leur devoir, mais tâchaient d'adoucir autant que pos-
« sible ma situation, tandis qu'un certain M. Lebel, qu'on en-
« voya de Paris, voulant montrer son autorité, m'empêcha

« d'ouvrir mes fenêtres pour respirer l'air, me retira ma mon-
« tre qu'il ne me rendit qu'à mon départ, et enfin avait même
« commandé des abat-jour pour intercepter la lumière.

« Le 9 au soir, on vient me prévenir que j'allais être trans-
« féré dans une autre prison ; je sors, et je trouve le général et
« le préfet qui m'emmènent dans leur voiture sans me dire où
« on me conduisait. J'insiste pour qu'on me laisse avec mes
« compagnons d'infortune ; mais le gouvernement en avait dé-
« cidé autrement. . . . .
. . . .

« Le 14, en vue des Canaries.

« Chaque homme porte en lui un monde composé de tout ce
« qu'il a vu et aimé, et où il rentre sans cesse, alors même qu'il
« parcourt un monde étranger ; j'ignore alors ce qui est plus
« douloureux, de se souvenir des malheurs qui vous ont
« frappés, ou du temps heureux qui n'est plus. Nous avons tra-
« versé l'hiver, et nous sommes de nouveau en été ; les vents
« alisés ont succédé aux tempêtes, ce qui me permet de rester
« la plupart du temps sur le pont, assis sur la dunette ; je ré-
« fléchis à ce qui m'est arrivé, et je pense à vous et à Arenen-
« berg. Les situations dépendent des affections qu'on y porte :
« il y a deux mois, je ne demandais qu'à ne plus revenir en
« Suisse ; actuellement, si je me laissais aller à mes impres-
« sions, je n'aurais d'autre désir que de me retrouver dans ma
« petite chambre, dans ce beau pays où il me semble que je
« devais être si heureux. Hélas ! quand on a une âme qui sent
« fortement, on est destiné à passer ses jours dans l'accable-
« ment de son inaction ou dans les convulsions des sensations
« douloureuses.

« Lorsque je revenais, il y a quelques mois, de reconduire
« Mathilde, en rentrant dans le parc j'ai retrouvé un arbre
« rompu par l'orage, et je me suis dit à moi-même, notre ma-
« riage sera rompu par le sort..... Ce que je supposais vague-
« ment s'est réalisé. Ai-je donc épuisé, en 1836, toute la part
« de bonheur qui m'était dévolue !

« Le 1er janvier 1837.

« Ma chère maman, c'est aujourd'hui le premier jour de
« l'an ; je suis à quinze cents lieues de vous, dans un autre hé-
« misphère : heureusement, la pensée parcourt tout cet espace
« en moins d'une seconde ; je suis près de vous, je vous exprime
« tous mes regrets de tous les tourments que je vous ai occa-
« sionés, je vous renouvelle l'expression de ma tendresse et de
« ma reconnaissance.

« Ce matin, les officiers sont venus en corps me souhaiter la
« bonne année ; j'ai été sensible à cette attention de leur part.
« A quatre heures et demie, nous étions à table ; comme nous
« sommes à 17 degrés de longitude de plus ouest que Cons-
« tance, il était en même temps sept heures à Arenenberg ;
« vous étiez probablement à dîner ; j'ai bu en pensée à votre
« santé ; vous en avez peut-être fait autant pour moi, du
« moins je me suis plu à le croire dans ce moment-là. J'ai
« songé aussi à mes compagnons d'infortune. Hélas ! je songe
« toujours à eux. J'ai pensé qu'ils étaient plus malheureux
« que moi, et cette idée m'a rendu bien plus malheureux
« qu'eux.....

« Le 10 janvier.

« Nous venons d'arriver à Rio-Janeiro ; le coup d'œil de la
« rade est superbe, demain j'en ferai un dessin. J'espère que
« cette lettre pourra vous parvenir bientôt. Ne pensez pas à
« venir me rejoindre, je ne sais pas encore où je me fixerai ;
« peut-être trouverai-je plus de charmes à habiter l'Amérique
« du sud. Le travail auquel l'incertitude de mon sort m'obli-
« gera à me livrer pour me créer une position, sera la seule
« consolation que je puisse goûter.

« Adieu, ma mère ; un souvenir à nos vieux serviteurs et à
« nos amis de la Thurgovie et de Constance.

« Je me porte bien.

« Votre tendre et respectueux fils,

« Napoléon-Louis Bonaparte. »

IV. CONSIDÉRATIONS NOUVELLES SUR LE COMPLOT.

Plusieurs passages de la relation de M. de Persigny viennent confirmer ce que l'on pouvait déduire déjà des données de l'instruction et de divers points mal éclaircis aux débats, c'est-à-dire que le complot n'a pas été connu dans toutes ses ramifications, ni dans tous ses incidents.

Une partie seulement a-t-elle éclaté, et quels motifs ont empêché tous les éléments de cette conspiration de se combiner avec succès et d'agir simultanément? La première question est d'un intérêt public actuel, la seconde importe à la vérité historique.

Ce n'est pas au moment où se juge un complot, ni par la bouche des hommes qui ont à redouter encore les chances d'une accusation, que se révèlent les détails secrets d'une conspiration; mais lorsque le temps a ôté à un fait sa menaçante actualité, ou que les auteurs de la tentative n'ont plus rien à espérer ni à craindre de la vindicte judiciaire, il suffit à un esprit attentif de recueillir les propos que fait éclore ce sentiment naturel de vouloir se montrer tel qu'on a été, de mettre en relief le rôle qu'on a véritablement joué et pour lequel on a risqué sa tête; il suffit, disons-nous, de rapprocher ces nouveaux indices des inductions que présentent les débats, et de l'esprit de tels ou tels documents publiés, pour retracer avec exactitude l'ensemble des faits demeurés d'abord mystérieux.

Ainsi M. de Persigny, homme de tête et de cœur, ainsi que tout l'annonce, a écrit la relation du complot et de l'insurrection de Strasbourg; il en devait être en effet le premier historien, puisque la conduite, la mise en œuvre de l'insurrection, semblent avoir été son ouvrage. Après l'échec de la Finkmatt, son désespoir éclata plus violent que celui des captifs mêmes, et d'abondantes larmes, d'après le récit de Mme Gordon, tombaient de ses yeux. En un instant s'étaient évanouies toutes les espérances, non d'un simple conspirateur, mais d'un chef de complot qui aurait pris en quelque sorte sur lui, vis-à-vis du prince, la responsabilité de l'insuccès. Quelques passages de sa relation, que nous reproduirons, ressemblent, si l'on y prend garde, à une sorte d'apologie; d'où on serait porté à conclure qu'il y aurait eu dissentiment.

Napoléon à l'île d'Elbe fut lui seul l'artisan de son retour, il ne conspira qu'avec son génie : un jour il ordonna l'appareillage d'une flottille de transport et mit à la voile pour la France; l'unité de vues, de volonté d'exécution lui assurait les quatre-vingt-dix chances sur cent que la diversité des opinions et des actes rend fatales dans une conspiration ordinaire. Mais Napoléon-Louis à Fribourg ne pouvait pas être Napoléon à l'île d'Elbe.

A côté de M. de Persigny, le directeur entreprenant du complot, l'accusation signale comme un des membres sur lesquels se fondaient les plus fermes espérances des conjurés, M. le commandant de Bruc. Sa démarche auprès du général Excelmans, sa lettre interceptée à M. de Persigny, ses nombreux voyages, son arrivée à Strasbourg le 30 octobre, démontrent assez toute l'importance de sa coopération, que le danger de sa position pendant les débats l'a forcé de voiler, soit par de simples dénégations, soit par les réponses évasives qu'il a crues de nature à dérouter ses adversaires. Sa persévérance dans son système de discrétion n'a pu être vaincue par les suppositions les plus provocantes du ministère public; on n'est point parvenu à le faire parler. C'est ainsi qu'à l'imputation pittoresque de *pressurer la conspiration*, il pouvait lui arriver de répondre que la multiplicité, l'activité et le succès de ses démarches entraînaient des dépenses incessantes; et que malgré l'embarras de sa fortune, sa position de famille, ses relations, et ses espérances futures, le mettaient à même de procurer au prince des sommes considérables, si celui-ci avait accepté ses offres.

Il est vraisemblable que M. de Bruc ne déguise plus aujourd'hui sa participation active au complot, et nous n'avons pas appris qu'il contredise quelques détails assez curieux qu'on rapporte à ce sujet. Par exemple, M. de Bruc se trouve dans cette position étrange, d'être allié par sa mère avec la famille Beauharnais, par sa belle-sœur avec la famille d'Orléans, et d'avoir été, par son père, le cousin de l'infortuné colonel du 6e de ligne, du colonel Labédoyère. M. de Bruc, qui avait constamment refusé de servir, même avec de l'avancement, sous le gouvernement actuel, pour ne pas prêter serment à la dynastie régnante, se présenta, il y a dix mois environ, chez le ministre de la guerre, et demanda du service. Soit que cette demande parût suspecte, ou pour tout autre motif, il n'en obtint pas. Il se livra à toutes sortes de démarches, et prodigua les promesses; il offrit jusqu'à 30,000 fr. pour intéresser en sa faveur une dame qu'il savait avoir de l'influence sur un maréchal de France, le tout en vain. On prétend que son but, s'il avait obtenu un régiment, était de renouveler l'exemple que son cousin avait payé de sa vie vingt ans auparavant, et de devenir le Labédoyère de l'insurrection de Strasbourg, rôle qui, à son défaut, échut au colonel Vaudrey. Il paraît même qu'au temps de ses démarches, un député devenu son parent par alliance, M. Kératry, se rendant un jour aux Tuileries, lui dit que si M. de Bruc voulait permettre qu'il répondit de lui, il était sûr de lui faire obtenir sur-le-champ le grade, objet de son ambition. Mais M. de Bruc recula, en disant que dans des temps comme les nôtres, personne ne pouvait répondre de soi. Ainsi, dans sa manière d'entendre la loyauté, M. de Bruc semblait regarder le serment auquel il devrait se soumettre, comme une mesure dont la généralité et dont les précédents ne faisaient pas un lien fort sérieux, tandis qu'un engagement spécial, donné d'homme à homme et sur l'honneur, devenait inviolable pour lui.

On voit donc le prince Napoléon-Louis placé déjà entre deux partisans également actifs, également dévoués, mais tenant à des milieux de nature bien diverse, M. de Persigny, tout bonapartiste, M. de Bruc, en rapport au contraire avec toutes les sommités légitimistes. Sans doute, pour ne pas rompre ses relations et pour entraîner même après lui ses amis, M. de

Bruc avait dû formuler le but de la conspiration par un seul mot : le *renversement*! sauf, ajoutait-on, ainsi qu'on l'a proclamé depuis, à laisser la nation décider de son gouvernement ; ce n'eût plus été, d'après le plan, qu'une question de majorité nationale. Cependant on a dit déjà comment M. de Bruc pouvait ne pas être étranger aux sympathies napoléoniennes, et ses anciens services devaient le rendre précieux pour se créer des adhésions dans l'armée.

En considérant cette participation active de M. de Bruc, et en pesant l'influence qu'elle devait lui procurer dans la conduite du mouvement, on se demande naturellement comment il n'est arrivé que le 30 à Strasbourg, c'est-à-dire le jour même de l'insurrection. Est-ce lui qui ne vient qu'après le mouvement, ou bien est-ce le mouvement qui éclate avant qu'il n'arrive ? Il semble qu'il y ait dans ce fait, de part ou d'autre, un manque de parole.

C'est ici qu'il convient de rappeler les passages de la brochure de M. de Persigny, que nous avons dit offrir les apparences d'une sorte de justification. Ce sont les suivants :

« Vers le 15 octobre, plusieurs généraux, sur lesquels on croyait pouvoir compter, furent prévenus que le prince avait une communication importante à leur faire. Un rendez-vous leur fut assigné ; des uniformes furent préparés pour eux et pour d'autres officiers de différents grades. Tout cela était disposé pour agir dans les *derniers jours* d'octobre.

« Le 25, le prince Napoléon-Louis partit seul du château d'Arenenberg, sous le prétexte d'aller chasser dans la principauté d'Hechingen. Il se rendit d'abord dans le grand-duché de Bade, aux rendez-vous indiqués ; mais, par un commencement de fatalité, il ne trouva personne. Un malentendu, qui parut d'abord inexplicable, empêcha qu'on pût se rencontrer. *Le prince attendit trois jours* inutilement. Le temps était précieux ; l'autorité pouvait être prévenue de son départ d'Arenenberg, et faire observer ses démarches. Dans une entreprise où la première condition de succès était le secret, l'inattendu, un jour, une heure de retard pouvait tout perdre. La présence de généraux connus dans l'armée eût été très-utile sous plus d'un rapport ; mais, en définitive, elle n'était pas indispensable. Le prince, *forcé par les circonstances*, se décida à se passer de leur concours. Il partit donc le 28 au matin, et arriva à dix heures du soir à Strasbourg. »

Si l'on rapproche les diverses circonstances qui viennent d'être rappelées du contenu de la lettre de M. de Bruc à M. de Persigny, tout se prête merveilleusement à l'interprétation que voici :

« Mon cher ami, écrit M. de Bruc, je suis arrivé ici le 29, vous cherchant et vous attendant... » De son côté, le prince était aussi parti le 25 ; il avait attendu trois jours en vain, et c'était le commencement de fatalité et le malentendu inexplicable de M. de Persigny.

« Je suis avec le général Contréglise, mon parent, qui vient de repartir très-mécontent... » Or, il était bien constaté que le général Contréglise, très-mal portant, n'avait point quitté Paris. Ce fait notoire rendait sans danger l'usage d'un nom propre pour indiquer que l'auteur de la lettre avait amené avec lui les généraux qu'on attendait, et que, le rendez-vous s'étant trouvé manqué, les généraux étaient repartis fort mécontents. La cause du retard devait être sans doute attribuée aux neiges tombées dans les montagnes et au temps employé en essais infructueux auprès du général Excelmans, mais qui avaient retardé M. de Bruc de deux jours. Il ajoute qu'il a écrit au prince pour tout remettre au mois de mars ; qu'il ne faut pas se tromper la troisième fois, que tous ces voyages sont ruineux.

Les dépositions font connaître, en effet, que le mois de mars avait été mis en avant, et M. de Bruc semblait y tenir. Peut-être alléguait-il, à l'appui de cette opinion, que le mois de mars était celui des événements, d'un anniversaire plein d'analogie avec l'entreprise du prince ; que, dans ce mois, il y avait du soleil, si favorable aux mouvements populaires, alors que les membres cessent d'être engourdis par le froid. On peut croire que les raisons qui prévalurent contre cet avis furent la crainte des prochains changements de garnisons, l'absence simultanée du maréchal-de-camp, en tournée de révision, et du préfet, par congé. Mais ces deux fonctionnaires furent de retour, le premier quelques jours avant le 30 octobre, et l'autre la veille seulement.

Le mouvement étant résolu pour le mois d'octobre, ne serait-ce pas pour *le* dernier jour d'octobre qu'il faudrait dire, et non pour *les* derniers jours, comme l'a écrit M. de Persigny ? car M. de Bruc, arrivant le 30 à Strasbourg, s'y trouvait à temps pour ce qui devait s'y passer le 31. S'il en était ainsi, on aurait agi un jour trop tôt, puisqu'on aurait dû attendre M. de Bruc et ses généraux, qu'on n'avait pas rencontrés, au moins jusqu'au 31. Quelles raisons ont pu faire précipiter d'un jour le mouvement, en se privant d'un concours si important ? On en soupçonne une qui a pu paraître déterminante : le 30 était un dimanche, et, ce jour-là, si l'on comptait sur la population ouvrière, elle ne serait point distraite et dispersée par ses travaux.

Ne peut-on pas penser aussi que des généraux ne se seraient pas aventurés dans une entreprise si hardie et au milieu d'une cité dont l'importance exigeait, de la part de l'autorité, des moyens de pouvoir en rapport avec cette importance, sans se trouver à la tête d'une force militaire imposante, sans la coopération simultanée d'au moins plusieurs régiments, auxquels le 4e d'artillerie n'aurait fait, pour ainsi dire, qu'ouvrir les portes, ce que justifient les dires du prince sur les relations qu'il assurait avoir dans plusieurs garnisons ; que, dès lors, l'homme qui amenait ces généraux était celui qui devait les mettre en rapport avec les régiments et qui s'y était ménagé des communications, et qu'ainsi, agir le 30 au lieu du 31, c'était faire un coup de main de ce qu'on avait prémédité comme devant offrir, dès le début, un puissant et énergique développement de force militaire.

N'est-ce pas ce reproche que prévoit M. de Persigny, et auquel il répond d'avance par ce passage de sa brochure : « *Prétendre s'emparer de Strasbourg par une force toute matérielle, en violentant les dispositions du peuple et de la garnison, eût été une étrange folie. Il eût fallu autant de conjurés que d'habitants et de soldats.* Le prince, ne comptant que sur le prestige de son nom, avait sur l'exécution de son entreprise des idées bien différentes; s'il eût été personnellement connu des troupes et des habitants, il se fût présenté seul et sans armes au milieu de la place publique, car sa tentative n'avait d'autre but que de consulter un sentiment national et d'en provoquer l'application par sa présence. *Il n'avait donc besoin que de quelques amis dévoués qui au jour de l'événement pussent entourer sa personne et répondre de son identité?* Pourquoi faut-il qu'un seul régiment en ait douté ! »

Il paraît cependant qu'au moment d'agir, on éprouva les premiers inconvénients du parti qu'on adoptait, car M. de Persigny explique ainsi la transformation du commandant Parquin en général :

« On a dit plus haut qu'un malentendu avait empêché plusieurs généraux de joindre le prince, ils étaient alors vivement regrettés.

« On se demandait qui pourrait sur-le-champ prendre le commandement de la subdivision militaire, en l'absence du général Lalande qu'on devait arrêter. Personne sans doute n'était plus capable de remplir ces fonctions que le lieutenant-colonel Parquin. Son expérience, son sang-froid, sa fermeté en répondaient ; mais le soldat est habitué à des signes extérieurs de commandement, il était fâcheux que M. Parquin n'eût pas le grade de général. Plusieurs officiers firent des remarques pleines de justesse à ce sujet. Le prince en fut frappé, et il décida que M. Parquin prendrait l'uniforme de maréchal-de-camp. Cet officier, malgré tout son dévoûment, hésita longtemps. Il observa que c'était compromettre son caractère; que, dans le succès ou dans le revers, cette circonstance le ferait accuser d'une ambition toute personnelle. Il s'y décida enfin, forcé par l'insistance du prince et déterminé par les plus nobles considérations, en déclarant toutefois que si l'on réussissait à Strasbourg, il déposerait les insignes de général à la fin de la journée. »

Dans une insurrection qui devait commencer par être militaire, et où plusieurs régiments devaient être appelés à se réunir sous un même commandement, l'absence d'un général et la nécessité d'en improviser un étaient assurément de très-graves inconvénients. L'autorité du nom et du grade véritable, l'influence de la réalité hiérarchique, la responsabilité en quelque sorte légale d'une direction supérieure, enfin l'ascendant d'une haute position reconnue, pouvaient être d'un grand poids dans un soulèvement. On respecte les insignes d'un général qui l'est véritablement, on arrache sans scrupule les épaulettes qui n'appartiennent pas à qui les porte. Il suffisait de dire aux soldats : cet homme n'est point un général, mais un simple chef d'escadron qui en a pris le costume, pour jeter dans les esprit une subite hésitation. Puis, improviser un général, c'était déclarer que l'on n'en comptait point dans son parti ; c'était réduire dans les esprits les proportions de l'insurrection à l'importance d'un colonel, qu'un entraînement instantané peut égarer ; et c'est là en effet l'impression qui s'est produite, non-seulement à Strasbourg, mais dans toute la France.

En résumé, si nos conjectures sont fondées, il en résulterait que la partie la plus importante du complot a été neutralisée par la précipitation d'un seul jour, et que d'une conspiration établie sur de vastes combinaisons déjà réalisées, cette précipitation a fait une sorte de pointe et une simple surprise que le moindre obstacle pouvait déjouer.

Soit besoin ou désir d'agir seul, soit confiance d'inspiration dans une détermination subite, soit appréhension des opinions auxquelles se rattachait le nom de son coopérateur, soit enfin nécessité absolue de prévenir les soupçons de l'autorité, il paraît constant que M. de Persigny a entraîné le prince à devancer ou à ne pas attendre l'arrivée de M. de Bruc et des ressources que cet officier avait préparées. Voilà ce qui expliquerait comment M. de Bruc seul a tenu dans l'ombre sa participation au complot et n'aurait voulu partager, ni devant la justice, ni devant les opinions qui ont pu s'intéresser à cette tentative, la responsabilité du plan et de l'action isolée de M. de Persigny, tandis que sa coopération à lui aurait été abandonnée et qu'on aurait réduit à une appréciation si peu importante le résultat de ses longues et nombreuses démarches, que l'impossibilité d'en profiter assez vite n'aurait pas empêché de brusquer le mouvement.

Telles sont les considérations qu'une grande attention donnée à cette affaire nous a suggérées et que nous avons crues de nature à intéresser les lecteurs de notre recueil, *l'Observateur des tribunaux* s'appliquant à recueillir les documents historiques fournis par les débats, et à éclairer les points de vue où il croit pouvoir apporter quelque lumière.

Eugène Roch.

www.ingramcontent.com/pod-product-compliance
Lightning Source LLC
Chambersburg PA
CBHW060320170426
43202CB00014B/2606